中國史學基本典籍叢刊

# 黑韃事略校注

〔南宋〕彭大雅 撰
〔南宋〕徐霆 疏證
許全勝 校注

中華書局

**圖書在版編目(CIP)數據**

黑韃事略校注/(南宋)彭大雅撰;(南宋)徐霆疏證;許全勝校注. —北京:中華書局,2025. 1. —(中國史學基本典籍叢刊). —ISBN 978-7-101-16874-7

Ⅰ. K281. 2

中國國家版本館 CIP 數據核字第 2024CE9708 號

封面題簽:周退密
責任編輯:胡　珂　蔡鵬名
封面設計:周　玉
責任印製:管　斌

中國史學基本典籍叢刊
**黑韃事略校注**
〔南宋〕彭大雅 撰
〔南宋〕徐霆 疏證
許全勝 校注
*
中 華 書 局 出 版 發 行
(北京市豐臺區太平橋西里 38 號　100073)
http://www. zhbc. com. cn
E-mail:zhbc@ zhbc. com. cn
三河市宏盛印務有限公司印刷
*
850×1168 毫米 1/32 · 13⅝印張 · 17 插頁 · 286 千字
2025 年 1 月第 1 版　2025 年 1 月第 1 次印刷
印數:1-3000 册　定價:78. 00 元

ISBN 978-7-101-16874-7

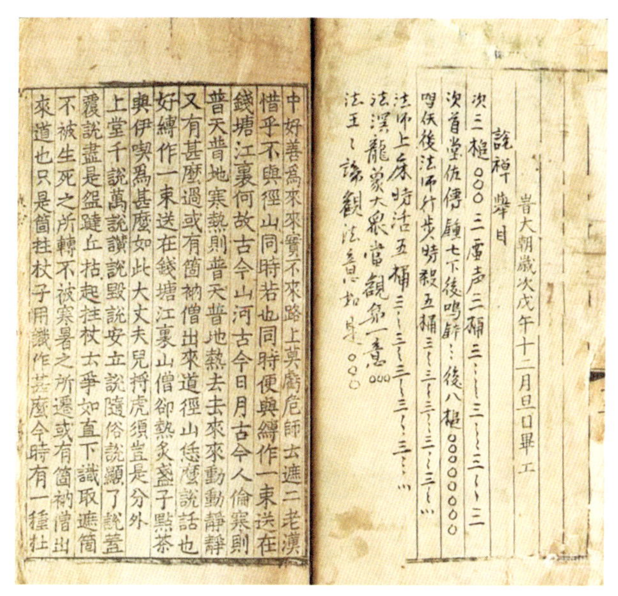

中好善爲來來賓不來路上莫虧危師去遮二老漢
惜乎不與徑山同時若也同時便與縛作一束送在
錢塘江裏何故古今山河古今日月古今人倫寒則
普天普地寒熱則普天普地熱去去來來動動靜靜
又有甚麼過或有箇衲僧出來道徑山恁麼說話也
好縛作一束送在錢塘江裏山僧卻熱炙盞子點茶
與伊喫爲甚麼如此大丈夫兒捋虎須豈是分外
上堂千說萬說讚說毀說安立說隨俗說顯了說蓋
覆說盡是盌躂丘拈起拄杖云爭如直下識取遮箇
不被生死之所轉不被寒暑之所遷或有箇衲僧出
來道也只是箇拄杖子用識作甚麼今時有一種杜

旹大朝歲次戊午十二月旦日畢工

1　二〇二二北京榮寶春拍Lot1717拍品

蒙古大朝戊午（一二五八年）泉石澗公禪師語録

2-1　成吉思汗像

2-2　窩闊台像

9-1　傳李唐文姬歸漢圖（一）

9-2　傳李唐文姬歸漢圖（二）

9-3　傳李唐 文姬歸漢圖（三）

9-4　傳李唐 文姬歸漢圖（四）

9-5　傳李唐文姬歸漢圖（五）

9-6　傳李唐文姬歸漢圖（六）

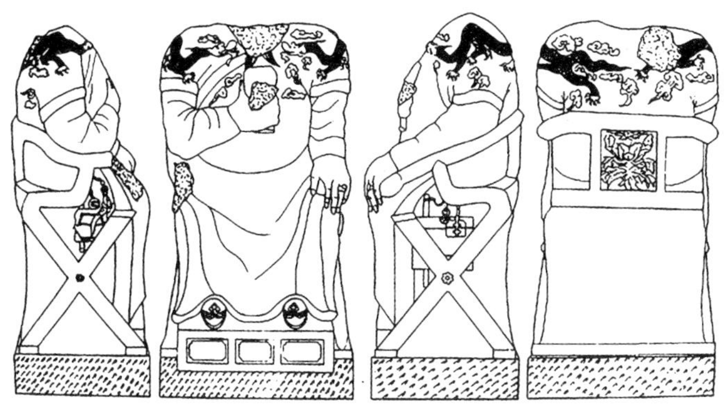

9.1-1　羊群廟一號祭祀遺址出土漢白玉坐像

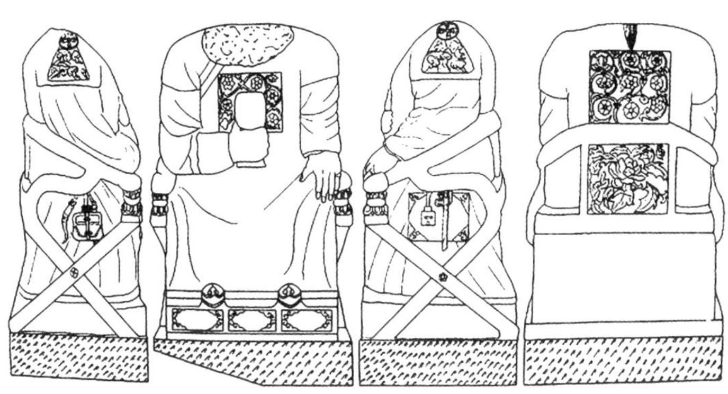

9.1-2　羊群廟二號祭祀遺址出土漢白玉坐像

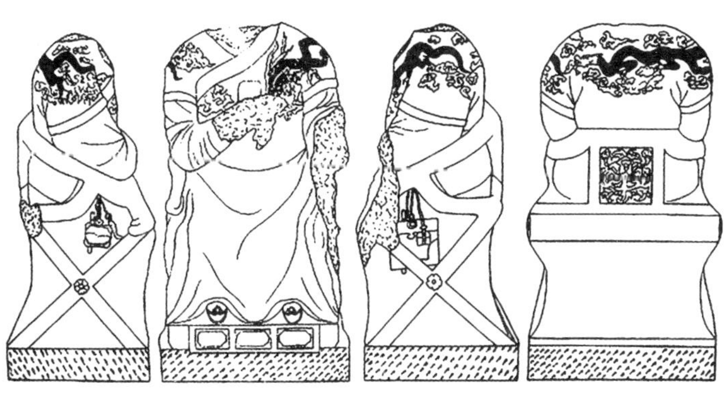

9.1-3　羊群廟三號祭祀遺址出土漢白玉坐像

11　元至順刻本事林廣記飲宴圖

15 元劉貫道元世祖出獵圖

16-1　胡瓌番騎圖戴故姑冠婦女

16-2　安西榆林窟第六窟元代壁畫

16-3　陝西省蒲城縣洞耳村六年（一二六九）元至元墓壁畫女主人戴故姑冠

16-4　元世祖后徹爾伯像

16-5　拉施特史集插圖拖雷與唆魯和帖尼妃子像

16-6　高昌故城T'佛寺壁畫
戴姑姑冠回鶻女供養人

16-7　柏孜克里克石窟27窟壁畫戴故姑冠回鶻女供養人

16-8　紐約大都會博物館藏緙絲大威德金剛曼荼羅二女供養人元文宗后（右）、元明宗后（左）

16-9　緙絲大威德金剛曼荼羅之元明宗后八不沙

17-1　山西洪洞縣廣勝寺水神廟明應王殿南壁元泰定元年（一三二四）大行散樂忠都秀在此作場壁畫

17-2　内蒙古赤峰市元寶山元墓壁畫

17-3　遼寧凌源富家屯元墓壁畫

17-4　西安潘家莊元墓出土女陶俑

17-5　西安潘家莊元墓出土女陶俑線描圖

17-6　安西榆林窟元代壁畫

17-7　甘肅漳縣元汪世顯家族墓M13出土木屋中門侍女像

17-8　山西興縣紅峪村元至大二年（一三〇九）墓壁畫

17.1　陝西蒲城縣洞耳村元至元六年（一二六九）墓壁畫
男主人著腰線袍

22.1-1　耶律楚材贈劉滿詩卷（一）

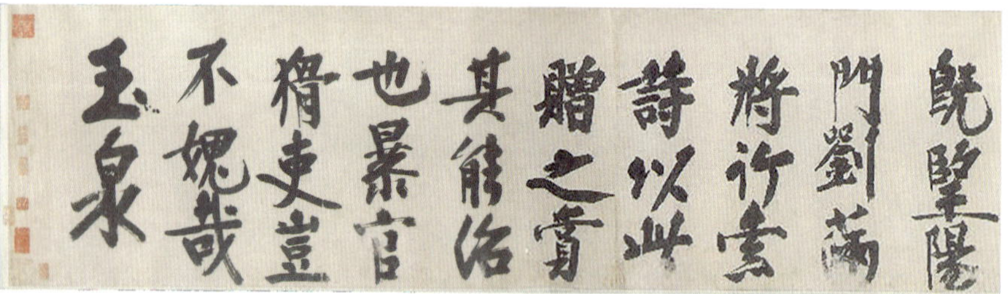

22.1-2　耶律楚材贈劉滿詩卷（二）

22.1-3　清羅聘臨摹耶律楚材像

24　洛陽出土令牌（從左至右分別爲畏兀蒙古字、八思巴文、波斯文）

24.1-1　一二二五年畏兀蒙古字移相哥碑

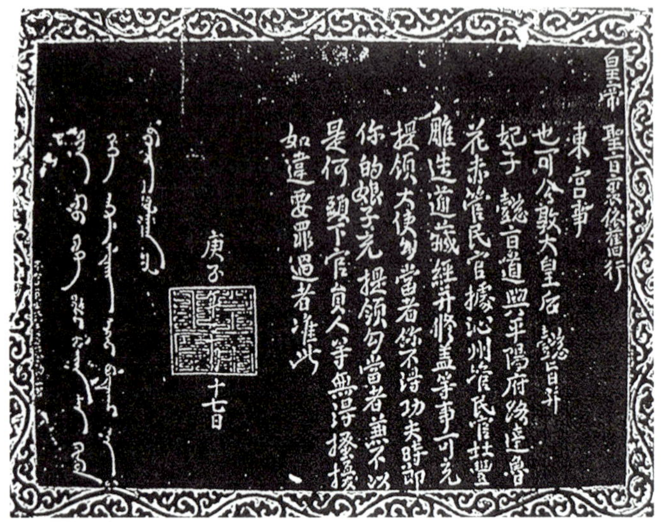
皇帝聖旨裏依舊行
東宮事
也可合敦大皇后 懿旨并
妃子 懿旨道與平陽府路達魯
花赤管民官據沁州管民官杜豐
雕造道藏經并修盖等事可充
提領大使勾當者你不得功夫時節
你的娘子充 提領勾當者兼不以
是何頭下官員人等無得擾擾
如違要罪過者准此
庚子 十七日

24.1-2 一二四〇年窩闊台汗碑畏兀蒙古字

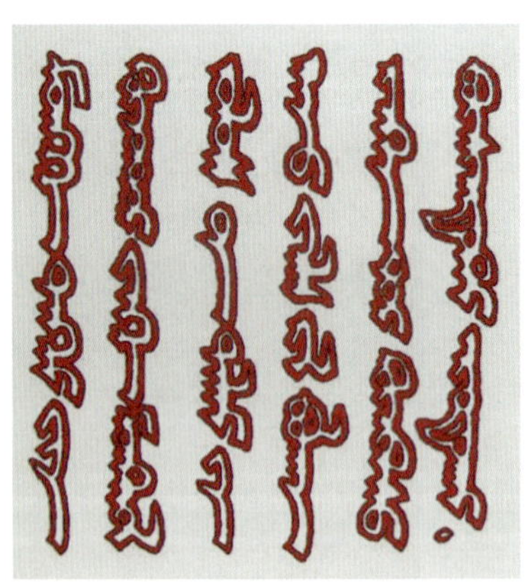

24.1-3 一二四六年貴由汗致因諾森四世文書所鈐畏兀蒙古字璽印

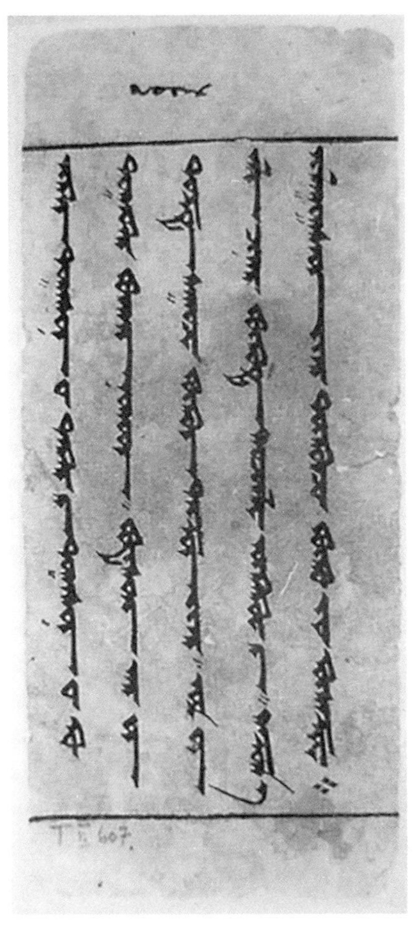

24.1-4　吐魯番出土畏兀蒙古字刻本

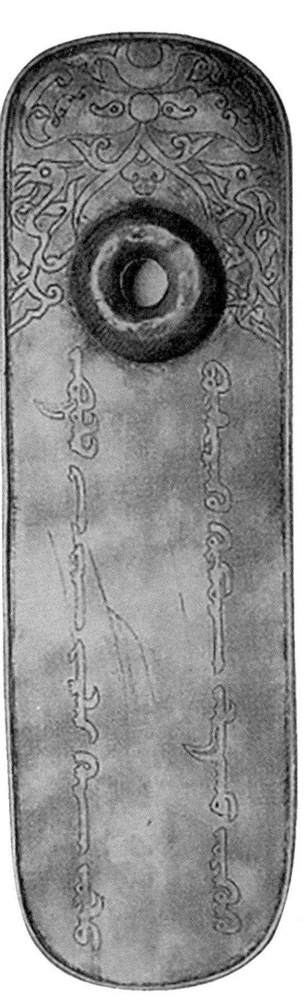

24.1-5　畏兀蒙古字長牌

28-1　至元五年（一二六八）十月中書禮部造「長寧蘸印」

28-2　至元五年（一二六八）十月中書禮部造「常樂蘸印」

28-3　元平陽路五十兩銀錠

28-4　元三十兩銀錠

28.1　洛陽出土宋代珍珠地紋瓷枕

31.1-1 内蒙古大學民族博物館藏索倫金質長牌

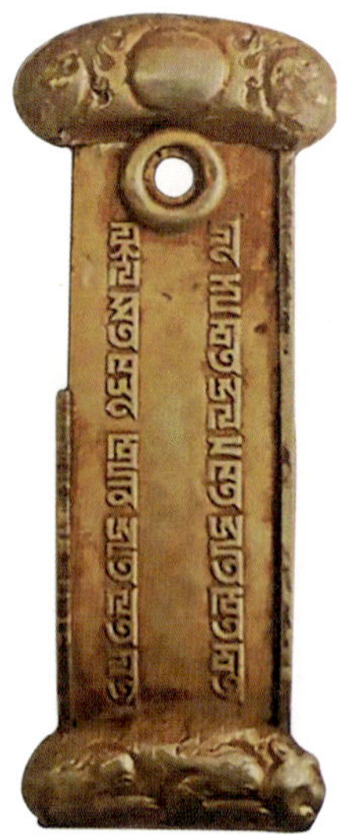

31.1-2 青海同德秀麻出土元八思巴文金牌 正（左）背（右）面

31.1-3 甘肅省博物館藏銀質圓牌（一）

31.1-4 甘肅省博物館藏銀質圓牌（二）

31.1-5 美國大都會博物館藏忽必烈鐵質圓牌

31.1-6　陝西蒲城縣洞耳村元墓壁畫侍衛髮式

31.1-7　陝西寶雞元墓出土陶俑髮式

31.1-8　西安潘家莊元墓陶俑髮式（一）

31.1-9　西安潘家莊元墓陶俑髮式（二）

31.1-10　西安潘家莊元墓陶俑髮式（三）

31.1-11　内蒙古赤峰市敖漢旗遼墓壁畫人物髮式

31.1-12　内蒙古通遼市庫倫旗遼墓壁畫侍衛髮式

31.1-13　内蒙古赤峰市巴林左旗遼墓人物髮式

36　蒙古騎射（劉貫道元世祖出獵圖）

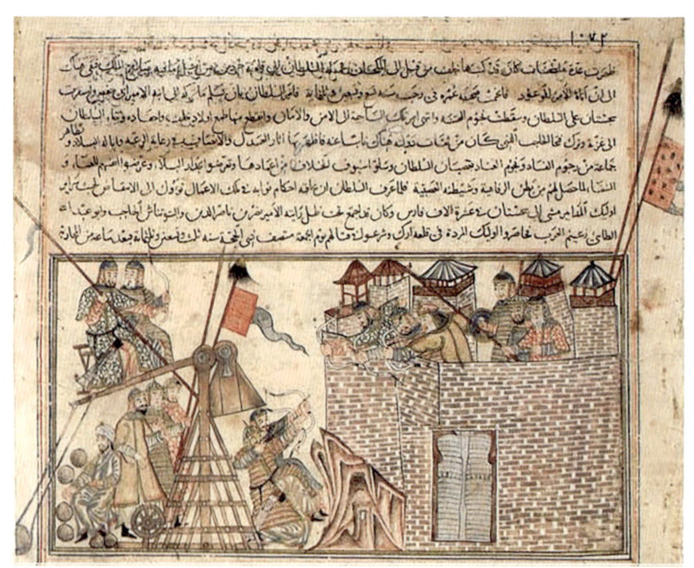

40.1　回回砲（史集插畫）

48.1-1　安西榆林窟第二九窟壁畫西夏國師鮮卑智海像

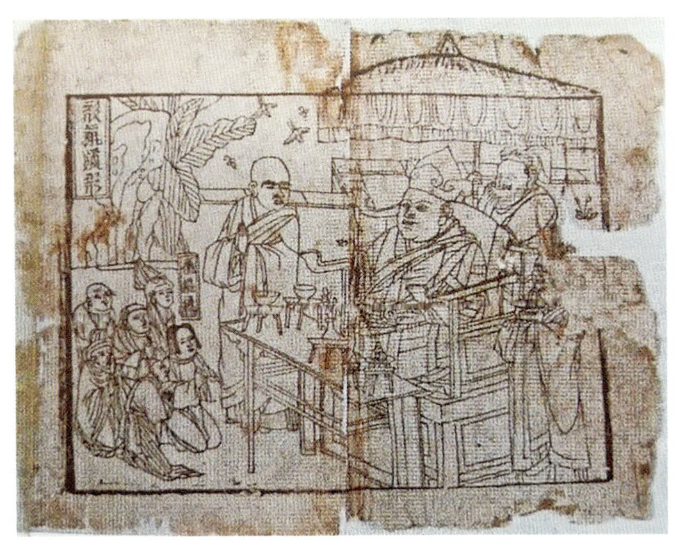

48.1-2　鮮卑國師説法圖

# 目録

附録一

附録二

# 前言

黑韃事略是彭大雅、徐霆作爲南宋赴蒙古使節隨員所著的行記。作者親歷其地，耳聞目睹，記載十分全面，詳細敘述了當時蒙古國的朝廷要員、地理氣候、牧獵方式、語言文字、曆法筮占、官制法律、風俗習慣、差發賦稅、商賈貿易、兵馬將帥、軍事戰法，以及所屬各投下、被征服各國的名稱。這些内容具有很高的價值，是研究十三世紀上半葉蒙古歷史的寶貴史料。

## 一、黑韃事略及其作者

黑韃事略書後有徐霆跋云：

霆初歸自草地，嘗編敘其土風習俗，及至鄂渚，與前綱書狀官彭大雅解后，各出所編，以相參考，亦無大遼絶，遂用彭所編者爲定本，間有不同，則霆復疏於下方，然此亦止述大略，其詳則見之北征日記云。嘉熙丁酉孟夏朔，永嘉徐霆長孺書。

可知南宋理宗嘉熙元年（一二三七）徐霆將彭大雅使北所記稿本與自己所作北征日記相互參照，遂以彭著爲定本，把己作之不同記載録於相關内容之下。今所見各种版本，前者頂格書寫，後者低一格書「霆」云云，所題撰人或署「宋彭大雅撰、徐霆疏證」，或「宋徐霆長孺輯」，或「永嘉徐霆」。

關於宋人彭大雅的情況，可參見本書附録張政烺先生所作宋四川安撫制置副使知重慶府彭大雅事輯〔一〕，此不贅述。徐霆的生平，前人較少注意，今檢明凌迪知萬姓統譜卷七云：

〔一〕張氏此文原成於一九四一年七月，一九四六年又作一補記，刊于國學季刊第六卷第四號。後收入張政烺文史論集，中華書局二〇〇四年，九二—一一〇頁。又見張政烺文集文史叢考，中華書局二〇一二年，一九六—二一八頁。

徐霆，字長孺。永嘉人。少爲母舅陳埴所鞠，勵以講學，由是得聞性理之要。長游四方，所見益廣，連中漕舉。紹定中，李全亂淮楚。霆從趙善（相）、湘〕於制幕，軍謀檄筆，實參其事。全斃，以功補官。端平初，軺車初通，霆以選介信使奉幣入行闕。又歲餘，覆命授江東路兵馬鈐轄。移江西，再移廣。歷守欽、復州、漢陽軍，以武功大夫致仕卒。〔一〕

其中「端平初（一二三四年），軺車初通，霆以選介信使奉幣入行闕」與徐霆隨使蒙古的情況是吻合的。

黑韃事略云：

霆至草地時，立金帳，想是以本朝皇帝親遣使臣來，故立之以示壯觀。前綱鄒奉使至不曾立，後綱程大使、更後綱周奉使至，皆不立。

〔一〕見文淵閣四庫全書子部類書類九五六册，臺灣商務印書館一九八六年，一八一頁。

一九二六年初王國維作黑韃事略跋〔一〕，據此語及宋史理宗紀考徐霆於端平元年十二月（甲午，一二三四年十二月二十二日—一二三五年一月二十日）隨鄒伸之使蒙古，并云：「伸之再使雖奉命於甲午十二月，然其至草地已在丙申（一二三六年）之夏」，而徐霆跋稱彭大雅爲前綱書狀官，其隨鄒伸之使蒙古則在紹定五年壬辰十二月（一二三三年一月十二日—一二三三年二月十日）。

王氏推理甚精，所考徐霆出使時間與上引霆傳正合，但彭大雅隨使時間則微有不確。一九四一年張政烺撰宋四川安撫制置副使知重慶府彭大雅事輯，指出鄒伸之初使蒙古，

〔一〕案王國維此跋見觀堂集林卷十六，中華書局一九五九年，八〇四—八〇五頁。又見王國維黑韃事略箋證附跋（參觀王國維遺書，上海書店出版社一九八三年，第八册，二五七—二六〇頁；王國維全集卷十一，浙江教育出版社二〇〇九年，四〇五—四〇六頁），跋末署「乙丑十二月」，王國維全集卷十一卷首所附國家圖書館藏此跋手稿照片題作「乙丑季冬海寧王國維」，然袁英光、劉寅生王國維年譜長編一九二六年二月二日（乙丑十二月二十日）條云：「撰黑韃事略跋，手稿本，北京圖書館藏，自題乙丑季冬二十日。」（天津人民出版社一九九六年，四六七—四六八頁）不知何以多出「二十日」三字？王跋手稿本全文參觀本書附録。

嘗撰使韃日録，清乾隆時原書尚存，四庫全書總目列入史部雜史類存目，以諱「韃」字，易名爲使北日録。可惜四庫不載，今書已不傳，唯元人白珽湛淵静語卷二引使燕日記二千餘字，當爲鄒氏日録之遺。四庫全書總目提要所記鄒伸之出使年月甚精確，可補王跋不足。其文略云：

使北日録一卷。浙江巡撫採進本。宋鄒伸之撰。理宗紹定六年癸巳，史嵩之爲京湖制置使，與蒙古會兵攻金。會蒙古遣王檝來通好，因假伸之朝奉大夫京湖制置使參議官，往使。以是歲六月偕王檝自襄陽啓行，至明年甲午二月始見蒙古主於行帳。尋即遣回，以七月抵襄陽。計在途者十三月。因取所聞見及往復問答，編次紀録，以爲此書。……又宋史載伸之出使在紹定五年十二月，而此録實以六年六月出疆，皆當以此録所紀爲得其實。

又湛淵静語卷二云：

使燕日録載紹定癸巳北朝遣王檝來通好，朝廷劄京湖制司就差官鄒（沖）〔伸〕之等六員使北朝審實，於次年六月回抵汴〔一〕。

據此可知鄒伸之初使時偕隨員六人（彭大雅當爲其中一員），於紹定六年癸巳六月（一二三三年七月至八月）由襄陽啓程，第二年即端平元年甲午二月（一二三四年三月）抵達蒙古汗帳，見太宗窩闊台。伸之一行隨即返程，於同年六月至汴，七月抵襄陽〔二〕。

案，張政烺先生所考甚確，但學者論及彭大雅出使事，或有用王國維壬辰之説者〔三〕，故特爲拈出。不過最先注意鄒氏使北日録這條材料的倒並非張氏，而是晚清蒙元史地學

〔一〕見文淵閣四庫全書子部雜家類。

〔二〕參觀張政烺文史論集九六—九七頁，張政烺文集文史叢考二〇二頁。

〔三〕如陳得芝主編中國通史第八卷中古時代元時期（上），上海人民出版社一九九七年，一五一—一六頁。不過，陳氏出版所著蒙元史研究導論（南京大學出版社二〇一二年，二六頁），已糾正此誤。伯希和也從王説，見其評王國維遺書「黑韃事略箋注」條（馮承鈞西域南海史地考證譯叢五編，商務印書館一九六二年，五五頁）。

者李文田（一八三四—一八九五）。據李氏黑韃事略箋注抄本「霆至草地時立金帳」條眉注云：

案，鄒伸之撰使北日録一卷，事在理宗紹定六年。此書存目在提要卷五十二雜史類。〔一〕

是李氏應已考知鄒伸之初使蒙古在紹定六年。

## 二、黑韃事略的版本與中國學者的早期研究

黑韃事略流傳頗罕，原刊本早已不存。目前所見最早的版本爲中國國家圖書館藏明嘉靖二十一年（一五四二）姚咨跋抄本，據姚跋（見本書附録），這個抄本是據宋刻本抄

〔一〕此條注文見上海圖書館藏李氏黑韃事略箋注抄本，胡思敬所輯問影樓輿地叢書本黑韃事略書眉李文田注無此條。

的，此本爲後來衆多抄本之祖〔一〕。清光緒十六年庚寅（一八九〇）春，李文田在京師廠肆得一抄本，此書原爲張蓉鏡（一八〇三—？）舊藏本〔二〕，李氏跋云：

黑韃事略一卷，宋彭大雅撰、徐霆疏證而成此書。霆南宋理宗時人，嘗奉使蒙古，歸而編其風土爲此書。據其自跋，尚有北征日記一書，今已久佚，即此書亦爲藏家所罕有矣。姚咨跋稱嘉靖丁巳鈔自太史王懋中家云。光緒庚寅，見此於廠肆，亟收之，以慰物聚之好爾。

〔一〕參觀中國古籍善本書目史部雜史類，上海古籍出版社一九九三年，二四九頁。案，國圖此本嘉靖壬寅（即二十一年，一五四二）姚咨跋爲他本所無，其他諸本有嘉靖丁巳（即三十六年，一五五七）姚咨跋，但無壬寅姚跋。

〔二〕繆荃孫藝風老人日記庚寅六月二十四日條云：「謁順德師，……借黑韃事略張蓉鏡舊藏本回。」（北京大學出版社一九八六年）。案，張蓉鏡，字芙川。江蘇常熟人。清藏書家（參見葉昌熾藏書紀事詩卷五，上海古籍出版社一九九九年，五七九—五八一頁）。

同年繆荃孫（一八四四—一九一九）在南方也購得一舊抄本攜歸京師〔一〕。沈曾植（一八五〇—一九二二）借抄繆本後，又校以李本，並作箋注。沈氏稿本今藏上海圖書館，有題跋云：

此本借抄於繆小山編修。編修歸自江南，新得書也。李詹事春間從廠肆得一舊抄本，復借之校一過。繆本勝李本，然所出之源不同。繆本誤脱而李本是者，亦若干條，此書大略可讀矣。

案，據繆荃孫藝風老人日記，繆氏於庚寅五月十二日（一八九〇年六月二十八日）抵京，二十九日（七月十五日）與沈曾植等會面。六月三、四、五日（七月一九、二〇、二一日），繆氏自校黑韃事略。六月九日（七月二十五日）沈曾植來借黑韃事略。六月二十三日（八月八日）繆荃孫約沈曾植等聚飲。二十四日（八月九日）繆氏復借李文田本校勘。據此可知二十三日沈繆見面時，沈已將繆書歸還，則沈曾植校黑韃事略當在光緒十六年六月九日

〔一〕此本見藝風藏書記卷三，上海古籍出版社二〇〇七年，六四頁。

至二十三日(一八九〇年七月二十五日至八月八日)間。沈氏開始作箋注當也在是年。從李文田與沈曾植的跋語推測,他們大約同時在作黑韃事略的箋注。光緒三十四年戊申(一九〇八)胡思敬(一八七〇—一九二二)刊刻問影樓輿地叢書第一集〔二〕,收有一種舊鈔本黑韃事略,書眉有箋注,書末除李文田跋外,還有熙元(一八六四—一九〇〇)〔二〕跋及胡氏自跋兩篇:

丁酉正月(一八九七年二月),達甫弟得鈔本於廠肆,余愛其敘事詳實,命書僕翟浦録副藏之。此書惟述古堂、持静齋二目著録,他不多見,誠秘笈也。太初記。

右書自元以來展轉傳抄,罕見刻本。明人號搜輯古今佚乘,考諸家叢目,亦未著

〔一〕清光緒三十四年(一九〇八)新昌胡氏京師仿聚珍版排印本。又見叢書集成初編史地類,民國二十四年至二十六年(一九三五—一九三七)上海商務印書館排印本。後附胡思敬校勘記。

〔二〕熙元,字太初,號吉甫。滿洲正白旗人。見孫雄舊京文存卷三紀略(參觀江慶柏清代人物生卒年表,人民文學出版社二〇〇五年,八一二頁)。

録。唯吴縣曹中翰注蒙韃備録徵引十餘條，未知所據何本，就其所引者兩相校對，各有脱誤。曹注没去彭大雅之名，竟以此書爲徐霆所著。度其所見，亦非校刻精本可知。此本熙太初祭酒家故物。祭酒殉難後，余遊曉市得之。其李侍郎所跋原書，則不知流落何所，侍郎攻西北輿地學最專，書眉評語，考證精博，足與徐疏互相發明，疑即侍郎之筆，存而不削，異時當與元秘史、西遊録注並傳。末附校勘記，多係以意懸度，不敢徑改，用存古書之舊，讀者審之。光緒戊申（一九〇八）秋九月，新昌胡思敬跋。

案，筆者將此書的李跋及眉批與上海圖書館藏李氏箋注抄本校核，發現除抄本眉批有兩條失載外，幾乎全同〔一〕。可知胡氏刊本所依據的實爲李文田注本的另一個抄本。蓋李氏於一八九五年（光緒二十一年）逝世後，其注本流入廠肆，至一八九七年（光緒二十

〔一〕上圖藏李文田箋注抄本首條眉批有「田案」字樣，而胡刻本無此二字，故胡思敬不能十分肯定所刻本注是李氏所作。而内藤湖南蓋據胡思敬跋語，則徑稱問影樓輿地叢書本有李文田眉批，見其中國史學史（上海古籍出版社二〇〇八年，三二四頁）。

三年)書爲熙元之弟所得,熙元命人録一副本。熙氏庚子殉難後,藏書復流出,乃爲胡思敬所得。胡氏跋云「書眉評語,考證精博,足與徐疏互相發明,疑即侍郎之筆,存而不削」,是很有見地的。伯希和(一八七八—一九四五)評王國維遺書「黑韃事略箋證」條云:

一九〇八年有活字本,訛誤甚多,收入胡思敬問影樓輿地叢書中。胡氏所據者是一近代抄本,而此抄本又間接出於姚咨一五五七年抄本。箋注佳者不少。王氏所據本,亦出姚咨本,然未言出處,要非胡思敬所據之本。……徐霆疏後云:「此亦止述大略,其詳則見之北征日記。」王氏箋證未及此書,然胡思敬本有李文田跋,視此北征日記爲徐霆之別一記録,余以其説不誤。按舊説郛本有北征記,前此未能考得其撰人(參看通報一九二四年刊二〇五頁),今以此書應是北征日記。〔一〕

可知伯氏于李文田之説評價頗高,不過他認爲北征日記即説郛中的北征記則未必正

〔一〕見上揭馮承鈞西域南海史地考證譯叢五編,五五—五六頁。

確〔一〕。而王國維所據本確如伯氏所云是另一本，王氏一九二五年十二月十六日（民國十四年十一月初一）致羅振玉函略云：

> 公前所印黑韃事略，如有存者否，乞賜一本。……李文誠（案即李文田）元秘史注紕繆甚多，與其所著他書無異，培老（即沈曾植）乃盛稱其人，殊不可解。〔二〕

案，據此函知王國維黑韃事略箋證所據之本應是羅振玉印本〔三〕，此本一九二六年又由東

---

〔一〕北征記見陶宗儀輯、張宗祥重校説郛（一百卷本）卷四，民國十六年（一九二七）上海商務印書館排印本。此本收入説郛三種第一册，上海古籍出版社一九八八年。

〔二〕見王國維全集書信，中華書局一九八四年，四二五頁。又見羅振玉王國維往來書信，東方出版社二〇〇〇年，六四九—六五〇頁。

〔三〕案，法國吉美博物館藏民國二年癸丑十二月（一九一三年十二月—一九一四年一月）羅振玉與沙畹書略云：「敬贈弟之舊著舊刻十一種，敬求賜存。……舊刻中黑韃事略刻本久絶，此從寫本付印，流傳甚少。」（賀夢瑩、周霄漢羅振玉致法國漢學家沙畹未刊書劄十四通考釋，文獻二〇二三年五月第三期）則羅氏初印本蓋刊於清末，原書未見，俟考。

方學會重印，收入六經堪叢書。顯然，伯希和僅見胡思敬刊本而未見羅氏刊本。王國維對李文田評價甚低，他未及參考胡氏刻本中的李注，所論不如伯希和公允。

一九二六年王國維作黑韃事略箋證，其中多次引用沈曾植注，惜王氏當時未見李文田注，李注精彩處可從下舉之例得其一斑。黑韃事略「其賦」條有「置蘸之法」，沈注云：

置蘸即置站也，蘸字獨見於此。

王國維箋證引沈氏説稱是[一]，他在一九二六年九月十四日（陰曆八月初八日）致神田喜一郎函中提及此事：

親征録校注甚爲草率……此書印刷垂成，已發見當增訂處不止三四。至蒙韃備録及黑韃事略二種增訂之處尤多，頃見沈乙庵先生校本，釋事略中蘸字爲站之異譯，

〔一〕見王國維遺書第八册，二二二〇頁。

此條甚佳。〔一〕

顯然箋證所引是後來王氏見到沈曾植注增補進去的。沈注僅一句話，博得王國維如此稱許，他不知道李文田也早已有此見解，而且比沈注論證更充分。李注云：

蘸，即「站」字之借音，本借「占」字，其後或作「點」或作「站」，皆俗字。明人撰元史用「立」旁「站」字以後，此字有一定之用矣。周密癸辛雜識及陶宗儀輟耕録皆有「站」字。又元史世祖昭睿順聖皇后列傳：「四怯薛官奏割京城外近地牧馬，責太保劉秉忠曰：『汝何爲不諫？今軍蘸已定，奪之可乎？』」〔二〕是元初不專用「站」字，亦作「蘸」字也。

〔一〕見王國維全集書信，四四二頁。

〔二〕李注引文有節略，原文見元史后妃傳，中華書局一九七六年，二八七一頁。

沈曾植借李文田藏本校過，他們作注約在同時，此見解可謂不謀而合。可惜這條注僅見於上圖所藏李注鈔本，而不見於胡思敬刻本。不過即便胡本有，王氏當時没有看到，也就無從參考了。當然，正如伯希和已指出的那樣，王國維所作箋證「豐富精密，始終如一」〔一〕，雖然有個别不足之處，仍是佳作。

## 三、沈曾植箋注未刊本的價值

一八九〇年（光緒十六年）夏，沈曾植借抄繆荃孫藏本後，又校以李文田藏本。據其書眉批注筆跡看，其注釋是不斷增補的，非一時所成。沈曾植黑韃事略箋注是目前所知最早的黑韃事略注本之一，有不同于李文田注的獨特價值，也受到後來王國維的重視。伯希和對胡刻本的箋注有較好的評價，雖然他當時不知道這就是李文田所注。伯希和在書評中也因王氏箋證引沈曾植説而提及沈氏，他曾與沈氏有過交往〔二〕，但因未見沈注全

〔一〕參觀伯希和評王國維遺書「黑韃事略箋注」條，五六頁。

〔二〕參觀許全勝沈曾植年譜長編，中華書局二〇〇七年，四二五—四二六頁。

貌，没有加以任何評説〔一〕。

沈氏箋注中除上揭爲王國維所徵引者之外，還有不少值得注意的研究成果。他對黑韃事略這部重要行記所涉及的歷史人物，種族、地理名稱，蒙古風俗習慣，以及法律、商業制度等諸大端都作了開創性的研究，兹略舉數例。

一、「霆見故姑之制」條注云：

○至元譯語：故故曰播庫脱。然則故故非蒙語也。○事林廣記：固姑，韃人、回回婦女戴之，以皮或糊紙爲之，朱漆剔金爲飾。

案，此條李文田注云：

故姑，蒙古冠名也。蒙韃備録作「顧姑」，元丘處機西遊記作「故故」，明葉子奇

〔一〕參觀上揭伯希和文五六頁。伯氏文中把沈曾植的生年誤作一八五三，應作一八五〇。

草木子作「姑姑」，皆此物也。又輟耕録二十二卷云：「承旨阿目茄八剌死……帶罟罟娘子十有五人。」〔一〕

沈曾植和李文田是國内最早注意罟罟冠問題的學者。後來王國維蒙韃備録箋證「顧姑冠」條引長春真人西遊記、楊允孚灤京雜詠、析津志，另外其黑韃事略箋證「故姑」條、長春真人西遊記校注「故故」條，也都有考證〔二〕。沈注向未刊佈，而載有李注的問影樓輿地叢書本雖早已印行，學者似多未注意，故學術界至今論及此問題均首推王氏〔三〕，理應更正。

二、「自韃主以下，只是以銀與回回，令其自去賈販以納息」條注略云：

---

〔一〕見問影樓叢書本第三葉。

〔二〕見王國維遺書第八册，一八六、二〇九、四八四頁。

〔三〕參見方齡貴元明戲曲中的蒙古語「罟罟」條，漢語大詞典出版社一九九一年，三〇四頁；方齡貴古典戲曲外來語考釋詞典，漢語大詞典出版社、雲南大學出版社二〇〇一年，三一七頁。劉曉元史研究，福建人民出版社二〇〇六年，一八五頁。

○自韃主以下，皆以銀貸回回，令貿易以納息。此即元世所謂斡脱錢也。……

○至元譯語：買賣人曰「或旦督赤」。「或旦督」即「斡脱」也。

案，「斡脱」一詞源於突厥語 ortaq 或 ortoq〔一〕，本意爲「合夥」，轉義爲商人。沈曾植指出「斡脱」即至元譯語君官門的「或旦督」〔二〕，似未經他人道及。他是較早關注這種元代廣爲流行的商業行爲的學者之一〔三〕。王國維箋證也過録此條注〔四〕。

三、「成吉思立法，只要其種類子孫蕃衍，不許有妬忌者」條注云：

---

〔一〕見伯希和蒙古侵略時代之土耳其斯坦評注注一八（馮承鈞西域南海史地考證譯叢三編，商務印書館一九六二年，二六頁）。

〔二〕參見賈敬顔、朱風：蒙古譯語女真譯語匯編，天津古籍出版社一九九〇年，一五頁。

〔三〕李文田注引元史耶律楚材傳、太宗本紀等，也注意及此。王國維箋證則引元文類卷五十七中書令耶律公神道碑，與李注實相合。關於斡脱與斡脱錢的研究，參觀方齡貴（二〇〇一），二七一—三二二頁；又劉曉（二〇〇六），一五八——一五九頁。

〔四〕見王國維遺書第八册，二二三—二二四。但王氏未録沈注引至元譯語「或旦督」等語。

本紀太宗六年，大會諸王百官於達蘭達葩之地，所頒條令有婦人「妒者，乘以騾（馬）〔牛〕，徇部中論罪，即聚財爲更娶」一條。嘗疑此細事，何汲汲於大札撒中言之，讀此乃知其故也。

案，此條有關法律制度，頗有價值。王國維箋證云：「蒙古法，夫人妬者離之。」也引元史太宗紀六年所載條令，而未提及沈注〔一〕。

四、「厥相王賢佐，年餘九十，有知來之明」條注略云：

○影元本中州樂府王元佐小傳：賢佐，一名元佐，名澮，咸平人。……按〔金〕史宣宗本紀貞祐二年正月：「乙酉，征處士王澮，不至。」四年三月：「己卯，處士王澮以右諫議大夫復還中奉大夫、翰林學士，仍賜詔褒諭。」

〔一〕見王國維遺書第八册，二四四頁。

案，沈注避清諱，「玄佐」作「元佐」。屠寄蒙兀兒史記卷三十一蒲鮮萬奴傳附王澮傳「王澮字賢佐」注：「名依金史本紀，字依黑韃事略」〔一〕。王國維箋證也引元好問中州集卷十一王賢佐小傳，并云：

屠静山作蒲鮮萬奴傳，已疑此書之「王賢佐」即金史之「王澮」。今據中州集乃得定之。〔二〕

不知沈注早已定之矣。

## 四、國外學人的貢獻及中外學術交流

清季研究蒙古史爲一時學術風尚，中日兩國學者都對搜求與研究蒙古史料表現出極

〔一〕見屠寄蒙兀兒史記卷三十一，中國書店一九八四年，六葉反／二八四頁。元脱脱等撰金史卷十四宣宗紀上，中華書局一九七五年，三〇三、三一二、三一七頁。

〔二〕見王國維遺書第八册，二五二—二五三頁。

大的熱情。日本學者專治黑韃事略的，有著名蒙古史家箭内亘（一八七五—一九二六），他在一九二二年（大正十一年）印有黑韃事略校訂本〔一〕。但此書非正式出版物，可能印數很少，因此即使在日本現在也較難見到。京都大學内藤文庫藏有一册（編號爲「内藤—一一八」）〔二〕，據東京高等師範學校藏鈔本校印，有箭内亘題跋，末署：

大正十一年九月東京帝国大学史学研究室ニ於いて。箭内亘識す。

上引一九二六年九月一四日王國維致神田喜一郎札略云：

至蒙韃備録及黑韃事略二種則當增訂之處尤多。頃見沈乙庵先生校本，釋事略中蘸字爲站之異譯，此條甚佳。不知箭内博士本將來能否印行？

〔一〕參觀箭内亘蒙古史研究附録書目，昭和四十一年（一九六五）版。

〔二〕感謝余欣君代查内藤文庫收藏情況。

箭内亘當時已病逝，其校訂本雖印出，但未公開發行，故王氏有此問。王國維黑韃事略箋證「東北曰妮奴曰那海益律于」條注云：

沈乙庵先生曰：「益律于」疑「益律干」之誤。元史本紀五：「至元元年吉里迷來言，其國東有骨（廆）〔嵬〕、亦里干兩部，歲來侵，故征之。」亦里、益律，與今言烏拉、鄂倫同，皆古挹婁音轉也。

案，沈先生以「益律于」爲「益律干」之訛是也，謂「益律干」爲「挹婁」之音轉則非。益律干，秘史作「亦兒堅」，親征録作「亦兒干」，乃蒙古語百姓之義。「那海益律干」、「斛速益律干」謂狗國民、水國民，猶林木中百姓之「槐因亦兒堅」或「火因亦兒干」也。日本箭内博士所見本，「益律于」作「益律子」，以「益律子」爲蒙古語「奥魯思」之對音，不如讀爲「益律干」之善也。〔一〕

〔一〕見王國維遺書第八册，二五三頁。

可見或許通過神田的寄贈，王國維顯然已經參考過此書。

京大内藤文庫中還有一册羅振玉舊藏黑韃事略鈔本，編號爲「内藤—一一九」〔一〕。書眉有内藤湖南（一八六六—一九三四）手書校記。書末有内藤一九〇三年所作跋兩行：

> 此書壬寅歲游清國時得之羅叔蘊，歸後借那珂先輩藏本對校一過。那珂本得之清國陳士可，所以稱陳本。癸卯四月念九，炳卿。

據此可知此抄本爲内藤一九〇二年來華時羅振玉所贈，歸國後第二年，他從日本近代蒙古史開山那珂通世（一八五一—一九〇八）處借到原爲陳毅（字士可，一八七三—？）所藏的另一抄本作了校勘。跋文雖短，卻是近代中日兩國學者進行學術交流

〔一〕感謝吳念庵丈惠示内藤湖南藏本的電子圖像版。

的生動寫照〔一〕。

德國學者譯注黑韃事略的工作始於著名漢學家、蒙古學者Erich Haenisch（一八八〇—一九六六），曾師事他的中國學者姚從吾（一八九四—一九七〇）也參與了德譯本的前期工作。一九八〇年，Haenisch的弟子P. Olbericht與E. Pinks合作出版了蒙韃備録與黑韃事略譯注〔二〕，譯文與注釋均爲學界稱道〔三〕。

〔一〕內藤湖南對蒙元史甚爲關注，多方搜羅史料，一九〇二年文廷式（一八五六—一九〇四）就曾將蒙文元朝秘史十二卷鈔寄給他（參見文廷式集上册，中華書局一九九三年，七〇六頁）。內藤還曾將自己校正過的蒙古源流抄了一部送給沈曾植，並希望得到沈氏所作蒙古源流事證（參見上揭內藤湖南中國史學史，三二五—三二六頁）。

〔二〕Olbricht, Peter. und Pinks, Elisabeth. *Meng-Ta Pei-Lu und Hei-Ta Shih-Lüeh*, *Chinesische Gesandtenberichte über die frühen Mongolen* 1221 *und* 1237, nach Vorarbeiten von Erich Haenisch und Yao Ts'ung-wu, Asiatische Forschungen, band 56. Wiesbaden：Otto Harrassowitz, 1980.

〔三〕參見Igor de Rachewiltz, On a Recent Translation of the Meng-Ta pei-lu and Hei-Ta shih-lüeh：A Review Article, *Monumenta Serica*, Vol. 35（1983）, pp. 571—581. 及華裔學志同期Thomas T. Allsen的書評（pp. 656—660）。

蘇聯蒙古學家蒙庫耶夫（Николай Цырендоржиевич Мункуев 一九二二—一九八六）也曾研究過蒙韃備録和黑韃事略，并有俄文翻譯與注釋本行世〔一〕。

## 五、本書的校注工作

黑韃事略這部重要的著作一直未有標點本行世，因此筆者不揣譾陋，多年前就想做一新的校注本，以便學者翻檢。本書校勘方面，以中國國家圖書館藏明嘉靖二十一年壬寅（一五四二）姚咨跋抄本爲底本，參校李文田、沈曾植、日本内藤湖南等人所藏抄本及胡思敬、羅振玉、王國維等人的刊本，另外還參考了明人所著武編、武備志、戰守全書等書的相關引文爲校勘之資。注釋方面，則先輯録李文田、沈曾植、王國維三家注於相關段落之下，然後附以筆者的新注。具體版本情況可參見本書凡例。

〔一〕參觀陳得芝蒙元史研究導論，二五九頁。

筆者的新注，在史實地理、人物傳記、名物制度、宋元語詞等方面作了相應的補充，參考了許多古籍資料和中外學人的相關研究成果。但由於筆者學殖淺薄，見聞狹隘，一定存在不少失誤，尚祈讀者不吝賜教，以便將來修訂，臻於完善。

許全勝

# 凡例

一、本書所用底本爲中國國家圖書館藏明嘉靖二十一年壬寅（一五四二）姚咨藏鈔本〔一〕，見續修四庫全書史部四二三册五三三—五四一頁（上海古籍出版社二〇〇二年版）。

二、參校其他鈔本有：

（一）上海圖書館藏李文田箋注本。今簡稱「李本」。

（二）上海圖書館藏沈曾植校注本。今簡稱「沈本」。沈本曾據李文田注稿本作校

〔一〕此本卷末有姚氏題記兩行云：「是編爲翏生借王太史家藏宋刻本抄寄。嘉靖壬寅秋八月上旬。」并鈐「姚舜咨圖書」陰文印。按姚咨，字舜咨，一字潛坤，號皇象山人、茶夢道人等，無錫人。明藏書家。卷首有「林集虚印」陰文印。按林集虚，本名昌清，字喬良，號心齋，鄞縣人。室名藜照廬。民國藏書家，寧波古舊書店大酉山房主人。此本蓋經林氏所藏。

記，所云李本作某字，多與上圖李注鈔本相同，故不再重出，其不同者則予以保留。

（三）日本京都大學人文社會科學研究所内藤文庫所藏内藤湖南藏鈔本（編號爲「内藤—一一九」）。此本原爲羅振玉舊藏，今仍稱「羅本」。

（四）日本那珂通世藏本。此原本未見，内藤湖南以此本校勘過録異文於上揭自藏本上，那珂本原爲陳毅字士可舊藏，内藤稱此爲「陳本」，今仍之。

三、參校刻本有：

（一）清光緒三十四年戊申（一九〇八）胡思敬刊問影樓輿地叢書第一集仿聚珍版排印本，簡稱「問影樓本」。案，此本書眉有箋注，經筆者與上海圖書館藏李文田黑韃事略箋注鈔本校核，實即李氏注，兩者内容大體相同，僅有數條注問影樓本缺載。其卷末附録李文田、熙元字太初、胡思敬題跋，并附胡氏據曹元忠蒙韃備録校注所引黑韃事略文所作校勘記。此本後又收入民國二十四年至二十六年（一九三五—一九三七）上海商務印書館排印本叢書集成初編史地類。胡氏校記簡稱「胡校」。黑韃事略原文上圖鈔本與問影樓本相同時，校記僅稱「李本」；如有不同時，則分別説明。

（二）民國十五年（一九二六）羅振玉刊六經堪叢書東方學會排印本，簡稱「六經堪本」。此本後附章鈺過録曹元忠以章氏藏本與舊鈔本互勘所作校記，今將校記所據章氏藏本簡稱「章本」。曹氏校語則稱爲「曹校」。

（三）民國乙丑年十二月（一九二五—一九二六）王國維作黑韃事略箋證，後收入王國維遺書，末署「甲戌（引案，即民國二十三年「一九三四」）門人趙萬里以天一閣舊藏姚舜咨校本覆勘訖」，則今所見箋證所用文本實已兼天一閣本之長，今簡稱「王本」。

（四）明唐順之武編（文淵閣四庫全書子部兵家類第七二七册）、明茅元儀武備志（明天啓刻本，見續修四庫全書第九三六—九六六册）、明范景文戰守全書（明崇禎刻本，四庫禁燬書叢刊子部兵家類第三六册）中皆曾引是書若干段落，書名題作黑韃遺事，兹亦取作校勘之資。案，黑韃遺事與黑韃事略非一書，據武編前集卷一所引遺事中有松漠紀聞文字，可知遺事蓋匯輯宋人筆記中有關黑韃資料而成者，其書今已佚。

四、集注共采三家：

（一）李文田箋注，上海圖書館藏鈔本。并參考「問影樓本」李氏眉注。稱「○李曰」。

（二）沈曾植校注，上海圖書館藏稿本。稱「○沈曰」。

（三）王國維箋證，王國維遺書本。稱「○王曰」。王氏箋證多書於每小段之後，兹據所箋内容移至相應原文條目下。

所引典籍文字皆經核對，如有闕字，以方括號〔　〕補之；如有誤字，則將誤字置於圓括號（　）内，正字置於六角括號〔　〕内注於其後，不徑改以存其舊。

（四）三家注外，筆者新注以「〇勝案」爲識。

五、附録收入前人題跋及研究資料。

六、索引以原文中主要的人名、地名及其他專有名詞爲主條目，括注爲注釋中提到的同義詞、同名異譯詞及徵引史料中所用之人名。

# 黑韃事略校注

## 1 黑韃之國

黑韃之國即北單于。號大蒙古[一]。沙漠之地有蒙古山，韃語謂銀曰「蒙古」。女真名其國曰「大金」，故韃名其國曰「大銀」①[二]。

### 校記

① 大銀，六經堪本作「銀」。

### 注釋

〔一〕○勝案，成吉思汗立國後至至元八年（一二七一）忽必烈改國號爲「大元」前，蒙古國號蒙文稱Yeke Mongghol Ulus，漢文國號稱「大蒙古國」與「大朝」。參觀蕭啓慶説「大朝」：元朝建號前蒙古的漢文國號（二〇〇七，六六—七七頁）。蒙韃備録國號年號條：「舊有蒙古斯國，……去年春，珙每見其所行文字，猶曰『大朝』，……又慕蒙爲雄國，故以國號曰『大蒙古國』。」曹元忠校注：「古今紀要逸編云：『又有蒙古國在女真東北，金亮時與韃靼並爲邊患，至我嘉定四年（一二一一）韃靼始併其國，名號稱『大蒙古國』，韃靼於是始大，而忒没真爲韃靼始興之主。』亦視孟珙所言爲詳。……高昌偰氏家傳載仳俚伽語，有『挈吾衆歸大蒙古國』云云，爲元初號大蒙古國之證。」蕭啓慶文蓋以柯立夫（F. W. Cleaves，一九四九）與田清波（Antoine Mostaert，一九五二）爲首揭此義者，不確。

「大蒙古國」之號始用之年，史料多歧。或以爲在蒙古伐金之後。李心傳建炎以來朝野雜記乙集卷十九韃靼款塞蒙國本末：「蒙人既侵金國，得其契丹、漢兒婦女而妻妾之，自是生子不全類蒙人，漸有火食。至是，韃靼乃自號大蒙古國，邊吏因以蒙韃稱之。……大安三年（一二一一）春，辛未，本朝嘉定四年。韃靼主忒没貞入貢，金主允濟將襲之，事覺。是秋，韃靼始叛。此以上事，詳見女真南徙事中。」（八四八頁。參觀續編兩朝綱目備要卷十二辛未六月條，二三〇頁。又建炎以來朝野雜記乙集卷十九女真南徙條，八四二頁。大金國志卷二十二紀年東海郡侯上，二九八頁）

復有一二〇六年、一二一一年等不同記載。明釋幻輪釋鑑稽古略續集：「元自太祖成吉思皇帝，於宋寧宗開禧二年丙寅歲（一二〇六），法天啓運，稱聖武年號，建大蒙古國號。」此條史料年代較晚，所記「稱聖武年號」不確。元釋念常佛祖歷代通載卷二十一大元辛未（一二一一）

條：「大蒙古國號始建。」歐陽玄圭齋文集卷十一高昌偰氏家傳：「亞思弼二子，長曰仳俚伽帖穆爾，次曰岳璘帖穆爾。仳俚伽生而敏慧，年十六襲國相、答剌罕。時西契丹方强，威制高昌，命太師僧少監來臨其國，恣睢用權，奢淫自奉。王患之，謀於仳俚伽，曰：『計將安出？』仳俚伽對曰：『能殺少監，挈吾衆歸大蒙古國，彼且震駭矣。』遂率衆圍少監。少監避兵于樓，升樓斬之，擲首樓下。」（歐陽玄集一五〇—一五一頁。又見元史卷一百二十四岳璘帖穆爾傳，仳俚伽帖穆爾作仳理伽普華，十/三〇四九—三〇五〇頁）此記高昌回鶻汗國歸屬蒙古，時在一二〇九年。參觀蒙古秘史第二三八節、聖武親征録（八/三八二—三八四頁）、史集第一編成吉思汗紀四（第一卷第二分册二一一—二一三頁）。元史卷一百四十九耶律留哥傳：「乙亥（一二一五年），留哥破東京，可特哥娶萬奴之妻李僊娥，留哥不直之，有隙。既而耶厮不等勸留哥稱帝，留哥曰：『向者吾與按陳那衍盟，願附大蒙古國，削平疆宇。倘食其言而自爲東帝，是逆天也，逆天者必有大咎。』」（十二/三五一二頁）要之，此號以元初始用蓋得其實。

「大蒙古國」之號，文獻多有記載。其用於紀年者，見元李道謙甘水仙源録卷六紫陽真人祭無欲真人：「維大蒙古國歲在乙卯（一二五五年）正月己亥朔，二十三日辛酉，友生河南漕長兼廉訪致仕奉天楊奂謹致祭于無欲真人。」（十九/七六九頁）亦多見於官文書，錢大昕十駕齋養新録卷十三：「孔氏祖庭廣記十二卷，先聖五十一代孫襲封衍聖公元措夢得所編。……書成於金正大四年（一二三七）。……此本最後有五行云：『大蒙古國領中書省耶律楚材奏準皇帝聖旨，於南京特取襲封孔元措，令赴闕里奉祀，來時不能挈負祖庭廣記印板，今謹增補校正，重開以廣其傳。壬寅年五月望日。』壬寅者，元太宗六皇后稱制之年，距金亡已十年，蒙古未有年號，當宋淳祐二年（一二四二）也。」（七／三五五—三五六頁。參觀孫星衍平津館鑒藏記卷三，一一三頁）元史卷二百八日本傳：「元世祖之至元二年，以高麗人趙彝等言日本國可通，擇可奉使者。三年（一二六六）八月，命兵部侍郎黑的，給虎符，充國信使，禮部侍郎殷弘給金符，充國信副使，持國書使日本。書曰：大蒙古國皇帝奉書日本國王。（下略）」（十五／四六二五頁）

【補訂】「大朝」之名見於著録者尚夥。

有見於碑志者，如山西芮城永樂宮重陽殿憲宗二年壬子（一二五二）重立金正大五年（一二二八）所立有唐吕真人祠堂記（金興定六年［一二二二］袁從乂用之撰），末刊重立石記，署曰：「大朝歲在壬子孟夏十四日，十方大純陽萬壽宮提點沖和大師潘志沖等重立。」（參觀宿白永樂宮調查日記，文物一九六三年第八期，六〇頁。又宿白魏晉南北朝唐宋考古文稿輯叢，文物出版社二〇一一年，四〇四頁。此碑原立石在一二二八年，宿文未及）又永樂宮無極門北、三清殿月臺前有中統三年（一二六二）大朝重建大純陽萬壽宮之碑（同前文物五五頁，輯叢三九七頁）。北京市房山區史家營鄉曹家村出土武庭實撰書故大行禪師通圓懿公功德碑并序末署「大朝癸巳（一二三三，蒙古太宗五年，宋紹定六年）九月　日」（北京石刻藝術博物館編新日下訪碑録房山卷，北京燕山出版社二〇一三年，二二一頁）。河南輝縣白雲寺遺山真隱（元好問）撰冠山寂照通悟禪師徽公塔銘并引末署「旹大朝丙午年（一二四六，蒙古定宗元年，宋淳祐六年）四月初十日」（温玉成輝縣白雲寺踏察記，中原文物一九八五年第三期，一〇一頁）。陝西周至有大蒙古國累朝聖道恩命之碑，末署：「古燕道士臣石志堅、本宫道士臣宋志完、本宫道士臣張志遠。大朝歲次辛亥（一二五一，蒙古憲宗元年，宋淳祐十一年）七月九日，十方大重陽萬壽宫立石。」（參觀北京圖書館金石組編北京圖書館藏中國歷代石刻拓本匯編，中州古籍出版社一九八九年，第四八册，一六一—一七頁）。河南三門峽市元墓出土買地券首署「維大朝歲次戊午（一二五八，蒙古憲宗八年，宋寶祐六年）六月乙卯朔二十五日癸卯」（三門峽市文物考古研究所河南三門峽發現元代早期墓葬，中國文物報二〇一四年六月六日）。山東牟平神清宫碑□□神清宫記末署「大朝歲次戊午（一二五八年）十月望日」（張凌波□□神清宫記校記，中國道教二〇〇五年第五期，四六—四八頁）。西安市南郊長安區韋曲街辦夏殿村劉黑馬墓出土中統三年（一二六二）墓誌首題「大朝故宣差都總管萬户成都路經略使劉公墓誌銘」（陝西省考古研究院西安南郊大朝劉黑馬墓發掘簡報，考古與文物二〇一五年第四期，三一頁釋文、三三頁拓片圖版）。陝西鳳翔屈家老闕出土墓誌磚云：「大朝鳳翔路達嚕噶齊劄耳觧故，遂淚悲囑文。」此墓誌楊富學撰文疑爲清乾隆時複製（參觀楊富學鳳翔屈家山蒙古紀事磚與屈朮墓碑考釋，載北國石刻與華夷史跡，光明日報出版社二〇二〇年，二一二—二一三頁）。案，此誌「屬文」訛作「矚文」，似爲不通文理者重刻。

有見於古籍者，如陳乃乾日記一九三八年二月二〇日條略云：「范成約觀宋元刊佛經，以四時往。范成曾居晉陝諸古剎，所得舊本殘卷皆奇祕可驚。……華嚴經第四十九卷末題云：『時大朝乙卯年（一二五五）九月□日功畢，羅光夫親（刁）〔雕〕。』」（中華書局二〇一八年版，六五—六六頁）二〇二二年北京榮寶春拍Lot1717號拍品萬壽潤公禪師語録三卷，侍從居平、居實等編次。蒙古憲宗八年（一二五八）刻本。每半葉一一行，行二十四字，白口，四周單邊。其第三卷佛巘瑞峰禪寺泉石潤公禪師語録卷尾鐫有「旹大朝歲次戊午十二月旦日畢工」刊記一行。戊午十二月旦日即憲宗八年十二月一日（一二五八年十二月二十七日），李致忠考爲山西刊本（參觀北京榮寶二〇二二春季藝術品拍賣會圖録所附李致忠萬壽潤公禪師語録小考）。

〔二〕〇王曰：案蒙兀、蒙瓦之名，已見於新舊兩唐書，遠在女真未興之前，此説非是。又注云「即北單于」者，謂黑韃所居即後漢匈奴北單于地也。凡此書中雙行小注皆彭大雅自注，近人或認爲徐霆所疏，非也。

〇勝案，史集第一卷第一分册：「蒙古〔m（u）gūl〕一詞，最初作萌古〔mūnk（u）〕，意爲『孱弱』、

『淳樸』。」（二五一—二五二頁）關於「韃靼」之名，參觀王國維觀堂集林卷十四韃靼考。關於「蒙古」之名，參觀王國維觀堂集林卷十五萌古考、韓儒林蒙古的名稱（一九八二，一四五—一五七頁；一九九〇，一一一—一二二頁）、邵循正蒙古的名稱和淵源（一九八五，一〇六—一一一頁）。

【補訂】周良霄、顧菊英著元史第一章蒙古族的起源第二節蒙古部的西遷略云：「黑韃事略的作者彭大雅提出『韃語謂銀曰蒙古』之説，然蒙語裏銀作 müngün，元朝秘史旁譯作『蒙昆』，讀音不能相通。把蒙古與『蒙昆』混淆，只能認爲是一種附會，當是涉女真王朝之稱『金』而來的。刺失德丁則説：『蒙古〔m(u)ğul〕一詞，最初作萌古〔münk(u)〕，意爲『孱弱』、『淳樸』。』但蒙語『愚』應爲蒙合黑（mungqaq），與 Mongol 並不是一個字。故蒙古源流一書的德譯者施密德指責這一説法毫無根據，認爲『蓋西域史家於蒙古語一無所知也』。……契丹國志一書的扉頁上，附有一幅契丹地理之圖。在上京之北，標有『蒙古山』三字，山的西傍有白文的『蒙古』二字，表明當時的蒙古部是傍蒙古山而居。蒙古部之西，依次爲于厥、鱉古里、韃靼。在鱉古里與韃靼之間有『萌古司』，當即遼所設控御蒙古等部的官府機構。……蒙古山之名，在宋人文獻中絶非僅見。如事林廣記卷三所載大元混一圖中，長城以北，遼陽界與古北口之間，自東往西，分別有『木葉山』、『蒙古山』、『祖山』。黑韃事略也載：『黑韃之國號大蒙古。沙漠之地有蒙古山。』此山在于厥之東，則其位置在大興安嶺一帶，正是蒙古初興之地（上海人民出版社二〇〇三年版，一五一—一六頁）。

## 2 其主

其主初僭皇帝號者，小名曰忒没真〔一〕，僭號曰「成吉思皇帝」〔二〕。今者小名曰兀窟斛〔三〕，其耦僭號者八人〔四〕。

### 注釋

〔一〕○勝案，忒没真即鐵木真、帖木真。蒙韃備録立國條、韃主始起條略云：「今成吉思皇帝及將相皆黑韃靼也。大抵韃人身不甚長，……惟今韃主忒没真者，其身魁偉而廣顙長髯，人物雄壯，所以異也。……今成吉思皇帝甲戌生。……所傳忒没真者，乃小名爾，初無姓氏，亦無名諱。」忒没真之譯名亦見於古今紀要逸編、續編兩朝綱目備要卷十二、心史大義略敘，建炎以來朝野雜記乙集卷十九作忒没貞（又注云：「特墨津，夏人書來以爲忒没貞。」〔八五二頁〕）。蒙古秘史五九節：「與塔塔兒厮殺時，也速該把阿禿兒將他帖木真兀格、豁里不花等擄來。那時也速該把阿禿兒的妻訶額侖正懷孕，於斡難河邊迭里温孛勒答黑山下，生了太祖。太祖生時，右手握著髀石般一塊血，生了。因擄將帖木真兀格來時生，故就名帖木真。」元史卷一太祖紀：「太祖法天啓運聖武皇帝，諱鐵木真，姓奇渥溫氏，蒙古部人。……初，烈祖征塔塔兒部，獲其部長鐵木真。宣懿太后月倫適生帝，手握凝血如赤石。烈祖異之，因以所獲鐵木真名之，志武功也。」（一／一、三頁）「鐵木真」本意爲鐵匠（cf. Pelliot: Notes on Marco Polo I, 158. CINGHIS, 1959, pp. 289—290.）。

〔二〕○勝案，蒙古秘史二〇二節：「成吉思既將衆部落收捕了，至是虎兒年，於斡難河源頭，建九腳白旄纛做皇帝。」元史卷一太祖紀：「元年丙寅（一二〇六年），帝大會諸王群臣，建九游白旗，即皇帝位於斡難河之源，諸王群臣共上尊號曰成吉思皇帝。是歲實金泰和之六年也。」（一／一三頁）世界征服者史第一部 III：「我從可靠的蒙古人那裏聽説，這時出現了一個人，他在那帶地區流行的嚴寒中，常赤身露體走進荒野和深山，回來稱：『天神跟我談過話，他説：「我已把整個地面賜給鐵木真及其子孫，名他爲成吉思汗，教他如此這般實施仁政。」』他們叫此人爲帖卜—騰格理（Teb-Tengri），他説什麽，成吉思汗就辨什麽。」（四〇頁）史集第一卷第一分册第四編第一章斡羅納兀惕部落條：「當王汗定下狡計，召成吉思汗［前去］，借口説要把［自己的］女兒嫁給他的兒子，［其實］卻要把他抓起來，而他已動身前往時，他在途中停留於蒙力克—額赤格家裏，同他進行了商議。［蒙力克］阻留了［他］，没讓他去。無論是遇到禍福或苦樂，他總是與成吉思汗一條心。……他有個兒子，名叫闊闊出，蒙古人把他稱作帖卜—騰格里。他慣於揭示玄機，預言

其主

未來的事情，並且常説：『神在和我説話，我在天上巡遊！』他經常來對成吉思汗説：『神命你爲普世的君主！』他還將『成吉思汗』的稱號授予他，［並且］説道：『神降旨説：你的名字必須如此。』按照蒙古語，『成』意爲『堅强』（mūstahkam），『成吉思』爲其複數。原因是那樣的：當時哈剌—契丹的偉大君主們的尊號爲古兒汗，而『古兒』［一詞］也是『堅强』的意思，並且除非一個君主極其偉大，他不得被稱爲古兒汗。在蒙古語中，成吉思這個稱號有同樣的含義，但有更崇高的意義。因爲他是複數，舉例來説，這個詞大致相當於波斯語『沙罕沙』［王中之王］。」（二七三頁。參觀亦鄰真至正二十二年蒙古文追封西寧王忻都碑注釋部分成吉思條，亦鄰真蒙古學文集六九二頁）蒙韃備録韃主始起條：「所以譯曰成吉思皇帝，或曰成吉斯者，乃譯語『天賜』二字也。」伯希和則主張「成吉思」（Cinggis）一詞源於突厥語 Tangiz（意爲海洋）（參觀Pelliot: Notes on Marco Polo I, 158. CINGHIS, 1959, pp. 297—301.）

〔三〕○勝案，兀窟斛即窩闊台，心史作「兀窟帶」。元史卷二太宗紀：「太宗英文皇帝，諱窩闊台，太祖第三子。」（一／二九頁）

〔四〕○王曰：案八人者，謂太祖弟撊只哈撒兒之子也苦，哈赤温之子按只吉歹，太祖弟鐵木哥斡赤斤及別里台古，太祖大太子朮赤之子拔都，二太子察合台，四太子拖雷之子蒙哥，并太宗窩闊台爲八人。元朝秘史續集卷一：「太祖又説，合撒兒、阿勒赤歹即按只吉歹、斡惕赤斤、別勒古台四箇弟的位子裏，他的子孫各教一人管，我的位子裏教一［箇］子管。」此時太祖諸弟已受分地，而諸子未封，故語云然。及平西域後，諸子各有廣大分地，故太祖四弟、四子各於其部内稱汗，而太宗又爲總汗。故云「其耦僭號者八人」。

## 3 其子

其子曰闊端、曰闊除、曰河西觮、立爲僞太子，讀漢文書，其師馬録事。曰合剌直〔一〕。

**注釋**

〔一〕○沈曰：史表，太宗七子，次二闊端，次［三］闊出，即此闊除也。次四哈剌察兒，即此合剌直也。○史阿剌罕傳，父也柳干，太宗時爲皇子岳里吉衛士。岳里吉即合剌直，亦即月良也。秘史稱西夏主爲合申主，或疑此河西觮即史合失太子也。○陳桱通鑑續編云：「太宗七子，長曰合西歹，二皇后孛灰所生，蚤卒，有子曰海都。次貴由，次曰闊端，曰屈出，曰合剌察兒，六皇后所生也。曰合丹，曰滅立，七皇后所生也。」陳桱所稱之合西歹即此河西觮，據有子海都證之，則考異以爲合失，碻然無疑。

○勝案，元史卷一百二十九阿剌罕傳：「父也柳干，幼隸皇子岳里吉爲衛士長。」（十／三一四七頁)卷一百七宗室世系表太宗皇帝條：「按憲宗紀有云：太宗以子月良不材，故不立爲嗣。今考經世大典帝系篇及歲賜録，並不見月良名字次序，故不敢列之世表，謹著於此，以俟知者。」(九／二七一七頁)月良之名，不見於今本憲宗紀。錢大昕廿二史考異卷九十五：「按宗室表太宗七子無岳里吉名，表又引憲宗紀『太宗以子月良不材，故不立爲嗣』，岳里吉豈即月良之轉聲乎？」(三／一七五七頁)錢氏以合西歹即合失，見考異卷九十一(三／一六九八頁)。

○王曰：元史宗室世系表太宗皇帝七子，長定宗皇帝，次二闊端太子，次三闊出太子，次四哈剌察兒王，次五合失大王。此闊除即闊出，河西䚟即合失，合剌直即哈剌察兒。不數定宗貴由者，大雅北使時，定宗方出征遼東故也。云河西䚟立爲太子，亦傳聞之誤。

【補訂】哈剌察兒，又見鳳翔屈家老闕出土蒙古紀事碑(參觀楊富學鳳翔屈家山蒙古紀事碑與屈朮墓碑考釋，載北國石刻與華夷史跡，光明日報出版社二〇二〇年，二〇二—二〇三頁)。

## 4　其相

其相四人，曰按只䚟、黑韃人，有謀而能斷。曰移剌楚材、字晉卿，契丹人，或稱中書侍郎(一)。曰粘合重山，女真人，或稱將軍(二)。共理漢事；曰鎮海，回回人。專理回回國事(三)。

## 注釋

〔一〕○李曰：田案移剌楚材即耶律楚材，其湛然居士集自稱移剌，元史百四十六有傳。

○王曰：日本宮内省圖書寮新發見舊鈔本耶律文正西游録有牌子云「燕京中書侍郎宅刊本」。

○勝案，元史卷一百四十六耶律楚材傳略云：「耶律楚材，字晉卿。遼東丹王突欲八世孫。……帝重其言，處之左右，遂呼楚材曰『吾圖撒合里』而不名，吾圖撒合里，蓋國語長髯人也。……拜中書令，事無鉅細，皆先白之。」（十一／三四五五—三四五六、三四五八頁）聖武親征録己丑（一二二九年）條：「助貧乏，置倉戍，創驛站，命河北先附漢民賦調，命兀都撒罕主之。」（四二五頁）辛卯（一二三一年）條：「執事之人，各執名位，兀都撒罕中書令，黏合重山右丞相，鎮海左丞相。」（四二七頁）元史卷二太宗紀元年己丑條：「始置倉廩，立驛傳。命河北漢民以户計，出賦調，耶律楚材主之。」（一／二九—三〇頁）

〔二〕○李曰：粘合重山，元史百四十六有傳。

○勝案，元史卷一百四十六粘合重山傳略云：「粘合重山，金源貴族也。國初爲質子，知金將亡，遂委質焉。太祖賜畜馬四百匹，使爲宿衛官必闍赤。……立中書省，以重山有積勳，授左丞相。時耶律楚材爲右丞相，凡建官立法，任賢使能，與夫分郡邑，定課賦，通漕運，足國用，多出楚材，而重山佐成之。」（十一／三四六五—三四六六頁）

〔三〕○李曰：鎮海，西遊記云姓田也，宣使劉仲禄稱爲「鎮海相公」。元史百二十有傳。○王曰：彭氏云鎮海回回人。案元史本傳云：「鎮海，怯烈台氏。」然頗有可疑者。本傳言鎮海「從太祖同飲班朱尼河水」，則怯烈部未滅之前，鎮海已事太祖，一可疑也。此書言文書「行於回回者，則用回回字，鎮海主之」，行於漢人、契丹、女真諸亡國者，只用漢字，移剌楚材主之。卻又於後面日月之後，鎮海親書回回字，云付與某人，以互相檢柅。」是鎮海不獨精通回回文字，亦當略知漢文，如係蒙古、克烈部人，恐未易(辨)〔辦〕此，二可疑也。案蒙韃備録云：「回鶻有田姓者，饒於財，商販鉅萬，往來於山東、河北，具言民物繁庶，與糺同説韃人治兵入寇」云云。考長春真人西游記，稱鎮海爲田鎮海或田相公，是鎮海姓田氏。中州名賢文表二十二許有壬右丞相怯烈公神道碑：「丞相名鎮海，即稱海，系出怯烈氏。或曰本田姓，至朔方始氏怯烈。或曰實怯烈族，時同名者三，因主屯田，故加田別之。」西游記又言：「至回紇昌八剌城，其王畏午兒與鎮海有舊。」是鎮海與回紇素有淵源。又鎮海與長春問答用漢語，是其人必曾往來中國者，余頗疑備録之回鶻人田姓即鎮海矣。此書云鎮海回回人，決非無根。

4.1 霆至草地時，按只䚟已不爲矣①。粘合重山隨屈朮僞太子南侵。次年，屈朮死〔一〕，按只䚟代之〔二〕，粘合重山復爲之助。移剌及鎮海自號爲中書相公，總理國事，鎮海不止理回回也〔三〕。韃人無相之稱，即只稱之曰「必徹徹」②。必徹徹者③，漢語令史也，使之主行文書爾④〔四〕。

## 校記

① 矣，六經堪本作「相」。胡校云：「『已不爲』下當有『相』字。」

② 即，李本、沈本、羅本、六經堪本無此字。

③ 即只稱之曰必徹徹必徹徹者，李本作「只稱之曰必澈澈者」，其中「徹徹」作「澈澈」。

④ 爾，羅本作「耳」。

## 注釋

〔一〕○沈曰：太宗紀：「乙未，皇子曲出及胡土虎伐宋。丙申冬，皇子曲出薨。」即此屈朮也。粘合重山從伐宋，本傳不見。

○勝案，元史卷一百二十察罕傳：「皇子闊出、忽都禿伐宋，命察罕爲斥候。」（十/二九五六頁）卷一百二十九阿剌罕傳：「父也柳干，幼隸皇子岳里吉爲衛士長。歲乙未（一二三五年），從皇子闊出、忽都禿南征。」（十/三一四七頁）聖武親征録：「乙未，……遣曲出、忽都都伐宋。忽都忽籍到漢民一百一十一萬有奇。」太宗紀之曲出即闊出，而胡土虎則誤以忽都忽當之，當作忽都秃（即親征録之忽都都、元史宗室表之睿宗次子忽覩都）。參觀王國維聖武親征録校注四三五—四三六頁。忽覩都，校注誤作「忽都覩」）。元史曲出、闊出即徐氏之屈朮、彭氏之闊除。

【補訂】屈朮即窩闊台之子哈剌察兒大王次子，陝西鳳翔屈家山出土蒙古紀事磚稱爲「曶耳歹」，同地出土元至正元年（一三四一）創立、清乾隆八年（一七四一）重修大元故欽授初立鳳翔府城達魯花赤屈朮之塋碑又作「札兒台」，曾任「鳳翔府鳳翔縣達魯花赤兼本縣諸軍奥魯事」（參觀楊富學鳳翔屈家山蒙古紀事磚與屈朮墓碑考釋（載北國石刻與華夷史跡，光明日報出版社二〇二〇年，二〇二—二〇三、二二〇—二二一頁）。

〔二〕○王曰：案此節彭氏所云按只䚟與徐氏所云按只䚟實非一人。彭氏所指，疑即秘史之額勒只吉歹。秘史續集卷二：「蒙文皇帝聖旨，衆官人每著額勒只吉歹爲長，依著額勒只吉歹的言語行事。」是太宗初即位時，額勒只吉歹實爲宰相。明年，乃以耶律楚材代之。至徐氏所謂代屈朮南侵者，乃太祖弟合出温之子阿勒赤歹，元史宗室世系表作濟南王按只吉歹，二人同名，故徐氏誤合爲一人。至屈朮即彭氏所謂闊除，徐作屈朮，則又誤分爲二人也。

○勝案，此二「按只䚟」，其蒙古語人名本不同。彭氏之「按只䚟」即秘史「額勒只吉歹」，蒙文爲eljigidei。徐氏之按只䚟即秘史阿勒赤歹，元史又作「按只帶」、「按只台」、「按赤帶」、「按赤台」，蒙文爲alchitai，「按只吉歹」（又見南村輟耕録卷一大元宗室世系條）之「吉」當是誤衍。參觀元史卷一百七宗室世系表校勘記〔一四〕（九／二七三一）、姚大力關於元朝「東諸侯」的幾個考釋之五「按只䚟」的蒙古原名（二〇一一，四三四—四三六頁）。

〔三〕○勝案，鎮海元史本傳云「拜中書右丞相」。柏朗嘉賓蒙古行紀第九章第二三節：「正是在這裏，我們被皇帝召見了。當首席書記官鎮海（Tchinqaï）簽完我們的名字和護送我們前來者的名字以及肅良合與其他首領的名字時，他就當著皇帝和全體大首領高聲宣讀著名册。」（九九頁）又第四〇節：「皇帝向我們派了一位官人，並且通過他的首席秘書鎮海轉告我們，要求把我們的出使使命和我們行動的目的書面呈遞給他。我們照辦了，並且和同我們上文所述的那樣，把先前在拔都幕帳中所作的全部敘説都寫下來。數日的光陰過去了，他又派人來傳我們，通過管理全帝國的哈達（Kadac）告訴我們，要我們向他的首席秘書八剌（Bala）和鎮海以及其他書記官全面陳述我們的使命。我們非常樂意地照辦了。」（一〇二—一〇三頁）

〔四〕○勝案，「必徹徹」蒙古語bičikči音譯詞，又譯作「必闍赤」，元曲或作「必赤赤」。元史卷七十四祭祀志三：「必闍赤，譯言典書記者。」（六／一八三一頁）卷九十九兵志二：「爲天子主文史者，曰必闍赤。」（八／二五二四頁）女真語官吏稱「必忒失」，文書稱「必忒額」，見女真譯語。清代有官名「筆帖式」，掌司滿、漢文書，其名爲滿語音義結合譯詞。「必闍赤」、「必忒失」、「筆帖式」當爲蒙古、女真、滿語同源詞（參觀方齡貴一九九一，四二—四六頁必赤赤條）。

蒙古汗庭多用必闍赤紀録王之言行，類似起居注官。史集第二卷成吉思汗的兒子察合台傳：「因爲當時有一種習俗，君主所説的每一句話都要逐日記載下來，凡他們所説的言詞，大部分有條有理而且含義深奧，所以每個［君主］都指定一個近臣記録他的話。察合台的話由上述維即兒記録。而［窩闊台］合罕有一個畏兀兒人輔弼名叫鎮海。有一次，［合罕］向察合台問道：『誰比較好，是你的維即兒還是我的［鎮海］？』察合台答道：『可能鎮海比較好。』有一次，在宴會上，兩兄弟講了必里克（案必里克原義爲知識，此處意爲訓言），維即兒領會了以後，就出去了，把它記下。合罕和察合台憶起了［説過的話］，就想試驗一下維即兒能否準確地記録下來。他［維即兒］正在録寫必里克。蒙哥合罕從旁經過，和他説起話來。維即兒説：『别碰我，讓我把聽到的記録下來。』當他把［寫好的東西］呈上去，經他們過目後，［證明］他正是按原樣記録下來的，把握了全部［詞句］，僅在開首和後記中略有些例外。合罕［爲他］説了一句公道話：察合台是對的，他的維即兒比我的鎮海强。因此，察合台在世之時，維即兒一直在他身邊有［很大］影響。」（一八六頁）可參觀。

# 5 其地

其地，出居庸燕之西北百餘里。則漸高漸闊，出沙井天山縣八十里。則四望平曠[一]，荒蕪際天，間有遠山①，初若崇峻，近前則坡阜而已，大率皆沙石②。

## 校記

① 荒蕪，李本作「無」，則斷句爲「則四望平曠無際，天間有遠山」。

② 大率皆沙石，李本無此五字。

## 注釋

[一] ○王曰：案原注「天山縣八十里」，「縣」下奪一「北」字。金史地理志：「淨州，下，刺史。大定十八年以天山縣升……北至界八十里。」沙井去天山縣八十里，則正是金之北界。其地有界垣，元人於此置砂井總管府及砂井縣。

○勝案，沙井爲大漠南北交通樞紐，即今内蒙古四子王旗北大廟古城（參觀陳得芝元嶺北行省諸驛道考，二〇〇五，一三——一四頁）。

5.1 霆所見沙石亦無甚大者，只是碎沙小石而已①。

校記

① 碎沙小石，沈本、章本作「碎小沙石」。

## 6 其氣候

其氣候寒冽，無四時八節。如驚蟄無雷。四月、八月常雪，風色微變。近而居庸關北，如官山、金蓮川等處〔一〕，雖六月亦雪〔二〕。

注釋

〔一〕○李曰：案此稱官山者，蓋即他日桓州之龍山，以前未有此名。元史本紀太宗四年四月避暑官山。

○王曰：金史地理志西京（府）〔路〕大同（路）〔府〕宣寧縣有官山。又桓州有曷里（許）〔滸〕東川，更名金蓮川。

○勝案，金蓮川以地生金蓮花而得名，位於牛群頭（今獨石口北石頭城子）以北至灤河上游（今名閃電河）南北百里之地，遼景宗所建涼殿、金世宗避暑宮景明宮所在地涼陘及元忽必烈察罕腦兒行宮皆在金蓮川，爲避暑秋獮勝地（參觀陳得芝元察罕腦兒行宮今地考，二〇〇五，四五—四八頁）。

〔三〕○勝案，元史卷二太宗紀四年壬辰（一二三二）條：「夏四月，出居庸，避暑官山。」（一／三一頁）與此云官山在「居庸關北」、「雖六月亦雪」等語相合。心史大義略敘：「韃主素以二月往陘山避暑，八月還幽州。陘山又名炭山，在幽州西北八百里，地坐水鄉，舊金酋避暑之地，僭升開平府，北漸入草地舊界。六月井有冰，水帶黄油鐵腥臭味。四時雨雪，人咸作土窖居宿。」（鄭思肖集一八〇頁）二月當是四月之訛。

6.1 霆自草地回程，宿野狐嶺下〔一〕，正是七月初五日，早起極冷，手足俱凍。

## 注釋

〔一〕○勝案，長春真人西遊記：「北度野狐嶺，登高南望，俯視太行諸山，晴嵐可愛。北顧寒煙衰草，中原之風自此隔絶矣。」野狐嶺，張德輝嶺北紀行作「扼狐嶺」，地在張北縣城南五十里（參觀賈敬顔二〇〇四，三三八頁）。

## 7 其産

其産野草。四月始青，六月始茂，至八月又枯①，草之外咸無焉。

校 記

① 至，李本無此字。

## 8 其畜

其畜，牛、犬、馬、羊、橐駞①。胡羊則毛氄而扇尾，漢羊則曰「骨律」〔一〕。橐駞有雙峰者、有孤峰者、有無峰者。

校 記

① 犬馬，沈本、羅本、六經堪本、王本作「馬犬」。

注 釋

〔一〕○李曰：松漠紀聞：北羊「每群必置羖䍽數頭」。此云「骨律」，即「羖䍽」二字。

○王曰：松漠紀聞：「北羊有角者，百無二三，味極珍。善牧者每群必置羖䍽羊數頭，仗其勇很，行必居前，遇水則先涉，群羊皆隨其後。以羖䍽發風，故不食。」自注：「羖䍽，音古力。北人訛呼『羖』爲『骨』。」本草衍義：「羖羊出陝西，河東謂之羖䍽羊，尤很健，毛最長而厚。」

○勝案，李、王注所引洪皓松漠紀聞不完整。松漠紀聞續：「關西羊出同州沙苑，大角虬上盤至耳，最佳者爲臥沙細肋。北羊皆長面多髯，有角者百無二三，大僅如指，長不過四寸，皆目爲白羊，其實亦多渾黑，亦有肋細如箸者，味極珍。性畏怯，不觝觸，不越溝塹。善牧者每群必置羖䍽羊數頭，羖䍽，音古力。北人訛呼『羖』爲『骨』。仗其勇很，行必居前，遇水則先涉，群羊皆隨其後。以羖䍽發風，故不食。生達靼者，大如驢，尾巨而厚，類扇，自脊至尾，或重五斤，皆膋脂，以爲假熊白，食餅餌，諸國人以它物易之。……春毛不直錢，爲氈則蠹；唯秋毛最佳，皮皆用爲裘。」（一三二頁）松漠紀聞補遺：「秋毛最佳，不蛀。冬間毛落，去毛上之麤者，取其茸毛，皆關西羊爲之，蕃語謂之『䍛𦍋』。北羊止作麤毛。」（一四一頁）紀聞所謂「生達靼」者，當即事略之胡羊，而關西羊即事略之漢羊。「䍛𦍋」、「羖䍽」與「骨律」皆一聲之轉。唐孫思邈千金翼方卷三人獸部：「羖羊角，……生河西川谷。」（九九頁）宋蘇頌本草圖經卷十三禽獸部：「羖羊角，出河西川谷，今河東、陝西及近都州郡皆有之。……羊之種類亦多，而羖羊亦有褐色、黑白色者，毛長尺餘，亦謂之羖䍽羊。北人引大羊，以此羊爲群首。［又謂之羊頭］。」（四四三—四四四頁）元忽思慧飲膳正要卷三獸品：「羖羊，味甘，平，無毒。補五勞、七傷，温中益氣。其肉稍腥。」此羖羊當即羖攊。蒙古秘史一五一節：「不多時，王罕反了古兒罕，從畏兀、唐兀二種經過。時止有五箇羖攊羊擠乳，駱駝上刺血喫。」秘史原文「亦馬阿」旁注「羖攊每」。原本老乞大：「這個羝羊、臊胡羊、羯羊、羖攊羔兒、母羖攊，都通要多少價錢？羝羖攊曰兀古納（uquna）。」（圖版二六右，一七七頁）華夷譯語鳥獸門：「羖攊曰亦馬安（imaqan）。」（三二頁）登壇必究卷二十二載譯語：「羖攊曰五忽納。」（一三八頁）

8.1 霆見草地之牛純是黃牛，其大與江南水牛等①，最能走，既不耕犁，只是拽車，多不穿鼻。

校記

① 其，李本作「甚」。

## 9 其居

其居穹廬，即氊帳。無城壁棟宇，遷就水草無常。韃主日徙帳以從校獵①，凡僞官屬從行，曰起營。牛、馬、橐駞以挽其車，車上室可坐、可卧，謂之帳輿〔一〕。輿之四角，或植以杖，或交以板，用表敬天，謂之飯食車。派而五之，如蟻陣縈紆②，延袤十五里，左右横距及其直之半〔二〕。得水則止，謂之定營。主帳南向獨居前列，妾婦次之〔三〕，僞扈衛及僞官屬又次之。凡韃主獵帳所主③，皆曰「窩裹陀」〔四〕。其金帳，柱以金製，故名〔五〕。凡僞嬪妃與聚落群起，獨曰「大窩裹陀」者④〔六〕。其地卷阿負坡阜以殺風勢⑤，猶漢移蹕之所，亦無定止，或一月、或一季遷耳⑥。

**校記**

① 日，原同羅本、章本作「曰」，據李本、沈本、陳本改。六經堪本、王本無「日」字。校獵，陳本作「獵校」。

② 紆，沈本作「行」。陳本「紆」下有「行」字。

③ 所主，李本、陳本作「所在」。

④ 者，章本無此字。

⑤ 負，原訛作「貟」（即「員」）。諸本皆作「負」，據改。

⑥ 季，李本作「年」。耳，李本、陳本作「去」，問影樓本無此字。

## 注釋

〔一〕〇勝案，柏朗嘉賓蒙古行紀第二章第六節：「他們的住宅爲圓形，利用木樁和木杆而支成帳篷形。這些幕帳在頂部和中部開一個圓洞，光線可以通過此口而射入，同時也可以使煙霧從中冒出去，因爲他們始終是在幕帳中央升火的。四壁和幕頂均以氈毯覆蓋，門同樣也是以氈毯作成的。有些幕帳很寬大，有的則較小，按照人們社會地位的高低貴賤而有區別。有的幕帳可以很快地拆卸並重新組裝，用馱獸運載搬遷，有些則不能拆開的，但可以用車搬運。對於那些小幕帳，只需在車上套一頭牛就足够了。爲了搬遷那些大幕帳，則需要三四頭或更多的牛。無論他們走到哪裏，去進行征戰還是到別的地方，他們都要隨身攜帶自己的幕帳。」（三〇頁）

魯布魯克東行紀第二章韃靼人和他們的住所略云：「他們把這些屋舍造得很大，有時寬爲三十英尺。我有次親自測量一輛車的輪距爲二十英尺，當把房舍放在車上時，它在輪的每側至少伸出五英尺。我估算一下，每輛車用廿二頭牛拉一所屋，十一頭和車并行，另十一頭走在前頭。車軸粗若船桅，並且有個人站在車上房門口，驅趕着牛群。還有，他們把細枝編織成方形大箱，上面加上一個也用細枝編成的蓋子，整個蓋嚴，正面開一扇小門。然後他們用牛脂或羊奶塗抹過的黑氈，把這個箱子，也就是小房屋遮起來，防止漏雨，而且他們同樣用五彩圖案把它裝飾。所有的臥具和貴重物品，他們都放進這類箱子裏，再給緊緊繫在駱駝拉的大車上，以致過河（不會打濕）。這種箱子他們從不取下車來。」（二一一〇頁）所謂箱子，即帳輿也。

蒙古車以牛、馬、駱駝輓之外，尚用驢、騾。車馬種類亦多。原本老乞大：「樓子車、庫車、驢騾大車、驢駕轅車、馬妳子車、坐車兒，都好生房子裏放者，休教雨雪濕了。」（圖版二九左，一七〇頁）老乞大集覽下：「庫車：達子無定居，車上施氈帳爲室，逐水草以居。今此庫車，蓋收藏物料之車，如庫藏者也。元俗猶然。質問云：『其形似箱櫝。』」（見朝鮮時代漢語教科書叢刊第三册，二一〇七頁）據此，庫車與魯布魯克所記馱有物品箱之車類似。

〔二〕○勝案，魯布魯克東行紀第二章韃靼人和他們的住所略云：「一個富足的蒙古人的斡耳朵看來像一個大鎮子，儘管裏頭没有多少人。一個婦女要管二十或三十輛車，因爲土地平坦，他們把牛車或駝車一輛輛連接起來，同時有一個婦女坐在頭一輛上趕着牛，其他的用同樣的步調跟在後面。倘若他們碰上壞的道路，那他們把車輛解開，一輛輛通過。所以他們行進緩慢，好像牛羊在行走。」（二一〇—二一一頁）

〔三〕○勝案，魯布魯克東行紀第二章韃靼人和他們的住所略云：「當他們安頓好他們的住所時，他們始終把門朝向南方，然後他們把裝箱的車輛，分列在住所附近一投石之遥的兩側，因此住所在兩排車輛之間，就像在兩道墻中。主婦爲自己製作了極漂亮的（行李）車，除了用圖畫外，我不知道如何向你描繪，如果我會作畫，那我要把它們畫給你看。僅一個富裕的蒙古人即韃靼人便有一

百或二百輛這種帶箱的車。」(二一〇頁)

〔四〕○李曰：「窩裏陀」即「斡耳朵」。

○沈曰：湛然居士集云：「每新君立，另設一帳房，極金碧之盛，名『斡耳朵』。後君立，復自作之。」

○勝案，沈注引湛然居士集當作草木子，其卷三下云：「元君立，另設一帳房，極金碧之盛，名爲『斡耳朵』。及崩，即架閣起。新君立，復自作斡耳朵。」(六三頁)。「窩裏陀」通譯「斡耳朵」，意爲營帳或宫殿，源於古突厥語 ordu，後借入蒙古語。參觀伯希和斡耳朵。

〔五〕○勝案，蒙古秘史一八四節：「時王罕正立起金撒帳做筵會。」金、撒帳，秘史原文分別作「阿勒壇」、「帖兒篋」，或解金撒帳爲撒金褐子帳，不確(道潤梯步一九七八，一六九頁)。撒帳，傳漢武帝與李夫人共坐帳中，宫人遥撒五色同心果，後演爲新娘抛撒金錢綵果之婚俗(參觀東京夢華録卷五娶婦，鄧注本一四五頁、伊注本四八〇頁)。後氈帳亦曰撒帳，元史卷一百兵志三馬政：「自天子以及諸王百官，各以脱羅氈置撒帳，爲取乳室。」(九/二五五四頁)事略金帳猶言金撒帳。秘史撒帳所對原文「帖兒篋」即蒙語 terme，意爲細氈。又蒙語毛織物曰 tarma，至元譯語軍器門：「帳子曰忒立馬。」(五頁)則此帖兒篋蓋指細氈所製帳幕(參觀阿爾達札布二〇〇五，三三七頁)。

遊牧民族可汗所居營帳多稱金帳，資治通鑑卷二百四十六唐文宗開成五年（八四〇）：「回鶻既衰，阿熱始自稱可汗。回鶻遣相國將兵擊之，連兵二十餘年，數爲黠戛斯所敗，詈回鶻曰：『汝運盡矣，我必取汝金帳。』金帳者，回鶻可汗所居帳也。」（十七／七九四七頁）

〔六〕○勝案，魯布魯克東行紀第二章韃靼人和他們的住所略云：「拔都有二十六個妻妾，每個都有一所大住宅，尚有其他安置在大住宅後面的小住宅，它們像小房間，其中住着做針線活的婦女，足足有二百輛車跟着這些大住宅。他們安置他們的房舍時，長妻的住宅在最東，兩位妻子的禹兒惕（yurt，營帳）之間有一投石距離。」（二一〇頁）又第十五章撒里答的斡耳朵略云：「我們發現他的斡耳朵很大，因爲他有六個妻子，他身邊的長子有兩三個妻子，每人都有一所大住宅，大概有二百輛車。」（二三〇頁）大住宅即大窩裏陀。

9.1 霆至草地時立金帳，想是以本朝皇帝親遣使臣來，故立之以示壯觀。前綱鄒奉使至不曾立〔一〕，後綱程大使、更後綱周奉使至皆不立〔二〕。其製即是草地中大氊帳，上下用氊爲衣，中間用柳編爲窗眼透明，用千餘條索拽住門閾與柱①，皆以金裹，故名。中可容數百人②〔三〕，韃主帳中所坐胡床③，如禪寺講座，亦飾以金〔四〕。后妃等第而坐④，如构欄然。穹廬有二樣。燕京之制⑤，用柳木爲骨，正如南方罣罳⑥，可以卷舒〔五〕，面前開門，上如傘骨，頂開一竅，謂之「天窗」，皆以氈爲衣，馬上可載〔六〕。草地之制⑦，用柳木織成硬圈，徑用氈鞔定⑧〔七〕，不可卷舒，車上載行⑨，水草盡則移，初無定日。

## 校記

① 千餘條，李本作「十餘」，問影樓本作「千餘」。門閾，李本、沈本、羅本、陳本、六經堪本皆作「閾」，王本作「一門閾」。

② 中，李本無此字。

③ 帳中，李本無此二字。

④ 等，李本、陳本此下有「次」字。案，等第猶言次第，「等」下不必加「次」。

⑤ 制，李本作「製」。

⑥ 正，李本作「止」。罣罳，李本作「罘罳」。

⑦ 制，李本作「製」。

⑧ 鞔，問影樓本誤作「挽」，沈本、羅本、六經堪本誤作「韃」。

⑨ 車上載行，章本作「車上載水行」。

## 注　釋

〔一〕○李曰：案鄒伸之撰使北日録一卷，事在理宗紹定六年，此書存目在提要卷五十二雜史類。○勝案：李注此條僅見於上圖鈔本。

〔二〕○王曰：宋史理宗紀：紹定五年十二月「大元再遣使議攻金，史嵩之以鄒伸之報謝」。端平元年「十二月己卯，大元遣王檝來。……辛卯，遣鄒伸之、李復禮、喬仕安、劉溥報謝」。二年正月「辛酉，以御前寧淮軍統制、借和州防禦使程芾爲大元通好使，從義郎王全副之」。嘉熙二年「三月己丑，命將作監周次説爲大元通好使」。此鄒奉使即鄒伸之，程大使即程芾，周奉使即周次説。徐氏隨使蓋在鄒伸之再使時，前此伸之北使，實奉江南制置大使史嵩之命，再使則奉朝命，故云「想是以本朝皇帝親遣使臣來，故立」金帳也。

〔三〕○勝案，蒙古皇帝之斡耳朵規模頗大，柏朗嘉賓蒙古行紀第九章第二九節：「他（貴由）令人帶我們去拜見其皇太后，莊嚴隆重的集會就在那裏舉行。當我們到達那裏時，人們已經搭好了一個很大的紫色帆布帳篷，據我們認爲，這個帳篷大得足可以容納兩千多人。四周圍有木板柵欄，木板上繪有各種各樣的圖案。」（九六頁）第三一——三二節：「在他們之中稱這個地方爲失剌斡耳朵。於是，當我們大家騎馬一起來到另一個距那裏只有三、四古法里的地方，位於山中間靠近一條河流旁邊有一個風景秀麗的平原，平原上已經矗立著另一頂幕帳，當地人稱之爲金斡耳朵或『金帳』。……用來搭幕帳的支柱以金片相裹，然後用金鍵將其它支柱釘在一起。幕帳的天幕和内壁上也蒙上了一層華蓋布，而外面則是用其它織物裝飾的。」（九八頁）

柳貫詩文集卷五觀失剌斡耳朶御宴回：「毳幕承空拄繡楣，彩繩亘地掣文霓。辰旗忽動祠光下，甲帳徐開殿影齊。芍藥名花圍簇坐，蒲萄法酒拆封泥。御前賜酺千官醉，恩覺中天雨露低。」自注：「車駕駐蹕，即賜近臣灑馬妳子御筵，設氈殿失剌斡耳朶，深廣可容數千人。上京五月芍藥始花。」（八六頁）失剌斡耳朶即元史卷三憲宗本紀「昔剌兀魯朶」（一／四九頁）。華夷譯語聲色門：「黄曰石剌（šira）。」（三九頁）失剌斡耳朶（šira ordu）即黄帳殿（參觀李文田元史地名考）。金子亦黄色，故黄帳殿或亦代指金帳（參觀柏朗嘉賓蒙古行紀注九）。

〔四〕○勝案，胡床又名交床，爲無靠背、可折疊之坐具。陶穀卷三清異録逍遥座條云：「胡牀施轉關以交足，穿便條以容坐，轉縮須臾，重不數斤。」資治通鑑唐長慶二年十二月辛卯「上見群臣於紫宸殿御大繩牀」條胡三省注云：「程大昌演繁露：『今之交牀，制本自虜來，始名胡牀。隋以讖有胡，改名交牀。唐穆宗於紫宸殿御大繩牀見群臣，則又名繩牀矣。』余按交牀、繩牀，今人家有之，然二物也。交牀以木交午爲足，足前後皆施横木，平其底，使錯之地而安；足之上端，其前後亦施横木而平其上，横木列竅以穿繩條，使之可坐。足交午處復爲圓穿，貫之以鐵，斂之可挾，放之可坐；以其足交，故曰交牀。繩牀，以板爲之，其廣前可容膝，後有靠背，左右有托手，可以閣臂，其下四足著地。」（十七／七八二二頁）又梁武帝大通元年九月條胡三省注云：「胡牀，即今之交牀，隋惡胡字，改曰交牀，今之交椅是也。」（十／四七二七頁）

案交床猶今之馬扎，繩床即不可折疊之靠背椅，與可折疊之交椅（即折椅）有別。宋人多將胡床（交床）、繩床、交椅三者混爲一物，胡注以胡床與交椅混淆亦不確（參觀翁同文中國坐椅習俗，六三頁）。金佗稡編卷六行實編年卷三紹興五年條：「楊么舉鍾儀投於水，繼乃自仆。牛臯投水，擒么至先臣前，斬首，函送都督行府。僞統制陳瑫等亦刦鍾儀之舟，獲金交床、金鞍、龍鳳簟以獻，率所部降。」（三二四頁。參觀金佗續編卷十九百氏昭忠録卷三，一四四〇頁）此金交床疑即金交椅。

古代僧侣所坐胡床亦名繩床（參觀翁書一二頁），此言「韃主帳中所坐胡床如寺院講座」，則頗疑此處所謂胡床實非交床，而爲繩床即靠背椅。胡床飾以金，即金椅。金史儀衛志下太子常行儀衛條云：「椅用金鍍銀圈、雙戲麒麟椅背，紅絨縧結。」（九五八頁）元人亦有金交椅，元史卷七十九輿服志二儀仗條：「交椅，銀飾之，塗以黄金。杌子，四脚小床，銀飾之，塗以黄金。」（七／一九五九頁）稱塗金杌子爲小床，則所謂塗金交椅當與此記韃主所坐飾金胡床相似，當爲靠背椅。蒙古汗廷之金椅有較寬大可坐兩人者。魯布魯克東行紀第十九章拔都的斡耳朵及他的接見：「他坐在一條寬若臥榻的長椅上，長椅全部塗金，有三級階梯通往上面，他身旁坐著一個妃子。」（二四〇頁）又第二十九章在蒙哥宫廷的見聞：「我們返回我們的住所時，蒙哥汗來到教堂即禮拜堂，他們給他準備一張鍍金的椅子，他和他夫人坐上去，面朝祭壇。」（二七二頁）内蒙古錫林郭勒盟正藍旗羊群廟祭祀遺址曾出土三座漢白玉石雕人物坐像，所見交腳圈背座椅即靠背椅，爲蒙古皇帝座椅（參觀内蒙古文物考古研究所、正藍旗文物管理所：正藍旗羊群廟元代祭祀遺址及墓葬，李逸友、魏堅主編内蒙古文物考古文集第一集，中國大百科全書出版社一九九四年版）。

〔五〕○王曰：無名氏愛日齋叢鈔一：「今所謂掛罳，其名傳寫多異同。平園游山録記倅送步障二，俗名畫獅，蓋北人飾以氈毯，而畫獅子形，故云爾。或云名掛罳，洪景盧作話私小閣，名借春，見於詩云：『居然丈室巧剸裁，截竹爲楹不染埃。』未詳即掛罳否？趙彦衛開記云：『紹興末，宿直中官，以小竹編聯，籠以衣，畫風雲鷺鷥作枕屏，一時號曰畫絲。好事者大其制，施於酒席以障風，野次便於圍坐，或以名不雅，易曰掛罳。』又曰：『出於北（方）〔邊〕，目曰話私。乾道間，使者嘗求其骨，則不然矣，且以言爲話，南人方言，非北語也。』」

○勝案，愛日齋叢鈔作者爲南宋人葉寘（字子真，號坦齋，池州青陽人），參觀伯希和評王國維遺書（五六頁）、余嘉錫四庫提要辨證卷十五子部六（八八九—八九〇頁）、孔凡禮愛日齋叢鈔點校説明（余、孔二氏皆未提及伯氏考證）。王箋所引愛日齋叢鈔此節文字下尚有餘論，可資參觀，略云：「按崔豹古今注：『罘罳，屏也。罘者，復也；罳者，思也。臣朝君至屏外，復思所奏之事於其下。』顏師古注謂：『連闕曲閣也，以覆重刻垣墉之處，其形罘罳然，一曰屏也。』鄭禮記注：『屏，謂之樹，今浮思也，刻之爲雲氣、蟲獸，如今闕上之爲。』廣雅云：『復思，謂之屏。』王莽壞渭陵園門罘罳，曰使民無復思漢。唐蘇鶚演義稱：『罘罳，織絲爲之，象羅交文之狀，施宮殿簷户之間。』又文宗實録：『甘露之禍，群臣奔上出殿北門，裂罘罳而去。』酉陽雜俎稱『上林間多呼殿榱桷護雀網爲罘罳』，則是漢以屏爲罘罳，唐以殿間網爲罘罳。以字考之，二字從網，有網之義。漢屏疑亦有維索以爲限制，今云掛絲，第言以絲掛於竹骨之上，若用罳字，亦取罘罳之義，其實圍屏也。開寶遺事『長安士女遇名花，則以裙遞相插掛爲宴幄』，茲其始也。東坡守汝陰，以帷幙爲擇勝亭，亦此義。」（四—五頁）

〔六〕○勝案，魯布魯克東行紀第二章韃靼人和他們的住所略云：「他們把宿夜的住宅安放在用棍條編織成的圓形框架上，頂端輻湊成小小的圓環，上面伸出一個筒當作煙囱，而這個［框架］他們覆以白氈。他們常常用白粉，或白粘土，或骨粉塗在氈上，使它顯得白些，有時［他們把氈子］也塗成黑色。頂端煙筒四周的氈子，他們飾以種種好看的圖案。入口處他們還懸掛有各種彩色繡花的氈子，因爲他們給氈子繡上五顔六色或者素色的藤、樹、鳥獸的圖案。他們把這些屋舍造得很大，有時寬爲三十英尺。」（二〇九—二一〇頁）

馬可波羅行紀第一卷第六十八章成吉思汗後之嗣君及韃靼人之風習：「其房屋用竿結成，上覆以繩，其形圓。行時攜帶與俱，交結其竿，使其房屋輕便，易於攜帶。每次編結其屋之時，門皆向南。彼等有車，上覆黑氈甚密，雨水不透，駕以牛駝，載妻兒於其中。」注引多桑蒙古史：「蒙古人結枝爲垣，其形圓，高與人齊。承以椽，其端以木環結之。外覆以氈，用馬尾繩繫之，門亦用氈，户永向南。頂開天窗以通氣，吐炊煙，竈在中央，全家皆寓此居宅之内。」（二〇〇四，二三八、二四四頁）

〔七〕○勝案，鞔本意爲蒙以皮革，此處指以羊毛氈覆蓋於帳架。

## 10　其食

其食，肉而不粒〔一〕。獵而得者，曰兔、曰鹿〔二〕、曰野彘〔三〕、曰黄鼠〔四〕、曰頑羊、其脊骨可爲杓〔五〕。曰黄羊、其背黄，尾如扇大①〔六〕。曰野馬、如驢之狀〔七〕。曰河源之魚。地冷可致〔八〕。牧而庖者，以羊爲常，牛次之，非大燕會不刑馬〔九〕。火燎者十九〔一〇〕，鼎烹者十二三，臠而先食，然後食人。

## 校記

①背，羅本、六經堪本作「肩」。尾，原無，據李本、陳本、章本、王本補。

## 注釋

〔一〕○勝案，心史大義略敘：「〔韃人〕牛馬羊鹿多，亦不賤。出獵射生，純肉食，少食飯。……彼無好米，見此白米，重之曰細米，土産惟小米、粟麥。」（鄭思肖集一八七頁）張德輝嶺北紀行：「食則以羶肉爲常，粒米爲珍。」（三四九頁）世界征服者史第一部緒言Ⅰ成吉思汗興起前蒙古人的情況：「他們穿的是狗皮和鼠皮，吃的是這些動物的肉和其他死去的東西。」（二三頁）魯布魯克東行紀第三章韃靼人的食物：「他們不加區别地吃一切死去的動物，而那麼多的羊群牛群，必然有很多牲口死去。」（二一三頁）馬可波羅行紀第一卷第六八章：「彼等以肉乳獵物爲食，凡肉皆食，馬、犬、鼠、田鼠（pharaons）之肉，皆所不棄，蓋其平原窟中有鼠甚衆也。」（二〇〇四，二三八頁）

【補訂】韃靼史第一章：「在飲食方面，他們是最骯髒齷齪之人。他們吃所有肉類，除了母騾，因爲母騾不會生育。他們最喜歡的是馬肉。但是他們也很樂意吃老鼠、狗和貓。……他們甚至吃人肉，以便懲罰其叛逆之舉，像地獄的水蛭一樣如饑似渴地飲其血。他們甚至吃虱子。」

〔二〕○勝案，元史卷七十四祭祀志三：「芝麻、兔、鹿、稻米飯，孟冬用之。」（六／一八四五頁）

〔三〕○勝案，元史卷七十四祭祀志三：「薦新鮪、野彘，孟春用之。」（六／一八四五頁）

〔四〕○勝案，華夷譯語鳥獸門：「黄鼠曰竹木闌（jomuran）。」（三二頁）。元忽思慧飲膳正要卷三獸品：「黄鼠，味甘，平，無毒。多食發瘡。」元史卷七十四祭祀志三：「菱芡、栗、黄鼠，仲秋用之。」（六／一八四五頁）

蒙古人鼠類頗多，冬日多掘鼠而食。譯語：「其土産……曰鼲，曰貂鼠，曰青鼠，曰土撥鼠。」（二二三—二二四頁）蒙古秘史八九—九〇節：「帖木真那裏相遇著了，又去不兒罕山前，有古連勒古名字的山，那山裏有桑沽兒河，河邊有合剌只魯格名字的小山，有箇青海子，做營盤住在其間，打捕土撥鼠、野鼠喫着過活了。一日，帖木真的慘白騸馬八匹在家被賊劫將去了。又有一箇甘草黄馬，他兄弟別勒古台騎著捕土撥鼠去了，到晚馱著土撥鼠回來。」按，土撥鼠秘史原文作「塔兒巴合」（tarbagha／複數 tarbaghan），野鼠作「窟出古兒」（küčügür）。塔兒巴哈，元史作「塔剌不花」（tarbagha）、「塔剌不歡」（tarbaghan）。元史卷七十四祭祀志三：「塔剌不花，其狀如獾。……狸、黄羊、塔剌不花，季冬用之。」（六／一八四五頁）元史卷一百二十七伯顔傳：「先是，邊兵嘗乏食，伯顔令軍中採蔑怯葉兒及蓿敦之根貯之，人四斛，草粒稱是，盛冬雨雪，人馬賴以不饑。又令軍士有捕塔剌不歡之獸而食者，積其皮至萬，人莫知其意。既而遣使輦至京師，帝笑曰：『伯顔以邊地寒，軍士無衣，欲易吾繒帛耳。』遂賜以衣。」（十／三一一三—三一一四頁）

楚石北游詩漠北懷古十六之六：「三冬掘野鼠，萬騎上河冰。」（八七頁）魯布魯克東行紀第五章：「他們也吃老鼠，這裏老鼠種類繁多。他們不吃長尾鼠，而把它拏去喂鳥。他們吃家鼠及種種短尾鼠。那裏還有很多土撥鼠，稱爲索古爾（Rockhill 注：Sogur，突厥語爲 Sour），冬天它們群居在洞裏，二十或三十成群，一睡六個月，他們大量捕捉這些土撥鼠。那裏也有兔子，長著老鼠一般的長尾，尾梢有黑白的毛。他們尚有其他種種可食的小動物，他們知道怎樣很好地去區別。我没有在那裏看到鹿。我看到些野兔，很多小羚羊。我看到大量的野驢，像是騾子。我還看到另一類叫做阿卡里（蒙古野驢）的動物，它有像羊那樣的軀體，兩角彎曲如公羊角，但是雙角大到我簡直用一隻手舉不起來，他們則用這些角來製造杯子。」（二一五頁）

按唐人稱土撥鼠爲䶆（鼧）鼥鼠，新唐書卷四十地理志：「蘭州金城郡，下。以臯蘭山名州。土貢：麩金、麝香、䶆鼥鼠。」（一〇四二頁）本草綱目卷五十一下土撥鼠條：「【釋名】鼧鼥，音駝拔。答刺不花，出正要。時珍曰：按唐書有鼧鼥，即此也。鼧鼥，言其肥也。……蒙古人名答刺不花。【集解】藏器曰：土撥鼠生西番山澤間，穴土爲窠，形如獺，夷人掘土食之。……時珍曰：皮可爲裘，甚暖，濕不能透。」（一二三〇五頁。參觀證類本草卷十六獸部上，四九八頁；本草拾遺輯釋卷五獸禽部，一九七頁）飲膳正要卷三獸品：「塔刺不花，一名土撥鼠。味甘，無毒。主野鷄瘻瘡。煮食之宜人。生山後草澤中，北人掘取以食。雖肥，煮則無油，湯無味，多食難克化，微動氣。皮作番皮，不透濕，甚暖。」蒙古土撥鼠英文爲Tabargan marmot（參觀薛愛華，二〇一、二一二頁）。

〔五〕○王曰：頑羊當是羱羊之音訛。秘史八節：札木合「只有五箇伴當，同做劫賊，因上儻魯山去，殺了一箇羱羊燒喫」。

〔六〕○勝案，飲膳正要卷三獸品：「黃羊，味甘，温，無毒。補中益氣，治勞傷虚寒。其種類數等，成群至於千數。白[尾]黃羊生於野草内，黑尾黃羊生於沙漠中，能走善臥，行走不成群。其腦不可食，髓骨可食，能補益人，煮湯無味。」

〔七〕○勝案，譯語：「其土産，曰馬，曰橐駝，曰野馬，曰野騾，曰羱羊。」（二二三頁）元史卷七十四祭祀志三：「麞、野馬，仲冬用之。鯉、黃羊、塔剌不花，季冬用之。」（六／一八四五頁）楚石北游詩贈西番元帥：「黃羊野馬充庖美，金鳳銀鵝照骨鮮。」（二〇—二一頁）

〔八〕○王曰：云「河源之魚，地冷可致」者，張德輝紀行云：驢駒河「水東注甚湍猛，居人云中有魚，長可三四尺，春夏及秋捕之皆不能得，至冬可鑿冰而得也。」又渾獨剌河「水之大（及）〔若〕魚之捕法亦如之」。

○勝案，蒙古人所食魚類亦頗多。蒙古秘史七五節：「訶額侖菜蔬養來的兒子，都長進好了，敢與人相抗。爲奉養他母親上頭，將針做鉤兒於斡難河裏釣魚，又結網捕魚，卻將母親奉養了。」所釣之魚名，秘史原文作「折不格」、「合答剌」（qadara），即細鱗魚與鰺鰷魚（參觀阿爾達札布二○○五，一二九—一三○頁）。

〔九〕○沈曰：元制，馬爲大牲，惟祀天及宗廟用之。刑法志禁令篇：「諸宴會，雖達官，殺馬爲禮者，禁之。」

○勝案，商代殷人祭祀即重視白馬（參觀裘錫圭從殷墟甲骨卜辭看殷人對白馬的重視，古文字論集，中華書局一九九二年版，二三二—二三五頁）。漢與匈奴盟誓刑白馬，見漢書卷九十四下匈奴傳下：「〔韓〕昌、〔張〕猛與單于及大臣俱登匈奴諸水東山，刑白馬，單于以徑路刀、金留犁撓酒，以老上單于所破月氏王頭爲飲器者，共飲血盟。」（十一／三八○一頁，參觀江上波夫匈奴的祭祀）

後來蒙古及其他北方遊牧狩獵民族，祭祀盟誓多刑馬牛羊之屬，尤重白馬，遼史卷三十四兵衛志上兵制：「凡舉兵，帝率蕃漢文武臣僚，以青牛、白馬祭告天地、日神，惟不拜月，分命近臣告太祖以下諸陵及木葉山神。」（二／三九七頁）元史卷六十三地理志西北地附録：「烏斯亦因水爲名，在吉利吉思東，謙河之北。其俗每歲六月上旬，刑白馬牛羊，灑馬湩，咸就烏斯沐漣以祭河神，謂其始祖所從出故也。」（五／一五七四頁）元史卷七十四祭祀志三：「大祀，馬一，用色純者，有副。牛一，其角握，其色赤，有副。羊，其色白。豕，其色黑。鹿。」（六／一八四五頁）草木子卷三下：「元朝人死，致祭曰燒飯，其大祭則燒馬。」（六三頁）白馬奶亦珍貴，元史卷一百二十二卷昔兒吉思傳：「初，昔兒吉思之妻爲皇子乳母，於是皇太后待以家人之禮，得同飲白馬湩。時朝廷舊典，白馬湩非宗戚貴胄不得飲也。」（十／三〇一五頁）

蒙古、契丹人盟誓亦刑白馬，蒙古秘史一四一節：「其後雞兒年，合塔斤等十一部落，於阿勒灰不剌阿地面聚會商議，欲立札木合做君。於是衆部落共殺馬設誓訖，順額洏古涅河至於刊沐連河洲的地行，將札木合立做皇帝，欲攻成吉思與王罕。」殺馬設誓，聖武親征録作「腰斬白馬爲誓」（三一六頁），元史卷一太祖紀作「斬白馬爲誓」（一／七頁）。元史卷一百四十九耶律留哥傳：「太祖命按陳那衍、渾都古行軍至遼，遇之，問所從來，留哥對曰：『我契丹軍也，往附大國，道阻馬疲，故逗遛於此。』按陳曰：『我奉旨討女真，適與爾會，庸非天乎！然爾欲效順，何以爲信？』留哥乃率所部會按陳于金山，刑白馬、白牛，登高北望，折矢以盟。」（十二／三五一一頁）cf. Pelliot et Hambis 1951, p. 411.

【補訂】後漢書卷七十四下袁紹劉表列傳下：「［袁］熙、［袁］尚爲其將焦觸、張南所攻，奔遼西烏桓。觸自號幽州刺史，驅率諸郡太守令長背袁向曹，陳兵數萬。殺白馬盟，令曰：『違者斬！』衆莫敢仰視，各以次歃。」

張德輝嶺北紀行：「至重九日，王帥麾下會於大牙帳，灑白馬湩，修時祀也。」（賈敬顔疏證

（三四八—四九頁）

〔一〇〕○沈曰：○明刻增新事林廣記，有筵會上燒肉事件，凡羊羔、黄鼠、塔剌不花等二十五件，皆泰定重刻宋事林廣記所無。此蒙古火燎之證。

10.1 霆住草地一月餘，不曾見韃人殺牛以食。

## 11 其飲

其飲①，馬乳與牛羊酪〔一〕。凡初酌②，甲必自飲，然後飲乙。乙將飲，則先與甲、丙、丁呷，謂之口到③。甲不飲④，則轉以飲丙。丙飲訖，勺而酬乙⑤，乙又未飲，而飲丁，丁如丙禮。乙纔飲訖，勺而酬甲⑥，甲又序勺以飲丙、丁，謂之换醆。本以防毒，後習以爲常〔二〕。

### 校記

① 飲，李本此下有「食」字。

② 凡，問影樓本同，李本無此字。

③到，沈本、羅本、六經堪本作「利」。

④甲，原同沈本、羅本、陳本無，據李本、王本補。

⑤勺，李本作「酌」。酬，李本作「飲」。

⑥勺，李本作「酌」。下同。

## 注釋

〔一〕○勝案，心史大義略敍：「（韃人）攪馬乳爲酒，味腥酸，飲亦醉。群虜會飲殺牛馬曰大茶飯，但飲酒曰把盞。雜坐喧溷，上下同食，舉杯互飲，不恥殘穢。飲酒必囚首，氈藉地坐，以小刀刺肉食授人，人即開口接食爲相愛，卑者跪受賜。……人好飲牛馬乳酪，極肥腯，生啖蔥蒜，衣腥食，穢臭不可近。」（鄭思肖集一八七頁）元史卷七十四祭祀志三：「凡大祭祀，尤貴馬湩。將有事，敕太僕寺挏馬官，奉尚飲者革囊盛送焉。其馬牲既與三牲同登于俎，而割奠之饌，復與籩豆俱設。將奠牲盤酹馬湩，則蒙古太祝升詣第一座，呼帝后神諱，以致祭年月日數、牲齊品物，致其祝語。以次詣列室，皆如之。禮畢，則以割奠之餘，撒於南櫺星門外，名曰拋撒茶飯。」（六／一八四一頁）馬可波羅行紀第一卷第六九章：「韃靼人飲馬乳，其色類白葡萄酒，而其味佳，其名曰忽迷思（koumiss）。」（二〇〇四，二四六頁）

〔二〕○勝案，蒙韃備録燕聚舞樂條略云：「韃人之俗，主人執盤盞以勸客。客飲若少留涓滴，則主人者更不接盞，見人飲盡乃喜。……且每飲酒，其俗鄰坐更相嘗换。若以一手執杯，是令我嘗一口，彼方敢飲。若以兩手執杯，乃彼與我换杯，我當盡飲彼酒，卻酌酒以酬之，以此易醉。凡見外客醉中喧鬨失禮，或吐或臥，則大喜曰：『客醉則與我一心無異也。』」

元至順本事林廣記前集卷一一禮儀類拜見新禮平交把盞條云：「主人持臺盞，左右執壺瓶、持果子，斟酒畢，主人進前跪云：『哥每到這裏，小弟没甚麽小心，哥每根底，拿盞淡酒。』客亦還跪，答云：『哥生受做甚的？』卻推轉盞，勸主人先喫。主人又輪轉云：『小人别没小心，只拿一盞兒淡酒，那裏敢先喫。』客云：『哥每酒是好是歹，哥識者。』主人盡飲，呈過盞，再斟滿勸客。客接盞飲，如客飲不盡，主人將（盤）［盞］斜把云：『千歲！千歲！』待飲盡，接盞同起。或客借盞回勸，並如前儀；或不回勸，隨意。或再把盞，或换盞，並隨意。」（二九七頁）所述主人先客盡飲，與本節所記「甲必自飲，然後飲乙」、「本以防毒，後習以爲常」相合。

## 12 其味

其味，鹽一而已。

12.1 霆出居庸關，過野狐嶺〔一〕，更千餘里①，入草地曰界里濼〔二〕，其水暮沃而夜成鹽，客人以米來易②，歲至數千石。更深入，見韃人所食之鹽，曰斗鹽，其色白於雪，其狀大於牙，其底平於斗③，故名斗鹽，蓋鹽之精英④。愈北其地多䜌〔三〕，其草宜馬。

## 校記

① 更千餘里，李本作「千里」。
② 客人，李本作「客」。
③ 於，李本、陳本作「如」。
④ 者，李本無此字。

## 注釋

〔一〕○李曰：金史中都路大興府：「昌平有居庸關，國名查剌合攀。」又撫州柔遠縣有查剌嶺。元史太祖紀六年：「敗金將定薛於野狐嶺。」

○勝案，蒙古秘史二四七節：「在後羊兒年，成吉思征金國，先取了撫州，經過野狐嶺，又取了宣德府。使者別、古亦古捏克二人做頭哨，至居庸關。」

〔二〕○李曰：金史西京路撫州豐利縣：「明昌四年以泥濼置，有蓋里泊。」即此略所云界里濼者也。

○沈曰：界里泊，即張參議紀行之蓋里泊。

○勝案，張德輝嶺北紀行：「北入昌州。居民僅百家，中有廨舍，乃國王所建也。亦有倉廩，隸州之鹽司。州之東有鹽池，周廣可百里，土人謂之狗泊。」狗泊即界里泊（參觀賈敬顔二〇〇四，三四〇頁），長春真人西遊記則作「蓋里泊」，沈注誤記。

○王曰：金史地理志撫州豐利縣有蓋里泊。長春真人西遊記：「北過撫州。十五日，東北過蓋里泊，盡邱垤鹽鹵地，始見人煙二十餘家，南有鹽池。」案此界里泊，即蓋里泊。長春以二月十一日過野狐嶺，十五日過蓋里泊，則自野狐嶺至界里泊不得有千餘里，疑此誤也。

〔三〕○李曰：元張德輝邊堠紀行：昌州居民百家中有廨舍，亦有倉廩，隸州之鹽司。東有鹽池，周廣可百里。昌州之北，沙陀盡鹹鹵也。

## 13　其爨

其爨，草炭牛馬糞。

## 14　其燈

其燈，草炭以爲心，羊脂以爲油。

## 15　其射獵

其俗射獵，凡其主打圍，必大會衆，挑土以爲坑，插木以爲表，維以毳索，繫以氊羽，猶漢兔罝之智，綿亘一二百里間。風颺羽飛①，則獸皆驚駭，而不敢奔逸，然後蹙圍攫擊焉②〔一〕。

### 校記

① 颺，李本作「颸」。

② 擊，沈本、章本作「繫」。

### 注釋

〔一〕○沈曰：雙溪醉隱集大獵詩：「營表交馳突騎過，射聲雲布已星羅，詔官檢點貔貅數，奏比年〔來〕百萬多。」「網絡周陆萬里疆，幅員都是禁圍場。傳言羽獵將來到，有詔惟教静虎狼。」注：「禁地圍場，自和林南越沙地，皆浚以塹，上羅以繩，名曰『扎什』，古之虎落也。比歲大獵，特詔先殄除虎狼。」

○勝案，世界征服者史第一部 II：「成吉思汗極其重視狩獵，他常説，行獵是軍隊將官的正當職司，從中得到教益和訓練是士兵和軍人應盡的義務。〔他們應當學習〕獵人如何追趕獵物，如何獵取它，怎樣擺開陣勢，怎樣視人數多寡進行圍捕。因爲，蒙古人想要行獵時，總是先派探子去探看有什麽野獸可獵，數量多寡。當他們不打仗時，他們老那麽熱衷於狩獵，並且鼓勵他們的軍隊從事這一活動：這不單爲的是獵取野獸，也爲的是習慣狩獵鍛煉，熟悉弓馬和吃苦耐勞。每逢汗要進行大獵（一般在冬季初舉行），他就傳下詔旨，命駐紮在他大本營四周和斡耳朵附近的軍隊作好行獵準備，按照指令從每十人中選派幾騎，把武器及其他適用於所去獵場的器用等物分發下去。軍隊的右翼、左翼和中路，排好隊形，由大異密率領。他們則攜帶后妃（khavātīn）、嬪妾、糧食、飲料等，一起出發。他們花一、兩個月或三個月的時間，形成一個獵圈，緩慢的、逐步地驅趕著前面的野獸，小心翼翼，唯恐有一頭野獸逃出圈子。如果出乎意料有一頭破陣而出，那末要對出事原因作仔細的調查，千夫長、百夫長和十夫長要因此受杖，有時甚至被處極刑。如果（舉個例説）有士兵没有按照路線（蒙古人稱之爲揑兒格 nerge）行走，或前或後錯走一步，就要給他嚴厲的懲罰，決不寬恕。在這兩、三個月中，他們日夜如此驅趕著野獸，好像趕一群綿羊，然後捎信給汗，向他報告獵物的情況，其數之多寡，已趕至何處，從何地將野獸驚起，等等。最後，獵圈收縮到直徑僅兩、三帕列散（parasang）時，他們把繩索連結起來，在上面覆以毛氈；軍隊圍著圈子停下來，肩並肩而立。這時候，圈子中充滿各種獸類的哀嚎和騷亂，還有形形色色猛獸的咆哮和喧囂，全都感到這是野獸麕集時的大劫。獅子跟野驢昵近，鬣狗與狐狸友好，豺狼同野兔親善。獵圈再收縮到野獸已不能跑動，汗便帶領幾騎首先馳入。當他獵厭後，他們在捏兒格中央的高地下馬，觀看諸王同樣進入獵圈。繼他們之後，按順序進入的是那顔、將官和士兵。幾天時間如此過去。最後，除了幾頭傷殘的遊蕩的野獸外，没有别的獵物了。這時，老頭和白髯翁卑恭地走近汗，爲他的幸福祈禱，替餘下的野獸乞食，請求讓它們到有水草的地方去。於是他們把獵獲的獸全集中在一起，如果清點各種動物實際不可能，他們只點點猛獸和野驢便作罷。」(二九—三一頁)

譯語：「虜善獵，覘獸所在，則集衆合圍，多至萬人，或數千人，或數百人。自疏而密，任其馳騖。所謂百禽凌遽，駴瞿奔觸，不較也。惟無使突圍而出爾。度其困乏，乃縱横射擊之，矢不虛舍，鋋不苟躍，僵禽斃獸，爛若磧礫。」(二二八頁)北虜風俗耕獵條：「若夫射獵，雖夷人之常業哉，然亦頗知愛惜生長之道。故春不合圍，夏不群蒐，惟三五爲朋，十數爲黨，小小襲取，以充饑虛而已。及至秋風初起，塞草盡枯，弓勁馬强，獸肥隼擊。虜酋下令，大會蹛林，千騎雷動，萬馬雲翔，較獵陰山，十旬不返。積獸若丘陵，數衆以均分，此不易之定規也。然亦有首從之别，如一獸之獲，其皮毛蹄角，以頒首射，旌其能也。肉則瓜分，同其利也。其亡矢遺簇，無人竊匿，恐罹重罰。其控弦鳴鏑，悮傷本夷，以致於死者，惟償以一奴，或償一駝，不然則償馬二匹而已。即陣中亦依此例，俱不入故殺之科也。」(四庫存目二五五册，三三〇—三三一頁)可參觀。

15.1 霆見其行下韃户①〔一〕，取毛索及氊，亦頗以爲苦。霆沿路所乘鋪馬，大半剪去其騣。扣之，則曰以之爲索，納之窩裹陀②，爲打獵用。圍場自九月起，至二月止。凡打獵時，常食所獵之物，則少殺羊。

**校　記**

① 其，李本無此字。

② 以之爲索納之，李本作「以爲索綱之用」。○沈曰：「用」，李本原校增。按「納」字不誤，「用」字不必增。

**注　釋**

〔一〕○勝案，行下，行文下達。龍川略志卷五議定吏額條：「凡奏上行下，皆（吕）微仲專之，不復經由三省。」（二六頁）鶴林玉露乙編卷六擒虎尋龍條：「嘉定中，察院羅相上言，越州多虎，乞行下措置，多方捕殺。」（二二九頁）

## 16 其冠

其冠，被髮而椎髻〔一〕，冬帽而夏笠〔二〕，婦人頂故姑①〔三〕。

## 校記

①人，李本無此字。

## 注釋

〔一〕○勝案，被髮，當作剃髮、祝髮或披髮（參觀31.1節注〔七〕引沈曾植蒙韃備録箋注）。明蕭大亨北虜風俗帽衣條：「夫被髮左衽，夷俗也。今觀諸夷，皆祝髮而右衽矣。其人自幼至老，髮皆削去，獨存腦後（討）〔寸〕許，爲一小辮，餘髮稍長即剪之，惟冬月不剪，貴其煖也。莊生所稱『窮髮之北』，非此類耶？若婦女，自初生時業已留髮，長則爲小辮十數，披於前後左右，必待嫁時見公姑，方分爲二辮，末則結爲二椎，垂於兩耳。」（四庫存目二五五册，三三一頁）

〔二〕○勝案，北虜風俗帽衣條：「其帽如我大帽，而製特小，僅可以覆額。又其小者，止可以覆頂，俱以索繫之項下。其帽之簷甚窄，帽之頂贅以朱英，帽之前贅以銀佛。製以氊，或以皮，或以麥草爲辮，遶而成之，如南方農人之麥笠然。此男女所同冠者。」（四庫存目二五五册，三三一—三三二頁）

原本老乞大：「頭上戴的帽子，好水獺毛氊兒、貂鼠皮簷兒、琥珀珠兒、西番蓮金頂子。這般一箇帽子，結裹二十錠鈔。又有單桃牛尾笠子，玉珠兒、羊脂玉頂子，這般笠子，結裹三十錠鈔有。又有裁帛暗花紵絲帽兒，雲南氊海青帽兒，青氊鉢笠兒。又有貂鼠簷兒皮帽，上頭都有金頂

子，又有紅瑪瑙珠兒。」（圖版三三左、三四右，一六一—一六二頁）

〔三〕○李曰：故姑，蒙古冠名也。蒙韃備録作「顧姑」，元丘處機西遊記作「故故」，明葉子奇草木子作「姑姑」，皆此物也。又輟耕録二十二卷云：「承旨阿目茄巴剌死，……帶罟罟娘子十有五人。」

○沈曰：至元譯語：「故故曰播庫脱。」然則「故故」非蒙語也。事林廣記：『固姑，韃人、回回婦女戴之，以皮或糊紙爲之，朱漆剔金爲飾。」

○勝案，蒙古婦人所戴冠飾曰故姑，亦作故故、姑姑、顧姑、固姑、罟姑、罟罟、罟罛、罛罟。蔡美彪以爲罟罟爲雞鳴鳥語之象聲詞，罟罟冠即雉冠或野雞冠，以冠上皆插羽毛故也（參觀蔡氏罟罟冠一解）。罟罟冠在蒙古語中稱爲「孛黑塔」（boghtaq），即魯布魯克東行紀之「波克（bocca）」，源於波斯語 baghtāq（參觀方齡貴一九九一，二九六—三二七頁；二〇〇一，三〇九—三二七頁）。罛罟，見陳昌祺剪燈餘話卷四至正妓人行：「記得先朝至正初，奴家才學上頭顱。銀環約臂聯條脱，彩線挼絨綴罛罟。」（二五七頁）方書未引。

【補訂】御製滿珠蒙古漢字三合切清文鑑卷二十九「頂毛」，蒙古語讀若「沽枯勒」或「枯枯魯」（四庫全書經部第二三四册，一〇五七頁）。孫機以此蒙古語即「顧姑冠」之「顧姑」，頂毛即冠上之翎毛（參觀中國古代物質文化三紡織與服裝，中華書局二〇一四年，一一一—一一二頁）。

16.1 霆見故姑之制①，用晝木爲骨〔一〕，包以紅銷金帛②〔二〕，頂之上用四五尺長柳杖③，或鐵打成杖④，包以青氈。其向上人則用我朝翠花或五采帛飾之〔三〕，令其飛動，以下人則用野雞毛〔四〕。婦女真色⑤，用狼糞塗面⑥〔五〕。

## 校記

① 制，諸本作「製」，皆通。

② 銷，諸本作「絹」，不確。參觀本節注〔二〕。

③ 五，沈本、羅本、六經堪本作「直」。杖，李本、陳本、六經堪本、王本作「枝」。

④ 鐵，問影樓本作「銀」。杖，李本、陳本、六經堪本、王本作「枝」。

⑤ 真，李本、陳本作「美」。

⑥ 用，章本作「以」。

## 注釋

〔一〕晝木，沈從文（二〇〇二，五四五頁）讀作樺木，可從。長春真人西遊記：「婦人冠以樺皮。」內蒙古四子王旗烏蘭花鎮西南王墓梁元汪古部貴族墓出土顧姑冠多以樺樹皮圍成長筒狀，外以精美花綢包裹，上綴各式串珠。日本江上波夫較早即認爲顧姑冠原係在樺樹皮所製圓筒頂上飾以羽毛（參觀方齡貴一九九一，三〇三—三〇四、三一〇頁）。另外亦有以丫形樺木棍爲骨架者（參觀安泳鍀二〇一一，二〇一—二〇五頁）。東北狩獵民族自古有以樺樹皮爲原料製作器物之傳統，赫哲族人以樺樹皮製帽，尖頂大檐，形如斗笠，赫哲語名「摶如」（參觀吴雅芝一九九八，一〇九頁），或與蒙古語「孛黑塔」有關係。

〔二〕〇勝案，心史大義略敘：「受虜爵之婦戴固姑冠，圓高二尺餘，竹篾爲骨，銷金紅羅飾於外。若在北行，婦人帶回回帽，加皂羅爲面簾，仍以帕子羃口障沙塵。」（鄭思肖集，一八二頁）

銷金者，以金線或金箔鑲嵌也。「紅銷金帛」即心史之「銷金紅羅」，乃紅色絲帛嵌以金線者，爲繡金錦緞之一種。孟元老東京夢華録卷四公主出降條：「又有宫嬪數十，皆真珠釵插、吊朵、玲瓏簇羅頭面，紅羅銷金袍帔。」（鄧注本一二三頁，伊注本四〇〇頁）秘書監志卷五秘書庫：「匣子一箇，大紅銷金袱兒一箇，盛青宫要略一册。」原本老乞大：「銷金段子，披氊，氊衫，油單，罟罟……」（圖版二六左，一七六頁）元代畫塑記御容條載有「大紅銷金梅花羅」（秦嶺雲點校本，人民美術出版社一九六四年版，三—五頁）。

蒙元時期之金錦又名納石失（波斯語 nasich 之音譯），只孫宴服多用之，稱爲納石失衣（參觀韓儒林元代詐馬宴新探，一九八二，二四七—二五四頁；一九九〇，二九四—三〇一頁。尚剛納石失在中國，載古物新知，三聯書店二〇一二年版，一〇四—一三一頁）。

〔三〕○勝案，向上人，與下文「以下人」相對，指地位較高之貴族。

〔四〕○勝案，長春真人西遊記：「男子結髮垂兩耳，婦人冠以樺皮，高二尺許，往往以皂褐籠之，富者以紅綃，其末如鵝鴨，名曰「故故」。大忌人觸，出入廬帳須低回。」王國維校注云：「蒙韃備録：『凡諸酋之妻，則有顧姑冠，用鐵絲結成，形如竹夫人，長三尺許，用紅青錦繡或珠金飾之。其上又有杖一枝，以紅青絨飾。』黑韃事略……楊允孚灤京雜詠：『香車七寶固姑袍，旋摘修翎付女曹。』自注：『車中戴固姑，其上羽毛又尺許，撥付女侍手持，對坐車中，雖后妃馭象亦然。』是元時雖后妃亦用雉尾，與事略所記元初之制異矣。」（四八四頁）

又王國維蒙韃備録箋證：「胡敬南薰殿圖像考下：『永樂大典服字韻載蒙古冠服引析津志云：『罟罟以大紅羅幔之，胎以竹，涼胎者輕。上等大，次中，次小。用大珠穿結龍鳳樓臺之屬，飾於其前〔後〕。復以珠綴長條，褖（褖）飾方絃，掩絡其縫。又以小小花朵插帶，又以金纍事件裝嵌，極貴，寶石塔形，在其上。頂有十字，用安翎筒以帶雞冠尾，出五臺山，今真定人家養此雞，以取其尾，甚貴。罟罟後上插朵朵翎兒，染以五色，如飛扇様。』』」（一八六—一八七頁）

柏朗嘉賓蒙古行紀第二章第五節：「那些已婚的有夫之婦都有一身很肥大的長衣，一直拖到地上。她們頭上戴有一圓形的樹枝編織物或樹皮製品，長達一古尺（aune，合 1.18 或 1.20 米），末端呈方形，由下向上逐漸放寬，頂端是一根金質、銀質或木質的長而細的小棒，或者是一枝羽毛，這種頭飾縫在一直拖到肩部的頭巾上。頭巾以及我們剛才描述過的首飾又都配飾以硬挺織物、大紅衣料或華蓋布服裝，已婚女子不穿戴這類衣物是絕對不能拋頭露面的，因爲這是她們區别於其他女子的標誌。」（二九—三〇頁）

魯布魯克東行紀第六章：「他們有一種他們稱之爲『波克』的頭飾，用樹皮或他們能找到的這類輕物質製成，而它大如兩手合掐，高有一腕尺多，闊如柱頭。這個波克，他們用貴重的絲絹包起來，它裏面是空的。在柱頭頂，即在它的頂面，他們插上也有一腕尺多長的一簇羽莖或細枝。這個羽莖，他們在頂端飾以孔雀羽毛，圍著（頂的）邊上有野鴨尾製成的羽毛，尚有寶石。貴婦們在她們的頭上戴上這種頭飾，用一條巾把它向下拉緊，爲此在頂端替它開一個孔，並且她們把頭髮塞進去，將頭髮在她們的腦後打成一個髻，把它放進波克中，然後她們把波克緊拉在顎下。因此當幾個婦女一起騎馬時，打老遠看她們，她們就像士兵，頭戴盔，豎執矛。因爲這個波克象一頂頭盔，它上面的羽莖象一支矛。」（二一七頁）

鄂多立克東遊録三十一節：「已婚婦女都在頭上戴一個大角筒，表示已婚。」（七二頁）第三十八節：「在大汗登上寶座時，皇后坐在他的左手；矮一級坐著他的另兩個妃子；而在階級的最底層，立著他宫室中的所有其他婦女。已婚者頭上戴著狀似人腿的東西，高爲一腕尺半，在那腿頂有些鶴羽，整個腿綴有大珠；因此若全世界有精美大珠，那準能在那些婦女的頭飾上找

到。」(八一—八二頁)

故姑冠圖像資料，除方齡貴(一九九一，三〇二—三〇四頁；二〇〇一，三一五—三一七頁)所舉數事外，尚有故宫博物院藏傳爲五代胡瓌所繪番騎圖中兩婦女所戴者(此畫當爲元畫，參觀晉唐兩宋繪畫風俗人物卷，二六二—二六三頁)，此種形制故姑冠狀似人腿，與鄂多立克東遊録所記相合。石窟寺及元墓壁畫亦見故姑冠，如中國石窟安西榆林窟第六窟壁畫元代女供養人(圖一八〇，説明二四七頁)；一九九八年發現陝西蒲城縣洞耳村元至元六年(一二六九)壁畫墓，其北壁女墓主人像頭戴橘紅色故姑冠(考古與文物二〇〇〇年第一期；壁上丹青：陝西出土壁畫集下，四〇一、四〇三頁)。

【補訂】有關故姑冠文獻、文物，尚有數事可補録。

韃靼史第一章：「韃靼婦女十分醜陋，所有的已婚婦女頭上都頂著一個高達一尺半的籃子，四周都是圓的，越高越寬，全部用絲綢或緞子裝飾覆蓋，環繞著珍珠和項鏈，在下面縫上孔雀的眼睛以作裝飾。」

德國考古學家格倫威德爾在回鶻高昌故城佛寺遺址T發現的壁畫殘件有「一位頭戴很高頭飾的回鶻女貴族的形象。在頭飾上的深顏色部分是畫面上邊緣深色的寬線條的殘存。在題記牌上面和旁邊原有回鶻文題記的殘跡。原件的臉部是重新彩繪過的，顯而易見的是由於原來的白色褪色的緣故，爲此鼻子和右眼被重新上色。壁畫位於大廳南墻的東角，原件高度爲1.4米，寬度爲78釐米」。（德阿爾伯特格倫威德爾著、管平譯，新疆文物考古研究所、吐魯番研究院編著高昌故城及其周邊地區的考古工作報告（一九〇二—一九〇三年冬季），文物出版社二〇一五年，四〇頁圖三六注釋）此處壁畫所見回鶻婦女頭飾與蒙古婦女所戴筒形故姑冠如出一轍。另外，在格倫威德考察過的木頭溝遺址（即今柏孜克里克石窟），其編號第12號石窟中「曾經有大型的菩薩泥塑坐像，在每面墻前各四尊，人們在廢墟中可以看到原來在基座上塑像的殘件有精美的彩繪。每個基座角上的繪畫人物形象是供養人的形象，很顯然這些人物形象是回鶻貴族的形象和他們的女眷，他們的頭飾很引人注目（參見圖版三一，插圖2—3）。」（同上書一六二頁）該書圖版三一插圖2所見回鶻婦女頭飾與人腿狀故姑冠相同。

美國紐約大都會博物館藏緙絲大威德金剛曼荼羅中二女供養人元文宗后、元明宗后皆戴故姑冠（參觀尚剛元代刻絲大威德金剛曼荼羅，又尚剛元朝御容，皆載古物新知，三聯書店二〇一二年版，一五九頁圖13.2，一九三頁圖14.23）。

新五代史卷七十四四夷附録第三回鶻條：「婦人總髮爲髻，高五六寸，以紅絹囊之；既嫁，則加氈帽。」（三／九一六頁）回鶻婦女以紅絹囊髮與蒙古故姑冠近似。

〔五〕〇王曰：案此云故姑之製，乃蒙古舊俗。至元末則上下通插雉尾，見楊允孚灤京雜詠詩。「狼糞塗面」，疑有誤字。蒙韃備録云：「婦女往往以黄粉塗額，亦漢舊妝。」蓋謂如唐人額黄也。

○勝案，魯布魯克東行紀第六章：「那裏的婦女胖得出奇，鼻子最小的女人被認爲最美麗。她們把臉塗得十分難看。」（二一七頁）

## 17 其服

其服，右衽而方領〔一〕，舊以氊毳革，新以紵絲金線，色以紅紫紺緑①，紋以日月龍鳳，無貴賤等差〔二〕。

### 校記

①以，問影樓本作「用」。

### 注釋

〔一〕○勝案，草木子卷三下：「今用蟬冠朱衣，方心曲領，玉佩朱履。……此則公裳也。」（六〇—六一頁）魯布魯克東行紀第六章：「女人的服裝和男人的没有什麼不同，只是要長些。但是在結婚後，婦女就剃掉頭的前半部，並且穿上寬如尼姑道袍一般的外衣，但處處都更大更長，前面敞開，繫在右側。在這點上韃靼人和突厥人不同。突厥人把衣袍繫在左邊，韃靼人卻總是繫在右邊。」

（二一七頁）柏朗嘉賓所記有所不同，柏朗嘉賓蒙古行紀第二章第四節：「無論是男是女，他們的服裝都根據同一式樣而裁縫。他們不使用風帽和披肩，也不穿長皮襖；而是穿有硬挺織物（bougran）、大紅色衣料（pourpre）或華蓋布（baldakin）作成的制服。其製作方法如下：這種服裝由上而下開口，在胸部以衣裏加固。這種制服僅僅在左部由唯一的一顆紐扣固定，右側有三顆扣子；衣服在左側開口，一直開到袖子。各種毛皮大衣也都是根據同一樣式裁製的，外套短皮襖的毛皮露在外面，同時也在身後開口，另外還有一條下擺從背部一直拖到膝蓋。」（二一九頁）

明蕭大亨北虜風俗帽衣條：「夫被髮左衽，夷俗也。今觀諸夷，皆祝髮而右衽矣。……凡衣，無論貴賤，皆窄其袖，袖束於手，不能容一指。其拳恒在外，甚寒則縮其手而伸其袖。袖之製促爲細摺，摺皆成對而不亂。膝以下可尺許，則爲小辮積，以虎豹、水獺、貂鼠、海獺諸皮爲緣。緣以虎豹，不拈草也。緣以水獺，不漸露也。緣以貂鼠、海獺，爲美觀也。衣以皮爲之。近奉貢惟謹，我恒賜之金段、文綺。故其部夷亦或有衣錦服繡者，其酋首愈以爲榮也。又別有一製圍於肩背，名曰賈哈。鋭其兩隅，其式如箕，左右垂於兩肩，必以錦貂爲之。其衷衣甚窄，以繩準其腰而服之，不以帶束也。女不爲弓鞋，與男俱靴，靴之底甚薄，便於騎乘也。雖甚富，不以二衣更代。自新製時，輒服之至於弊，弊亦不補也。雖極佳麗，不一二日則垢，垢亦不浣也。」（四庫存目二五五册，三三一—三三二頁）可參觀。

案，蒙古男子公服皆右衽，元史卷七十八輿服志一冕服百官公服條：「公服，制以羅，大袖，盤領，俱右衽。」（七／一九三九頁）從考古出土磚雕、壁畫、陶俑、石人、版畫及傳世繪畫、古籍插圖等資料中所見蒙古服飾看，男子袍服一般爲右衽，如甘肅漳縣元汪世顯家族墓M11磚雕人物像（文物一九八二年第二期，四頁圖七武士，八頁圖十二獵户、圖十三坐像）、山西洪洞縣廣勝寺水神廟明應王殿元泰定元年（一三二四）「大行散樂（忠）〔中〕都秀在此作場」壁畫中人物（山西省古建築保護研究所、柴澤俊編著山西寺觀壁畫，文物出版社一九九七年版），等等不勝枚舉。然亦有左衽者，如陝西蒲城洞耳村元代壁畫墓人物（考古與文物二〇〇〇年第一期封面、封底，壁上丹青四〇〇—四〇六頁）。參觀党寶海、楊玲（二〇〇九，三四—三八頁）。

而女子袍服則多爲左衽，如内蒙赤峰三眼井元墓壁畫婦女像（文物一九八二年第一期圖版陸宴飲圖一、二）、内蒙古赤峰元寶山元墓壁畫女主人像（文物一九八三年第四期彩色插頁）、遼寧凌源富家屯元墓M1壁畫探病圖、啓關圖女子像（文物一九八五年第六期彩色插頁、六一頁圖十六）、西安潘家莊元墓女陶俑（文物二〇一〇年第九期，四七頁圖五2、五〇頁圖一一3、4）等；亦不乏右衽者，如清宫舊藏元世祖后徹伯爾像、敦煌壁畫元代戴罟罟冠供養人、安西榆林窟壁畫帶罟罟冠蒙古貴族婦女（沈從文二〇〇二，五四二、五四五、五五一頁。中國石窟安西榆林窟第六窟供養人，圖一八〇）、元汪世顯家族墓M13出土木屋中門侍女（文物一九八二年第二期，一二頁圖三十四、三十五）、山西興縣紅峪村元至大二年（一三〇九）壁畫墓第四幅端盤女子（文物二〇一一年第二期，四二頁圖五）等。

〔二〕○勝案，草木子卷三下：「衣服貴者用渾金線爲納失失，或腰線繡通神襴。然上下皆可服，等威不甚辨也。」（六一頁）

17.1 霆嘗考之，正如古深衣之製。本只是下領，一如我朝道服領，所以謂之方領。若四方上領，則亦是漢人爲之，韃主及中書向上等人不曾着〔一〕。腰間密密打作細摺，不計其數。若深衣，止十二幅，韃人摺多爾①〔二〕。又用紅紫帛撚成線，橫在腰上②，謂之腰線〔三〕。蓋欲馬上腰圍緊束突出③，采艷好看。

## 校記

① 爾，李本作「耳」。

② 上，李本無此字。

③ 欲，李本無此字。束，原無，據李本、陳本、王本補。「緊束」，沈本、羅本作「繫乘」，蓋形訛也。

## 注釋

〔一〕○勝案，向上，以上。中書向上等人，謂中書以上級别者。

〔二〕○勝案，此即所謂辮線襖，爲蒙古男子所著袍衣。其主要特徵爲腰部以絲線紐結成辮，呈細密褶皺狀。元史卷七十八輿服志一冕服條：「辮線襖，制如窄袖衫，腰作辮線細摺。……樂工襖，制以緋錦，明珠琵琶窄袖，辮線細摺。」（七／一九四一頁）羽林宿衛服紫袖細摺辮線襖，供奉宿衛步士隊服紫細摺辮線襖（卷七十九輿服志二崇天鹵簿條、外仗條，一九八三、一九九一頁）。宫内導從佩寶刀十人，則服紫羅辮線襖（卷八十輿服志三儀衛條，二〇〇六頁）。辮線襖實物及圖像資料可參觀楊玲二〇〇五，党寶海、楊玲二〇〇九。

【補訂】韃靼史第一章：「大貴族的夫人們全部穿著緞子製的衣服，或者像他們的丈夫一樣穿絳紫色鍍金衣服。但是其他所有婦女的普通穿著都是窄小的卜合闌（bouqueran），上面繫有繁複的百褶腰帶，衣服全是前開右衽，通過四五個扣子把衣服扣上。」

〔三〕○勝案，草木子卷三下雜制篇：「北人華靡之服，帽則金其頂，襖則線其腰，靴則鵝其頂。」（六一頁）腰線爲袍服腰部多道絲線裝飾物，具腰線之服裝稱爲「腰線袍」或「腰線襖」，爲蒙古男子特有服飾。而前注所述辮線襖則爲腰線袍中之代表性樣式。原本老乞大：「裁帛腰線，……紫紵絲紅腰線襖子。……穿衣服呵，按四季穿衣服，每日出套换套有。春間好紫羅繡搭胡、白羅紅腰線襖子、梅花羅搭搭五兒、白羅衫兒。」（圖版二六左、三三右，一七六、一六三頁）參觀17節注〔二〕引草木子。腰綫袍圖像，如陝西蒲城縣洞耳村元至元六年（一二六九）壁畫墓墓室北壁男主人所著左衽窄袖袍，腰間有多道紅色腰綫（參觀党寶海、楊玲二〇〇九）。

【補訂】事林廣記後集卷一〇服用原始條：「韃衫有數樣，曰光腰，曰綫腰，曰海青，曰衿褶，曰三佛齊之類。」

腰綫袍實物亦有出土，參觀于穎、王博新疆鄯善耶特克孜瑪札墓地出土元代光腰綫袍研究，文物二〇二一年第七期，七〇—八二頁。

## 18 其言語

其言語，有音而無字，多從假借而聲稱①，譯而通之，謂之「通事」〔一〕。

### 校記

① 假借而聲稱，李本作「借聲」，陳本作「借音」。

### 注釋

〔一〕〇勝案，通事，蒙古語作kälämäči，漢字音譯爲「怯里馬赤」。參觀伯希和高麗史中之蒙古語（六二頁)。

## 19 其稱謂

其稱謂，有小名而無姓字，心有所疑則改之。

19.1 霆見其自上至下只稱小名①，既不曾有姓②，亦無官稱。如管文書則曰「必徹徹」③〔一〕，管民則曰「達魯花赤」〔二〕，環衛則曰「火魯赤」〔三〕。若宰相，即是楚材輩，自稱爲「中書相公」；若王檝，則自稱爲「銀青榮禄大夫」④、「御史大夫」、「宣撫使」、「入國使」爾，初非韃主除授也〔四〕。

### 校記

① 只，李本作「則」。

② 既，原同諸本作「即」，據章本改。

③ 徹徹，李本作「澈澈」。

④ 爲，李本無，沈本、羅本、陳本、六經堪本、王本作「曰」。銀青榮禄大夫，原同羅本作「榮青光禄大

夫」，李本、沈本、陳本、六經堪本、王本作「銀青光禄大夫」。元史卷一百五十三王檝傳作「銀青榮禄大夫」，據改。案，銀青榮禄大夫爲文散官，正一品（參觀元史卷九十一百官志七，八／二三一九）。

## 注釋

〔一〕○李曰：元史兵志：「典文史者必闍赤。」○勝案，李注此條僅見於上圖鈔本，問影樓本無。必闍赤，參觀 4. 1 節注〔四〕。

〔二〕○勝案，達魯花赤，蒙古語 darughači 之譯音詞，意爲鎮守者（參觀伯希和高麗史中之蒙古語，六二頁）。

〔三〕○勝案，元史卷八十輿服志三儀衛宮内導從條「佩弓矢十人」下注：「國語曰火兒赤。」（七／二〇〇六頁）卷九十九兵志二：「主弓矢、鷹隼之事者，曰火兒赤、昔寶赤、怯憐赤。」（八／二五二四頁）卷一百十九博爾忽傳附塔察兒傳：「伯祖父博爾忽，從太祖起朔方，直宿衛爲火兒赤。火兒赤者，佩櫜鞬侍左右者也。」（十／二九五二頁）。鄭麟趾高麗史之「火里赤」，又譯爲「忽赤」、「忽只」，伯希和以爲即蒙古語之 qorči，意爲佩弓矢環衛者（參觀伯氏高麗史中之蒙古語，六五頁）。此「火魯赤」即高麗史之「火里赤」、元史之「火兒赤」。蒙語 qor（火魯、火里、火兒），本意爲箭筒，即櫜也（參觀方齡貴一九九一，九〇—九三頁火里赤條）。

〔四〕○勝案，元史卷一百五十三王檝傳略云：「甲戌（一二一四年），授宣撫使，兼行尚書六部事。……從三合拔都、太傅猛安率兵南征。……乙亥（一二一五年），中都降。……遂從猛安入覲，授銀青榮禄大夫，仍前職，兼御史大夫，世襲千户。……癸巳（一二三三年），奉命持國書使宋，以兀魯剌副之。至宋，宋人甚禮重之，即遣使以金幣入貢。前後凡五往，以和議未決，隱憂致疾，卒于南。宋人重賵之，仍遣使歸其柩，葬于燕。」（十二／三六一一——三六一三頁）據本傳，王檝所歷官皆由元太祖、太宗除授，徐氏所言非是。

## 20　其禮

其禮，交抱以爲揖，左跪以爲拜〔一〕。

### 注　釋

〔一〕○勝案，心史大義略敘：「韃法，人凡相見，來不揖，去不辭，卑求尊，跪而語。韃禮止於一跪而已，雙足跪爲重，單足跪次之。……行坐尚右爲尊。久不相見，彼此兩手相抱，肩背交頸，摇首齧肉，跪膝摩膁，（爲極）〔極爲〕慇懃。」（鄭思肖集一八〇——一八一頁）

使節在蒙古汗庭須行跪拜禮。魯布魯克東行紀第十九章拔都的斡耳朵及他的接見：「接著我們被帶到帳殿中央，他們没有要求我們像一般使節一樣行跪拜禮。……我們的嚮導叫我們跪著發言。我整個就跪一條腿，但他表示要我雙膝下跪，我這樣做了，不想爭辯。這時他要我説話，而我認爲我要祈禱上帝，便雙膝跪著，開始説道……」（二三九—二四〇頁）

元至順本事林廣記前集卷一一禮儀類拜見新禮相跪之儀條云：「凡初相識及久不相見，若相見必須依禮拜跪。凡見長者，則須先跪而後拜，拜畢再跪，而後問訊，或以意上覆。見敵者，則但跪而不拜，所見者還跪，跪畢而後敘別問訊。見少者，若少者下拜，則辭之。若辭之不從，則令其少拜，亦須微跪答之。若少者但跪不拜，則亦微跪答之。」（二九五頁）又相跪之式條云：「凡相跪，其式用兩手相疊接于右膝，左足先跪，次以右足從之，復叉手架於頸下。禮畢，仍舊以兩手相疊，齊按右膝而起。凡參見官員及尊長或平交相敬者用此禮。」（二九五頁）又有習跪圖，一人雙膝皆跪地，雙手相握作揖；一人則屈膝，右手疊左手按於前申之右膝上。其注云：「凡習跪之法，以右手加左手上，齊按右膝，先屈左足，次屈右足，然後叉手至胸如相揖。儀畢，先起右足，又以右手疊左手，齊按右膝而起。此禮從古有之，第南方行之者少，今此禮通行，宜習熟之，毋致禮儀乖疏。」（二九六頁）

20.1 霆見其交抱，即是厮摟。

## 21 其位置

其位置以中爲尊，右次之〔一〕，左爲下。

注釋

〔一〕○勝案，心史大義略敘：「（韃人）行坐尚右爲尊。」（鄭思肖集一八一頁）

## 22 其正朔

其正朔，昔用十二支辰之象，如子曰鼠兒年之類。今用六甲輪流，如曰甲子年正月一日或三十日①〔一〕。皆漢人、契丹、女真教之。若韃之本俗，初不理會得，但是草青則爲一年②，新月初生則爲一月。人問其庚甲若干，則倒指而數幾青草〔二〕。

校記

① 如，沈本、羅本、六經堪本作「大」。

② 但，李本作「只」。

## 注釋

〔一〕○勝案，蒙古人用十二生肖紀年源於突厥、回鶻，其用干支紀年僅限於漢文文書，蒙文文書及譯自蒙語之漢文文書皆用生肖紀年（參觀蔡美彪明代蒙古與大元國號，遼金元史十五講一七九—一八〇頁）。

〔二〕○勝案，蒙韃備録韃主始起條：「今成吉思皇帝者，甲戌生。彼俗初無庚甲，今考據其言而書之，易於見彼齒歲也。其俗每以草青爲一歲，人有問其歲，則曰幾草矣。亦嘗問彼生月日，笑而答曰：初不知之，亦不能記其春秋也。每見月圓而爲一月，見草青遲遲，方知是年有閏月也。」曹元忠蒙韃備録校注云：「北盟會編稱女真云：『其人不知紀年，問之，則曰吾見青草幾度，以草青爲一歲。』據知金元初開國風俗相同。」王國維蒙韃備録箋證云：「三朝北盟會編三：『女真人不知紀年，問之，則曰（吾）〔我〕見青草幾度，以草一青爲一歲。』建炎以來朝野雜記：『韃靼不知歲月，以草青爲一歲。』」（一五七頁）案建炎以來朝野雜記乙集卷十九韃靼款塞條作「以草青一度爲一歲」（八四九頁）。

松漠紀聞：「女真舊絶小，正朔所不及。其民皆不知紀年，問之，則曰我見草青幾度矣，蓋以草一青爲一歲也。」（一二五頁）心史大義略敘：「不識四時節候，以見草青爲一年，人問歲數，但以幾度草青爲答。」（鄭思肖集一七九頁）

【補訂】草原民族以草青紀歲，突厥亦同蒙古。周書卷五十異域傳下突厥條云：「其書字類胡，而不知年曆，唯以草青爲記。」（九一〇頁）

庚甲，年歲也。洪邁容齋四筆卷三實年官年條：「至公卿任子，欲其早列仕籍，或正在童孺，故率增擡庚甲有至數歲者。」（容齋隨筆，六六二頁）宋俞德鄰佩韋齋文集卷六贈良常山人：「忽逢野老談庚甲，笑指松喬不記年。」

22.1 霆在燕京宣德州，見有曆書，亦印成册。問之，乃是移剌楚材自算、自印造、自頒行〔一〕，韃主亦不知之也。楚材能天文，能詩，能琴①，能參禪，頗多能〔二〕。其髭髯極黑，垂至膝，常綰作角子〔三〕，人物極魁梧〔四〕。

## 校記

① 琴，李本作「文」。

## 注釋

〔一〕○李曰：按耶律楚材，湛然居士集自稱移剌楚材。集中有進庚午元（歷）〔曆〕表，此在太祖伐西域時，未可謂其自算自印也。輟耕録：「耶律文正嘗言，西域（歷）〔曆〕五星密於中國。乃作麻答把〔歷〕〔曆〕」，蓋回鶻〔歷〕〔曆〕名也。」

○勝案，問影樓本「麻答把曆」誤作「麻答曆」，「回鶻曆名」誤作「鶻名」。

○王曰：元史太宗紀七年乙未：「中書省〔臣〕請契勘大明〔歷〕〔曆〕，從之。」徐氏至宣德在丙申春夏間，則其所見〔歷〕〔曆〕書當係中書省契勘頒行之本。

〔二〕○勝案，元史卷一百四十六耶律楚材傳略云：「楚材生三歲而孤，母楊氏教之學。及長，博極群書，旁通天文、地理、律曆、術數及釋老、醫卜之説，下筆爲文，若宿搆者。……己卯夏六月，帝西討回回國。禡旗之日，雨雪三尺，帝疑之，楚材曰：『玄冥之氣，見於盛夏，克敵之徵也。』庚辰冬，大雷，復問之，對曰：『回回國主當死於野。』後皆驗。……西域曆人奏五月望夜月當蝕，楚材曰否，卒不蝕。明年十月，楚材言月當蝕，西域人曰不蝕，至期果蝕八分。壬午八月，長星見西方，楚材曰：『女直將易主矣。』明年，金宣宗果死。帝每征討，必命楚材卜，帝亦自灼羊胛，以相符應。指楚材謂太宗曰：『此人天賜我家。爾後軍國庶政，當悉委之。』甲申，帝至東印度，駐鐵門關，有一角獸，形如鹿而馬尾，其色緑，作人言，謂侍衛者曰：『汝主宜早還。』帝以問楚材，對曰：『此瑞獸也，其名角端，能言四方語，好生惡殺，此天降符以告陛下。陛下天之元子，天下之人，皆陛下之子，願承天心，以全民命。』帝即日班師。」（十一／三四五五—三四五六頁。）參觀國朝文類卷五十七宋子貞中書令耶律公神道碑、國朝名臣事略卷五中書耶律文正王。）輟耕録卷九麻答

把曆條云：「耶律文正於星曆、醫卜、雜算、内算、音律、儒釋、異國之書，無不通究。」（一〇八頁）

案楚材能琴、能參禪，湛然居士集多有記載，卷十一冬夜彈琴頗有所得亂道拙語三十韻以遺猶子蘭序：「余幼年刻意於琴，初受指於弭大用，其閑雅平淡，自成一家。余愛棲巖如蜀聲之峻急，快人耳目，每恨不得對指傳聲。間關二十年，予奏之，索於汴梁得焉。中道而卒，其子蘭之琴事深得棲巖之遺意。甲午之冬，余扈從羽獵，以足疾得告，凡六十日，對彈操弄五十餘曲，棲巖妙旨，於是盡得之。」同卷彈廣陵散終日而成因賦詩五十韻略云：「湛然數從軍，十稔苦行役。而今近衰老，足疾困卑濕。歲暮懶出門，不欲爲無益。穹廬何所有，袛有琴三尺。時復一絃歌，不猶賢博奕。」卷十二琴道喻五十韻以勉忘憂進道序：「予幼而喜佛，蓋天性也。壯而涉獵佛書，稍有所得，頗自矜大。又癖於琴，因檢閲舊譜，自彈數十曲，似是而非也。後見琴士弭大用，悉棄舊學，再變新意，方悟佛書之理未盡。遂謁萬松老人，旦夕不輟，叩參者且三年，始蒙見許。始知聖諦第一義諦不在言傳，明矣。邇因忘憂學鼓琴，未期月，稍成節奏，又知學道之方，在君子之自强耳。」

【補訂】耶律晉卿能詩，亦能書。美國大都會藝術博物館藏贈劉滿詩卷爲其存世重要墨跡，書法遠承顔魯公，近師張樗寮，剛健雄渾，字如其人（參觀徐邦達著、故宫博物院編徐邦達集五，古書畫過眼要録元明清書法壹，紫禁城出版社二〇〇六年，一一三頁。翁萬戈編美國顧洛阜藏中國歷代書畫名跡精選，上海人民美術出版社二〇〇九年，一〇六—一一〇頁）。又有香港北山堂藏正書平淮西碑長卷（參觀北山汲古：中國書法，香港中文大學文物館二〇一四年版。饒宗頤題耶律楚材平淮西碑長卷，選堂序跋集，中華書局二〇〇六年，四四二頁）。

蒯壽樞舊藏元郭畀畫雲山煙樹圖，署款「郭畀天錫爲文海承旨作」，著録於唐宋元明名畫大觀（參觀周積寅、王鳳珠編著中國歷代畫目大典遼至元代卷，江蘇教育出版社二〇〇二年，二一五—二一六頁）。一九四七年九月十七日顧廷龍日記略云：「偕森老往蒯慧士處閲書畫。慧士，若木之子，禮卿姪孫。……元郭天錫爲文海畫設雲山煙樹圖卷，耶律楚材引首，沈濂、蘇大年題。」（中華書局二〇二二年，五〇四頁）按文海即程鉅夫。耶律楚材書引首極罕見，惜此圖卷今不知在何所。

〔三〕○勝案，角子，亦名角兒、髻角兒，髪髻也。李賀大堤曲：「青雲教綰頭上髻。」（三家評注李長吉歌詩，四五頁）金董解元西廂記卷三大石調紅羅襖：「低語使紅娘，叫『取我兒來』。須臾至，髻角兒如鵶頭緒兒白。」（六七頁）此處謂將髯鬚繫成結，如髻角狀。

〔四〕○王曰：湛然居士文集八自贊：「鬚髯垂到腰間。」此云「垂至膝」，則形容失實矣。

○勝案，「鬚髯」，四部叢刊本作「髭髯」。元史卷一百四十六耶律楚材傳略云：「楚材身長八尺，美髯宏聲。帝偉之……帝重其言，處之左右，遂呼楚材曰吾圖撒合里而不名，吾圖撒合里，蓋國

語長髯人也。」(十一/三四五五—三四五六頁)

【補訂】耶律楚材身材魁梧，且頭顱巨大。萬曆野獲編卷二十八耶律楚材條略云：「近日一友人治别業于京師外西山，忽發一塚，開櫬得大頭顱加常人幾倍……未幾掘得碣石，則楚材墓也。雖稍爲葺治，聞壙中他物散去多矣。」(七一四頁)

傳世耶律楚材畫像，見一九九五年中國嘉德春拍 Lot173 號拍品蔣士銓舊藏羅聘臨耶律楚材像，有程晉芳題詩，略云：「兹圖臨自兩峰羅，秀骨天成善摹擬。……丈夫豈僅恃鬚眉，即以鬚眉疇克似。金花粲粲壓貂冠，一襲只孫紅被體。……行思石像校西山，且折寒梅薦冬醴。一歌三頓首乃興，故物任歸蔣太史。像爲清容前輩所藏。」

## 23　其擇日行事

其擇日行事，則視月盈虧以爲進止，朏之前、下弦之後，皆其所忌。見新月必拜。

## 24　其事

其事書之以木杖①〔一〕，驚蛇屈蚓，如天書符篆，如曲譜五凡工尺②〔二〕，回回字殆兄弟也〔三〕。

## 校記

① 杖，李本、陳本作「板」。

② 五凡，六經堪本無此二字。

## 注釋

〔一〕○沈曰：李本原校改「板」。中堂事（紀）〔記〕：「回回譯史麥朮丁，其所譯簿籍，擣治方厚，尺紙爲葉，以木筆挑書普速蠻字。」然則回回書以木筆書於紙上，作「杖」是也。

〔二〕○勝案，五、凡、工、尺皆爲樂譜記音符號。

〔三〕○王曰：建炎以來朝野雜記乙集十九：「韃靼亦無文字，每調發兵馬，即結草爲約，使人傳達，急於星火。或破木爲契，上刻數畫，各收其半，遇發軍以木契，合同爲驗。」長春真人西遊記：「蒙古俗無文籍，或約之以言，或刻木爲契。」「木杖」，李侍郎改「木板」。沈乙庵先生曰：「中堂事（紀）〔記〕：『回回譯史麥朮丁，其所譯簿籍，擣治方厚，尺紙爲葉，以木筆挑書普速蠻字。』然則回回書以木筆書於紙上，作『杖』是也。」

○勝案，彭大雅所記「回回字」指波斯文，下文徐霆疏所記「回回字」指畏兀兒文，兩者實不相同，不可混爲一談，參觀下節案語。中堂事記「普速蠻」即波斯文 musalmān，意爲穆斯林，明人回回館雜字地理門此字波斯文旁譯爲「回回」，故所謂「普速蠻字」即「回回字」（參觀劉迎勝二〇〇五，二四、三五頁；二〇〇八，六二—六三頁）

24.1　霆嘗考之，韃人本無字書，然今之所用，則有三種。行於韃人本國者，則只用小木，長三四寸，刻之四角，且如差十馬，則刻十刻，大率只刻其數也①。其俗淳而心專，故言語不差。其法說謊者死②，故莫敢詐僞〔一〕。雖無字書，自可立國。此小木即古木契也。行於回回者，則用回回字，鎮海主之。回回字只有二十一箇字母③〔二〕，其餘只就偏傍上湊成④〔三〕。行於漢人、契丹、女真諸亡國者〔四〕，只用漢字，移剌楚材主之；却又於後面年月之前鎮海親寫回回字，云付與某人⑤，此蓋專防楚材，故必以回回字爲驗，無此則不成文書，殆欲使之經由鎮海，亦可互相檢柅也〔五〕。燕京市學，多教回回字及韃人譯語〔六〕，纔會譯語，便做通事⑥〔七〕，便隨韃人行打〔八〕，恣作威福，討得撒花〔九〕，討得物事喫⑦。契丹、女真元自有字，皆不用。

## 校記

①只刻，李本、陳本作「則」。

②謊，原作「恍」，據諸本改。

③只有，李本作「則有」。

④揍，諸本皆作「湊」。

⑤云，李本無此字。

⑥做，沈本、羅本、六經堪本誤作「傚」。

⑦喫，李本、陳本無此字。

## 注釋

〔一〕○勝案，原本老乞大：「休做賊説謊，休奸猾懶惰。」（圖版三一右、三一左，六七、一六六頁）

〔二〕○勝案，元代文獻所記回回字通常指波斯文。陶宗儀書史會要卷八外域：「回回字，其母凡二十有九。」（六一〇頁）今波斯文則有三十二個字母，此處徐霆疏記回回字有一十一箇字母，兩者不符。而前節彭大雅記所見蒙古字與「回回字殆兄弟也」，則明言與波斯文形同實異。書史會要卷八又記：「畏兀兒字，雖有二十餘字，除重名外止有一十五音，因此應聲代用者多矣。……其揍字之法則與篆古字同也。」（六〇九頁）其中「篆古字」當爲「蒙古字」之訛誤無疑（「篆」字俗書作

「蒙」，與「蒙」字形極近）。故徐霆所記回回字實即畏兀蒙古字。

【補訂】伯希和評長春真人西遊記譯文（通報一九三一年四一三—四一八頁伯希和評Arthur Waley譯本文）略云：「一二三七年撰黑韃事略有一段説，文字用漢字者，移剌楚材主之，卻又於後面年月之前，鎮海（Čingai）親寫回回字云付與某人。回回二字在十三世紀中或稱畏吾兒人，或稱回教徒，證以鎮海之出身，與黑韃事略之全文，此處回回二字，大致代表畏吾兒。……此回回字即畏吾兒字。」（馮承鈞譯西域南海史地考證譯叢五編，三一—三二頁）

畏兀蒙古字爲塔塔統阿所創製，乃以回鶻文字母拼寫蒙古語，爲現代蒙文之前身。元史卷一百二十四塔塔統阿傳：「塔塔統阿，畏兀人也。性聰慧，善言論，深通本國文字。乃蠻大敭可汗尊之爲傅，掌其金印及錢穀。太祖西征，乃蠻國亡，塔塔統阿懷印逃去，俄就擒。帝詰之曰：『大敭人民疆土，悉歸於我矣，汝負印何之？』對曰：『臣職也，將以死守，欲求故主授之耳。安敢有他！』帝曰：『忠孝人也！』問是印何用，對曰：『出納錢穀，委任人材，一切事皆用之，以爲信驗耳。』帝善之，命居左右。是後凡有制旨，始用印章，仍命掌之。帝曰：『汝深知本國文字乎？』塔塔統阿悉以所藴對，稱旨，遂命教太子諸王以畏兀字書國言。」（十/三〇四八頁）

世界征服者史第一部I章成吉思汗制定的律令和他興起後頒佈的札撒：「因爲韃靼人没有自己的文字，他便下令蒙古兒童寫畏吾文，並把有關的札撒和律令記在卷秩上。」（二八頁）魯布魯克東行紀第二十五章：「韃靼人採用了他們（畏吾兒）的文字。他們書寫時是從上往下，也這樣閱讀，而且每行的順序是從左到右。」（二五一頁）又二十六章：「畏吾兒則住在南面的山裏，因此蒙古人恰好採用了他們的文字，他們卻成爲蒙古人最好的書記，幾乎所有的聶思脱里教徒都懂得他們的文字。」（二五二—二五三頁）

關於畏兀（回鶻）蒙古字及其文獻史料，可參觀卡拉（二〇〇四，九—一三、三三—六三頁）、D. Tumertogoo、G. Cecegdari（2006）。

〔三〕○勝案，前引書史會要卷八畏兀兒字條「其摙字之法則與（篆）〔蒙〕古字同也」，「摙」字用法與此正同，當指在輔音字母上加注元音符號。

宋人「摙」多通「湊」，摙成即湊成，摙作、摙數即湊作、湊數。西湖老人繁勝録端午節條：「端午日，仍前供養角黍天下有，惟是都城將粽摙成樓閣、亭子、車兒諸般巧樣，開鋪貨賣，多作勸酒，各爲巧粽。」宋會要輯稿方域四：「慶元元年四月二十一日詔：今後御廚支散折食錢，令户部行下所屬，每月添支錢五十貫文，摙作一千五十貫文支散。」趙善括應齋雜著卷一上尚書省劄子：「本州每年認發上供米九千二百一十六石，除管催秋苗米七千七百餘石外，自餘米一千五百餘石，並係收糴摙數起發。」

〔四〕○李曰：按契丹亡於宋徽宗宣和七年，女真亡於南宋理宗端平元年，此略作於嘉熙元年，距金亡前後四年耳。

〔五〕○李曰：「梶」字似「攝」字之誤。蓋傳鈔多省筆，作手旁耳字，展轉成此。或是「括」字之誤，亦未可定，要總非「梶」字。○胡校云：「梶即防止之義，見周易。眉批謂是『攝』字或『括』字之誤，非也。」○勝案，周易姤卦初六：「繫於金梶。」孔穎達正義引馬融曰：「梶者，在車之下，所以止輪，令不動者也。」

〔六〕○勝案，韃人譯語，當指漢語與蒙古語詞彙對照手册之類讀物，詞彙按類編排，分爲若干門。現存最早譯語爲元順帝至元六年（一三四〇）刊本蒙古譯語，收入事林廣記續集卷八，共分二十二門，收詞五百餘條，又稱至元譯語。

〔七〕○勝案，通事，又稱譯史。當時通畏兀蒙古字者頗受重視。世界征服者史第一部緒言：「他們視撒謊和欺騙爲金玉良言，視種種淫行和誹謗爲武勇和力量。……他們把畏吾兒（Uighur）語言和文書當作知識及學問的高峰。」（六頁）又第二部 XXXI 章：「火者法合魯丁比希昔惕死於斡耳朵。他的職位授與他的兒子忽撒馬丁阿米爾忽辛（Husam-ad-Din Amir Husain），儘管他在他的兒子中年齡最小，可他能書寫畏吾兒字的蒙古語（注：直譯是『他把蒙語的藝術和畏吾兒文「的藝術」結合起來。』），而在今天，這是博學多識的根本。」（六二〇—六二一、六二四頁）參觀丹尼斯·賽諾二〇〇六：中古内亞的翻譯人，二〇六—二一一頁。

〔八〕○勝案，行打，打架、毆打。胡寅斐然集卷十五繳岑朝殺妹該赦：「其叔母恐爲所奪，用擔竿趕逐，初未嘗行打，而朝以鎗刃傷之見血。」

〔九〕○勝案，心史大義略敘：「韃凡得叛去州縣鄉村，排門數次，脇索金銀曰『撒花』。」（鄭思肖集一七六頁）觀堂集林卷十六蒙古札記掃花條略云：「秘史蒙文卷三有『掃花』一語，旁譯與文譯并云『人事』。案，『掃花』元人亦云『撒花』，亦云『撒和』。『人事』猶云『人情』也。汪水雲詩『官軍要討撒花銀』，所謂人事銀也。山居新語云：『都城豪民，每遇假日，必以酒食招致省憲僚吏翹傑出群者款之，名曰『撒和』。凡人有遠行者，至巳午時，以草料飼驢馬，謂之『撒和』，欲其致遠不乏之也。』撒和亦與人事亦近，此自與者方面言之也。至自取者受者言之，亦可云撒花。元典章載中統紀元頒新政詔云：『凡事撒花等物，無非取給於民。』」（三／八一三—八一四頁）

撒花、撒和、掃花，蒙古語原意爲禮物，人事、人情即禮物。蒙古南侵到處勒索，撒花一詞轉義爲强索及所得之錢財，兼有「外快」之意。自給與者而言，則有應酬、打點之意，至山居新語「以草料飼養驢馬謂之撒和」，蓋由此義引申而來（參觀方齡貴一九九一，二九—三五頁撒和條）。

## 25 其印

其印曰「宣命之寶」〔一〕，字文疊篆而方徑三寸有奇〔二〕，鎮海掌之①，無封押以爲之防。事無巨細，須僞酋自決。楚材、重山、鎮海同握韃柄②〔三〕。凡四方之事，或未有韃主之命，而生殺予奪之權已移於弄印者之手。

**校記**

① 掌，李本作「主」。

② 同，李本、陳本此上有「得」字。

**注釋**

〔一〕○沈曰：中堂事記：「古者天子有八寶，今朝廷所用止一印而已。」蓋即謂「宣命之寶」。

○王曰：案印文云「宣命之寶」，實用金人舊制。金史世宗紀大定二十二年三月丙子：「初製『宣命之寶』金玉各一。」又衛紹王紀：「胡沙〔虎〕卒取『宣命之寶』，僞除其黨，醜奴爲德州防禦使。」

○勝案，草木子卷三下雜制篇云：「元朝一品衙門用三臺金印，二品、三品用兩臺銀印，其餘大小衙門印，雖大小不同，皆用銅。其印文皆用八思麻帝師所製蒙古字書。惟『宣命之寶』用玉，以玉筯篆文，此其異也。」（六二頁）

【補訂】羅常培、蔡美彪編著八思巴字與元代漢語第一編緒論略云：成吉思汗所用的璽印，現在雖已不存，但想必也是用的古畏兀字。彭大雅黑韃事略在記載蒙古人使用「回回字」後，接著寫道……徐霆在疏證裏説……可見直到蒙古窩闊台汗（Ogödai）（太宗）的時代，這種璽印還只是由耶律楚材和田鎮海分别掌管，用來處理漢人和「色目」的軍事以外的一些事情，蒙古皇帝自己還不能看當時的文書，因而產生一些流弊。成吉思汗之命塔塔統阿教太子諸王以畏兀字寫蒙語，恐與此不無關係。……「宣命之寶」的印，現在不能見到，無法詳知。當時耶律楚材所掌者也可能是用漢字，鎮海所掌者則必是古畏兀字無疑。蒙古太宗下一代的皇帝定宗貴由（Güyük）曾寫給羅馬教皇 Innocent IV 一封信，這信上所蓋的印就正是寫蒙語的古畏兀字，這是我們現存文物中的一個很好的證據。又元史卷五世祖紀二：「中統三年（一二六二）……三月壬午，始以畏吾字書給驛璽書。」這是在八思巴字頒行的五年多以前，元人仍然在使用著畏兀字的印璽（中國社會科學出版社二〇〇四年版，四—五頁）。

〔二〕〇勝案，金史卷三十一禮志四：「（大定）二十三年，又鑄『宣命之寶』，其徑四寸二釐，厚一寸四分，紐高一寸九分，字深二分。」（三／七六五頁）金人用印較此所記爲大。

〔三〕〇李曰：元史太宗本紀（二）〔三〕年：「秋八月，幸雲中，始立中書省，改侍從官名。以耶律楚材爲中書令，粘合重山爲左丞相，鎮海爲右丞相。」

25.1 霆嘗考之，只是見之文書者，則楚材、鎮海得以行其私意，蓋韃主不識字也。若行軍用師等大事①，只韃主自斷，又却與其親骨肉謀之②，漢兒及他人不與也③〔一〕。每呼韃人爲自家骨頭〔二〕，雖至細交訟事，亦用撒花〔三〕，直造韃主之前，然終無予決而去④〔四〕。

## 校　記

① 行軍用師，李本作「行師用軍」。

② 其，李本無此字。其親，問影樓本無此二字。

③ 不與，章本作「不能與」。

④ 終無，原作「無終」，據諸本乙正。予決，李本作「不決」。

## 注　釋

〔一〕○勝案，葉子奇草木子卷三上克謹篇：「元朝自混一以來，大抵皆内北國而外中國，内北人而外南人。以致深閉固拒，曲爲防護。」（五五頁）卷四下雜俎篇：「元朝天下長官，皆其國人是用。至於風紀之司，又杜絶不用漢人、南人。宥密之機，又絶不預聞矣。其海宇雖在混一之天，而肝膽實有胡越之間。」（八一頁）

〔二〕○勝案，自家骨頭與上文「親骨肉」類似，意即自家人。元典章户部卷四樂人婚樂人嫁女體例條：「奉聖旨：『是承應樂人呵，一般骨頭休成親，樂人内匹聘者。其餘官人富户休强娶，要禁約者。』」（二／六六六頁）一般骨頭猶言一般人。

〔三〕○勝案，此處「用撒花」指用錢財打點，參觀24.1節注〔九〕。

〔四〕○勝案，予決，給予裁決。元典章户部卷十一影避投下影占户計當差條：「於内若有疑惑不能予決者，具由諮中書省定奪，卻不得因而動摇〔違錯〕。」（二／九六四頁）

## 26 其占筮

其占筮，則灼羊之杴子骨①〔一〕，驗其文理之逆順，而辨其吉凶。天棄天予②，一決于此，信之甚篤，謂之「燒琵琶」〔二〕。事無纖粟不占，占必再四不已③。

### 校記

① 杴，諸本作「枚」。○沈曰：「李本作『杴』。」○勝案，今上圖鈔本及問影樓本皆作「杴」，與沈氏所見李本不同。

② 天棄天予，李本作「天棄人予」。予，章本作「與」。

③ 必，沈本、羅本作「不」。

## 注釋

〔一〕勝案，杴子骨當即羊髀骨或胛骨（參觀本節注〔二〕、26.1節注〔三〕）。杴爲農具，用於揚穀、撒肥等，有柄，鏟部較寬闊，與髀骨或胛骨有形似處。作「杴子骨」不確，蓋涉杴卜而誤。

〔二〕○勝案，蒙古人決大事皆灼羊骨以卜。蒙韃備録祭祀條云：「凡占卜吉凶，進退殺伐，每用羊骨扇，以鐵椎火椎之，看其兆坼，以決大事，類龜卜也。」王國維箋證引宋子貞中書令耶律公神道碑：「每將出征，必令公預卜吉凶，上亦燒羊髀骨以符之。」（一八五頁）元史卷一百四十六耶律楚材傳云：「帝每征討，必命楚材卜，帝亦自灼羊胛，以相符應。」（十一／三四五六頁）又卷一百四十九郭德海傳：「辛卯（一二三一年）春正月，睿宗軍由洛陽來會于三峰山，金人溝地立軍圍之。睿宗令軍中祈雪，又燒羊胛骨，卜得吉兆。夜大雪，深三尺，溝中軍僵立，刀槊凍不能舉。我軍衝圍而出，金人死者三十餘萬。」（十二／三五二一—三五二三頁）北虜風俗禁忌條云：「俗有卜筮，不與我同。有持羊膊骨，火灼之以驗吉凶者。」（四庫存目二五五册，三三三頁）譯語：「胡俗畏鬼神，信占卜。……占卜休咎，必請巫或男或女至其家。或降神，或灼羊骨，或以口琴即中國小兒嬉戲者取聲清濁，或置弓於兩手上視其動止，皆驗。蓋陰陽盛故也。」（二二六頁）以羊髀骨占卜，古代遊牧民族多用之，夢溪筆談卷十八技藝云：「西戎用羊卜，謂之『跋焦』，卜師謂之『厮乩』必定反。以艾灼羊髀骨，視其兆，謂之『死跋焦』。其法，兆之上爲神明，近脊處爲坐位。坐位者，主位也，近傍處爲客位。蓋西戎之俗，所居正寢，常留中一間以奉鬼神，不敢居之，謂之神明。主人乃坐其傍，以此占主客勝負。又有先咒粟以食羊，羊食其粟則自摇其首，乃殺羊視其五臟，謂之『生跋焦』。其言極有驗，委細之事皆能言之，生跋焦土人尤神之。」（一九五九，六一二一—六一二三頁。二〇〇九，一五四頁）（又見宋江少虞宋朝事實類苑卷四十九羊卜條，六四七頁）案，遼史卷一百十五西夏傳云：「西夏，本魏拓跋氏後。……凡出兵先卜，有四：一炙勃焦，以艾灼羊胛骨。……三咒羊，其夜牽羊，焚香禱之，又焚穀火于野，次晨屠羊，腸胃通則吉，羊心有血則敗。……病者不用醫，召巫者送鬼，西夏語以巫爲『厮』也。」（五／一五二三頁。參觀宋史卷四百八十六夏國傳下，一四〇二九頁）筆談所謂「跋焦」、「厮乩」（類苑作「厮乾」）當即此「勃焦」、「厮」。

【補訂】元史卷一百六十七張庭瑞傳云：「羌陳兵以待，庭瑞前語之曰：『殺人償死，羌與中國之法同，有司繫諸人，欲以爲見證耳。而汝即肆無禮，如行省聞于朝，召近郡兵空汝巢穴矣。』其酋長棄槍弩羅拜曰：『我近者生裂羊脾卜之，視肉之文理何如，則吉其兆，曰：『有白馬將軍來，可不勞兵而罷。』今公馬果白，敢不從命。』」（十三／三九二二頁）羌古爲西戎一支，其酋所謂「生裂羊脾卜之」者，蓋即「殺羊視其五臟」之「生跋焦」也。

契丹人亦用羊骨占卜。契丹國志卷二十七行軍：「契丹行軍不擇日，用艾和馬糞，於白羊琵琶骨上炙，炙破便出行，不破即不出。」（二五五頁）此「琵琶骨」當即髀骨，蓋以髀骨形似琵琶而得名，然則所謂「燒琵琶」爲燒琵琶骨之省語，即燒羊髀骨也。至元譯語身體門：「琵琶骨曰答婁。」（七頁）

多桑蒙古史第二卷附録一剌失德書所記拖雷攻金之役記骨卜事頗詳：「Pallas 曾將關於蒙古民族之無數有關係之記載留存於後。其間志有一種迷信之事，十三世紀時頗盛行，是爲炙胛骨觀其裂痕以卜吉凶。史載成吉思汗系之諸君主曾用此術。傳教師魯不魯乞當時曾在皇帝蒙哥廷者，亦曾説明其問卜之法。其説與 Pallas 之説相合。兹録 Pallas 之文（Samlungenhistorisches Nachrichten über die Mongolischen Völkerschaften, th. II, s. 350）如下：『蒙古種中具有迷信之民族，在古時所用之占卜方法，而在亞洲之諸民族中幾盡適用，故尚迷信珊蠻（引按今譯薩滿）。諸法中猶應注意者，燒胛骨觀其裂痕以卜一日或數日後吉凶之法。其術有定例，用之甚頻。此種預言之法，在喀耳木（今譯卡爾梅克）民族中名曰 Dallatullike。其術人名曰 dalladschi。然在乞兒吉思（今譯吉爾吉斯）民族中則名 Jaurutchis。其人非教師，亦非執巫師之業者，惟以長久之歷練，故善此術。蒙古人有書名曰 Dalla，以此法授人，示人解釋火焚胛骨種種横直裂痕之法。胛骨中之最良者，爲綿羊、羚羊（Saïga）、麋鹿（daim）、馴鹿之胛骨。所用之骨，先以沸水煮熟，然後以刀剥其餘肉，以骨置火薪上。迄於 dalladschi 斷定裂痕充分之時，乃出而觀其方法，其大小，其連屬，預卜事之吉凶，人之生死。所可異者，預言之事常驗。所以亞洲之粗野民族多信仰此術。有若干裂痕重於其他裂痕，此種裂痕各有其名稱，各有其意義。』」（三一二—三一三頁）

古又有用羊角辟邪者，唐孫思邈千金翼方卷三人獸部羖羊角條：「辟蠱毒、惡鬼、不祥，安心氣，常不魘寐。」（九九頁）又羖羊角條略云：「主青盲，明目。殺疥蟲，止寒泄，辟惡鬼、虎狼，止驚悸。……燒之，殺鬼魅，辟虎狼。」（九九頁）

26.1 霆隨一行使命至草地〔一〕，韃主數次燒琵琶，以卜使命去留〔二〕。想是琵琶中當歸，故得遣歸。燒琵琶即鑽龜也。

## 注釋

〔一〕○王曰：案此時宋與蒙古雖信使時通，然宋人前殺蒙古使掤不罕及全子才，汴洛之役，蒙人頗有違言，疆（場）〔埸〕之事，無歲無之。徐氏隨使在甲午、乙未間，至丙申夏，始得至草地見窩闊台汗，故不無拘留之懼，嗣後兩國使臣往往被留。宋史理宗紀：「寶祐二年三月壬午王善使大元，留七年乃歸。」其出使當在淳祐七八年。又「六月戊戌，大元使離揚州北歸」。蓋因蒙古歸王善，故宋人亦歸其使也。亦有終不得歸者。耶律鑄雙溪醉隱集卷二述實録詩自注云：「戊戌年七月，月哩密什等百人使宋，竟拘留不遣。」案戊戌爲蒙古太宗九年，即宋理宗嘉熙二年，距是書之成僅後一年，而元史月（吕）〔里〕麻思傳：「歲辛丑，使宋議和，從行者七十餘人……馳抵淮上，宋將以兵劫〔脇〕之，曰：『爾命在我，生死頃刻間耳，若能降，官爵可立致，不然必不汝貸。』月（吕）〔里〕麻思曰：『吾持節南來，以通國好，反誘我以不義，有死而已。』言辭慷慨不少屈，宋將知其不可逼，乃囚之長沙飛虎寨三十六年而死。」月（吕）〔里〕麻思亦作月吕蔑思。後村先生大全集一百四十二資政趙公以夫神道碑：「一日，經筵問月吕蔑思所議何如，公言韃不通華言，使至但謂來投拜，不謂來議和也。主此議者，幾何不賣國與人？臣嘗問月吕蔑思來意，其人致酋語極不遜，奈何復遣之。」戴表元剡源文集十八題趙考成遺事後云：「益都趙昌甫諱成，以國信使屬官隨其父南使，事在淳祐辛丑。是時當蔡破蜀潰之後，淮漢創殘甫息，南事亦甚岌岌。行人玉帛好問，往來無虛歲。不知趙君何以拘縶如此之久也。史子申雖非良相，然熟於料敵，能得人死力，又善置耳目偵候，非後來當國者比。當由境外結約，先有私許通變事宜，及使至而國論異同，不得如請。展轉遷延，伺報不決，他相繼至，幸謀不（已）〔己〕出，置之不以爲意，以故留滯至於三十六年乎？正使月吕蔑思偶以中毒死，其餘十四人散處不知存在，而趙君徙寶慶，得〔及〕兵至城下生還」云云。案月（吕）〔里〕麻思、月吕蔑思，即雙溪醉隱集之月哩密什，而元史與戴氏皆以爲事在淳祐辛丑，較耶律成仲所紀又差後三年，然實爲一事。耶律氏所紀出於蒙古太宗實録，剡源説出於親被拘留之人，不知何以互異。設宋不以丁（亥）〔丑〕亡，則月吕蔑思一行殆無生還者矣，而世祖奉辭伐宋，僅以拘繫郝經爲言，蓋太宗朝之事，當時已鮮知之者矣。

○勝案，明邵經邦弘簡録卷九十七：「（淳祐元年辛丑）十二月丁卯，蒙古遣使月里麻思等來至淮上，守將囚之。」（續修四庫三〇五册，六三二頁）亦在辛丑（一二四一年），且記月日。

【補訂】使命，猶言使者、使節、使臣，水滸傳第八十五回：「宋江正在薊州作養軍士，聽的遼國有使命至，未審來意吉凶。」（七六〇頁）

〔二〕○勝案，蒙古宫廷恒以羊胛骨占卜，魯布魯克東行紀二十九章在蒙哥宫廷的見聞屢記之：「僧侣教導蒙哥每周要齋戒，我聽説他這樣做了。因此在七旬節禮拜日（一二五四年二月八日），那算是亞美尼亞人的復活節，我們列隊前往蒙古的宫室，那個僧侣和我們兩人，經過搜查没有帶刀後，隨教士們一同進見他。當我們進入時，一個僕人捧著羊肩胛骨到外面去燒，直到骨頭變得跟炭一樣黑。我十分驚異這是幹什麽用的。後來我打聽此事，我才知道汗若不先向這些骨頭請教，他就不幹世上的任何事。他甚至不許人進入他的宫室，如果不先跟骨頭商量的話。這類占卜術的作法如下：當他想幹什麽事時，他要來三塊原來没有燒焦的這種骨頭，拿著一塊，問他是否該幹他想幹的事，然後他把它交給僕人拿去燒。他居住的宫室旁有兩所小房屋，僕人就在裏面燒這些骨頭，而每天都要盡力在整個營地尋找它們。骨頭被燒成黑色，送回給他。他觀察骨頭是否被火徹底燒裂。如果是這樣，那他想幹的事是可行的。不過，如果骨頭裂成橫斜紋，或者上面露出小圓點，那他不可行動。因爲這種骨頭總是在火裏裂開，或者上面散佈裂紋。只要三塊骨頭中他發現有一塊滿意，那他就行動。……在六旬節禮拜日（二月十五日），害病的闊台妃子病得快死了。……第二天（二月十六日），我們去看這個妃子。……第二天（二月十七日）我們再回去看她，蒙哥汗聽説我們到那邊去，就召我們去見他，因爲他得知妃子病情好轉。……他面前擺著燒灼的羊肩胛骨。……四旬齋節的禮拜日（三月一日），我們應召赴宮廷。那個僧侶受辱地遭到搜查，看看是否帶刀，以致他不得不脱掉鞋。我們來到汗的面前，他手拿一塊燒灼過的羊胛骨，正在觀察，好像在讀它。」（二七三、二七七、二八一頁）。

## 27 其常談

其常談，必曰「托着長生天底氣力、皇帝底福蔭」〔一〕。彼所欲爲之事①，則曰「天教恁地」②。人所已爲之事，則曰「天識着」，無一事不歸之天〔二〕，自韃主至其民無不然③。

### 校記

① 欲，李本無此字。

②恁，李本作「憑」，不确。

③其，李本、陳本作「於」。

## 注釋

〔一〕○沈曰：野獲編云：「太祖『奉天』二字，千古獨見，鏤之大圭，以至臣下誥敕，必首曰『奉天承運皇帝』。」按明之「奉天承運」，即襲元詔令之首必稱「長生天」也。用夷變夏，而詡爲千古所無，不考古之蔽如此。

○勝案，沈注所引節録萬曆野獲編卷二更正殿名條：「按太祖『奉天』二字，實千古獨見，萬世不可易。以故祖訓中云：皇帝所執大圭，上鏤『奉天法祖』四字，遇親王尊行者，必手秉此圭，始受其拜。以至臣下誥敕中，必首云『奉天承運皇帝』，太宗繼之。一切封拜諸功臣，必曰『奉天靖難』，其次曰『奉天翊衛』、『奉天翊運』。至列聖所封者，無論爲功勳、爲恩澤、爲文武，亦必奉天爲號，至今不改。」（四六—四七頁）

〔二〕○勝案，蒙古人「無一事不歸之天」。蒙韃備録祭祀條云：「其俗最敬天地，每事必稱天。聞雷聲則恐懼不敢行，曰天叫也。」蒙古秘史第一九七節記女子忽闌對成吉思解釋官人納牙留其三日之由後，則云：「且不必問他，若皇帝恩賜呵，天命父母生得皮膚全有，問我皮膚便了。」可參觀。

【補訂】古人以雷聲爲天之發號施令，杜甫夏日歎：「上蒼久無雷，無乃號令乖。」（杜詩鏡銓

卷五，二二二六頁）

又案，託庇於天固古代北方民族之常談。史記卷一百十匈奴列傳：「單于遺漢書曰：『天所立匈奴大單于敬問皇帝無恙。……今以小吏之敗約故，罰右賢王，使之西求月氏擊之。以天之福，吏卒良，馬彊力，以夷滅月氏，盡斬殺降下之。……』」（九／二八九六頁）觀乎所謂「天所立」、「天之福」，知匈奴人亦「無一事不歸之天」也。

## 28　其賦斂

其賦斂謂之差發①，類馬而乳②，羵羊而食③，皆視民户畜牧之多寡而征之，猶漢法之上供也。置蘸之法〔一〕，則聽諸酋頭項自定差使之久近〔二〕。漢民除工匠外，不以男女，歲課城市丁絲二十五兩，牛羊絲五十兩；謂借過回回銀，買給往來使臣食過之數④。鄉農身絲百兩。米則不以耕稼廣狹，歲户四石〔三〕。漕運銀綱合諸道歲二萬鋌〔四〕。旁蹊曲徑而科斂者，不可勝言〔五〕。

### 校記

① 謂之，李本無此二字。

②類，李本、陳本作「數」，王本作「賴」。○勝案，「類」疑爲「纍」或「縲」之訛。纍/縲馬，以繩拴馬。

③犀，李本作「宰」，沈本、陳本、章本作「剸」，王本作「須」。○沈曰：「李本作『犀』。」○勝案，與今所見上圖鈔本不同。「犀」當作「⿰犀刂」。或疑「犀」字異體作「屖」，與「宰」字形近而訛。

④借過，問影樓本同。李本、陳本作「借」。

## 注釋

〔一〕○李曰：蘸，即「站」字之借音，本借「占」字，其後或作「點」或作「站」，皆俗字。明人撰元史用「立」旁「站」字以後，此字有一定之用矣。周密癸辛雜識及陶宗儀輟耕録皆有「站」字。又元史世祖昭睿順聖皇后列傳：「四怯薛官奏割京城外近地牧馬，責太保劉秉忠曰：『汝何爲不諫？今軍蘸已定，奪之可乎？』」是元初不專用「站」字，亦作「蘸」字也。

○勝案，此條李注不見於問影樓本。

○沈曰：置蘸，即置站也。蘸字獨見於此。

○王曰：沈乙庵先生曰蘸即站字。案沈說是也。元秘史續集二：「一、使臣往來，沿百姓處經過，事也遲了，百姓也生受。如今可教各千户每出人馬，立定站赤。不是緊急事務，須要乘坐站馬，不許沿百姓處經過。」又「所擺站赤，命阿剌淺、脱忽察兒兩箇整治，每一站設馬夫二十人，内鋪馬并使臣的廩給、羊馬及車輛、牛隻，定將則例去。如有短少者，家財一半没官。」元史兵志：「太宗元年十一月，敕：『諸牛鋪馬站，每一百户置漢車一十具。各站俱置米倉，〔站户〕每年一牌内(給)〔納〕米一石，令百户一人掌之。北使臣每日支肉一斤、麪一斤、米一升、酒一瓶。』」○勝案，王注引秘史見第二七九、二八○節，又所引元史兵志四太宗詔敕，李文田箋注元朝秘史卷十五已注出(二一四頁)。

又案，元代站官印用「蘸」字篆書入印，如中統五年(一二六四)四月中書禮部造「清水縣蘸之印」(善齋璽印録，民國十九年〔一九三○〕鈐印本)、至元五年(一二六八)閏正月「漁關蘸提領印」(見敦煌學輯刊一九八三年總第三輯，一四○—一四一頁)、至元五年中書禮部造「黄妃蘸印」(見羅振玉貞松堂唐宋以來官印集存，一六八—一六九頁；柯昌濟金文分域續編卷七；羅福頤古璽印考略，二五二頁)、至元五年十月中書禮部造「長寍(寧)蘸印」(見天津市藝術博物館藏古璽印選，一四四頁)、至元五年十月中書禮部造「常樂蘸印」(見李逸友介紹兩方元代官印，文物一九六五年第十二期，六二頁。元代印風，六三頁)。柯昌泗釋站：「偶見新出元代站官官印三枚，爲舊譜所未著録者，形式文字，頗可爲考核『站』字之佐證。……『清水縣蘸之印』……『長寧蘸印』……『黄妃蘸印』……綜觀三印，正篆文字皆作『蘸』，而背款書則作『站』，知『蘸』字即『站』字。其以『蘸』爲正字者，以小篆無『站』字。通行文書，尚可以俗字應用，鑄印既用篆文，自不得不以較古之字爲準，且筆劃繁複，施於印信，可防奸僞，是以用同聲之『蘸』字爲印文正字也。然亦可見即『站』字亦爲譯文，聊取代表其音而已，與字義固無涉耳。」（中和月刊第一卷第二期，一九四〇年，三—四頁）。

【補訂】李思純説站略云：「蒙語名詞，原本漢音的例很多，不勝列舉。但漢名變爲蒙名，復還原爲漢名時，已譯爲作另一名詞，面目全非，所以『傳』、『驛』變爲突厥的 yam 與蒙古的 jam 以後，還原爲漢語，便寫作『蘸』，更求簡寫，遂寫作『站』了。……『站』字創始於宋元之間，在漢語中，逐漸發展確定字義，成爲今日通行應用的名詞。」（原載史學論叢，四川大學一九四九年版。此據川大史學李思純卷，四〇頁）

以「蘸」字入印者，尚有至元二年（一二六五）十月中書禮部造「寧昌蘸印」（遼寧省博物館藏，王綿厚、郭守信主編遼海印信圖録，遼海出版社二〇〇〇年，一二〇頁。薛磊元世祖漢字官印新考，文物二〇一六年第二期，八二—八三頁）、至元四年（一二六七）十月陝西四川行中書省發「鳳鳴驛蘸之印」（趙叢蒼金元明代印章五方，考古與文物一九八七年第一期，四二頁；薛磊元世祖漢字官印新考，文物二〇一六年第二期，八二—八三頁）。

〔二〕○勝案，頭項猶言頭領、頭目。建炎以來繫年要録卷七十一：「鎮江建康府江東宣撫使韓世忠遣幹辦公事閻人武子來奏事，上召對，世忠言：『本司近收到曹成、李宏、馬友、劉忠、王方等諸頭項數萬人，全無器甲，緩急遇敵，恐誤國事。』」（一一九二頁）鄂國金佗稡編卷十九岳飛（虔）〔吉〕州捷報申省狀：「據吉州龍泉縣申：『本縣被賊人彭友、李動天結集頭領兇賊，僞稱十大王，已經四年，攻破八縣，大段猖獗。其彭友等賊見在本縣界武陵、烈源、陳田三處劄寨。』飛恭依聖旨，先差使臣齎文字前去招諭，其僞十大王彭友等八頭項並不肯聽從，又結集永新縣界群賊尹花八等二項賊徒三千餘人等迎敵官軍。」（九七一—九七二頁）「二項」，或脱「頭」字，即二頭項，與「八頭項」皆前文所謂「頭領兇賊」也（參觀蔡美彪説頭項、頭下與投下，遼金元史十五講二二一—二二五頁）。

久近，猶言遠近。容齋三筆卷九赦放債負條：「淳熙十六年二月登極赦：『凡民間所欠債負，不以久近多少，一切除放。』」（容齋隨筆，五二七頁）

【補訂】高僧傳卷十一竺曇猷傳：「猷曰：『本是何神？居之久近？欲移何處去耶？』神曰：『弟子夏帝之子，居此山二千餘年。寒石山是家舅所治，當往彼住。』」（四〇三頁）

〔三〕○王曰：秘史續集二：「斡歌歹皇帝將合行之事，與兄察阿歹處商議：『一、百姓羊群裏，可每年只出一箇二歲羯羊做湯羊。每一百羊内，可只出一箇羊，接濟本部落之窮乏者。』」又大元馬政記：「太宗皇帝五年癸巳聖旨：『其家馬牛羊及一百者，取牝牛牝羊一頭入官。牝馬牝牛牝羊及十頭，則亦取牝馬牝牛牝羊各一頭入官。若有隱漏者，盡行没官。』」又元史食貨志科差條：「絲科之法，太宗丙申年始行之。每二户出絲一斤，并隨路絲線、顔色輸於官；五户出絲一斤，并隨路絲線、顔色輸於本位。」耶律楚材傳：丙申「定天下賦税，每二户出絲一斤，以給國用；五户出絲一斤，以給諸王功臣之湯沐(邑)〔之資〕。」此書所記「城市丁絲二十五兩，牛羊絲五十兩；鄉農身絲百兩」，則丙申以前制也。又食貨志税糧條：「初，太宗每户科粟二石，後以兵食不足，增爲四石。至丙申年，乃定科徵之法令，諸路驗民户成丁之數，每丁歲科粟一石，驅丁五斗（勝案，斗字中華書局本元史作升，疑誤），新户丁驅各半之。」然則歲户四石者，亦丙申以前制。

〔四〕○王曰：耶律楚材傳太宗庚寅楚材言：「誠均定中原地税、商税、鹽酒、鐵冶、山澤之利，歲可得銀五十萬兩。」案唐宋以來，以銀五十兩爲一錠。五十萬兩者，一萬錠也。楚材傳又言：「庚寅定課税格，至甲午定河南，歲有增羨，至戊戌課銀增〔至〕一百一十萬兩。」一百一十萬兩者，二萬二千錠也。此書云「歲二萬錠」。案彭氏隨鄒伸之北使在壬辰十二月，則其留北方當在癸巳。蒙古以癸巳滅金，則所謂二萬錠即一百萬兩者，癸巳滅金後額也。自癸巳(一二三三)至戊戌(一二三八)五年，故又羡十萬兩。

○勝案，元史太宗本紀：「(十一年己亥，一二三九)十二月，商人奥都剌合蠻買撲中原銀課二萬二千錠，以四萬四千錠爲額，從之。十二年庚子(一二四〇)春正月，以奥都剌合蠻充提領諸路課税所官。」(一/三六頁)耶律楚材傳：「譯史安天合者，諂事鎮海，首引奥都剌合蠻撲買課税，又增至二百二十萬兩。」（十一／三四六三頁）四萬四千錠即二百二十萬兩，則己亥、庚子（一二三九—一二四〇年）後之額又較戊戌（一二三八年）課銀增加一倍也。

銀綱本爲運輸銀錢之組織，亦指銀錢。漕運銀綱即從水路運輸官銀者。齊東野語卷十二淳紹歲幣條：「紹興歲幣，銀二十萬兩、絹二十萬疋。樞密院差使臣四員管押銀綱，户部差使臣十二員管押絹綱。」（二一四頁）宋史卷四百二十四洪天錫傳：「乃疏所欲對病民五事：曰公田、曰關子、曰銀綱、曰鹽鈔、曰賦役。」（三十六／一二六五七頁）金史卷九十八完顔匡傳：「至於犒軍銀兩欲俟歸關隘然後祗備，是皆有咈聖訓。……川陝關隘俟歲幣犒軍銀綱至下蔡，盡日割賜。」（七／二一七一—二一七二頁）

〔五〕〇勝案，科敷，科派賦税財物。岳珂桯史卷十大散論賞書：「辱示劄目，見咎不科敷百姓。異哉，足下之言也。……僕中原人，蜀中無一錢生業，亦無親族寓居，其不科敷，何私於蜀？……顧生民膏血，不容無功而得耳。假令僕重行科敷，積金至斗，諸軍衣糧、犒設、支賜之外，若無功效，一錢豈容妄得哉？果有功，豈容本所以不科敷而不賞乎！」（一一四—一一六頁）

28.1 霆所過沙漠，其地自韃主、僞后、太子、公主、親族而下，各有疆界。其民户皆出牛馬、車仗、人夫、羊肉、馬妳爲差發，蓋韃人分管草地，各出差發，貴賤無有一人得免者。又有一項各出差發，爲各地分蘸中之需，上下亦一體，此乃草地差發也。至若漢地差發，每户每丁以銀折絲綿之外，每使臣經從調遣軍馬、糧食、器械及一切公上之用〔一〕，又逐時計其合用之數，科率民户〔二〕。諸亡國之人甚以爲苦，怨憤徹天①，然終無如之何也。韃主不時自草地差官，出漢地定差發。霆在燕京見差胡丞相來黷貨更可畏〔三〕，下至教學行及乞兒行②，亦出銀作差發。燕京教學行有詩云：「教學行中要納銀，生徒寥落太清貧。金馬玉堂盧景善，明月清風范子仁〔四〕。李舍纔容講德子，張齋恰受舞雩人〔五〕。相將共告胡丞相，免了之時捺殺因〔六〕。」此可見其賦斂之法。

## 校記

①怨，沈本、羅本、六經堪本作「怒」。

②及，李本、陳本無此字。

## 注釋

〔一〕○勝案，經從猶言經歷。清波雜誌卷三朔北氣候條：「往還經從汴都，顧瞻宗廟宮室。」（一〇〇頁）公上猶言公家。揮麈録第三録卷三：「鄭恭老作肅甲戌自知吉州回。上殿陳劄子云：『郡

中每以黄河竹索錢輸于公上，黄河久陷僞境，錢歸何所？乞行蠲免。其他循襲似此等者，亦乞盡令除放。』」（二〇四頁）

〔二〕○勝案，科率指官府於民間定額徵購物資。新唐書卷六代宗紀寶應元年十月條：「詔浙江水旱，百姓重困，州縣勿輒科率，民疫死不能葬者爲瘞之。」（一六八頁）獨醒雜志卷七：「方臘家有漆林之饒，時蘇杭置造作局，歲下州縣，徵漆千萬斤，官吏科率無藝。」（六五頁）

〔三〕○王曰：聖武親征録：「太宗甲午遣忽都忽主治漢民，乙未忽都忽籍到漢民一百一十一萬有奇。」而宋子貞中書令耶律公神道碑則云：「甲午，詔括户口，以大臣忽都虎領之。丙申秋，忽都虎以户口來。」元史太宗紀及耶律楚材傳紀年同，惟太宗紀忽都虎作胡土虎，即此書「胡丞相」也。秘史忽都忽自太祖時已爲普上斷事官，故有丞相之稱。

○勝案，王國維黑韃事略箋證跋云：「考皇元聖武親征録：『甲午太宗七年，遣忽都忽主治漢民。乙未夏，忽都忽籍到漢民一百一十一萬有奇。』元史耶律楚材傳亦紀其事，則云『丙申七月，忽都虎以民籍至』云云。視親征録差後一年，案『忽都忽』、『忽都虎』，元史太宗紀亦作『胡土虎』，本書『胡丞相』即謂此人。」

〔四〕○勝案，金馬門與玉堂署爲漢代學士待詔之處，後因以稱翰林院或翰林學士。南史卷二十謝譓傳：「有時獨醉，曰：『入吾室者，但有清風，對吾飲者，唯當明月。』」後因以清風明月喻高人雅士。盧景善、范子仁，名具仁善，蓋虛構者。此兩句襲歐陽修會老堂致語「金馬玉堂三學士，清風明月兩閑人」，全詩亦與歐詩同用真韻（參觀歐陽修全集卷一百三十三，二〇五六頁），然「金馬玉堂盧景善」一句平仄不調。

案歐公此兩句詩，宋代頗傳誦。王闢之澠水燕談録卷四：「初，歐陽文忠與趙少師槩同在中書，嘗約還政後再相會。及告老，趙自南京訪文忠公於潁上。文忠公所居之西堂曰『會老』，仍賦詩以志一時盛事。時翰林呂學士公著方牧潁，職兼侍讀及龍圖，特置酒於堂，宴二公。文忠公親作口號，有『金馬玉堂三學士，清風明月兩閑人』之句，天下傳之。」（四八頁）事又見墨客揮犀卷十、青箱雜記卷八、江少虞皇朝類苑卷二十四、阮閱詩話總龜卷二十二、許顗彦周詩話等。

【補訂】宋代瓷枕亦見歐公此兩句詩，參觀高虎、蔡小莉洛陽出土宋代珍珠地紋瓷枕，文物二〇一二年第一一期，九五頁圖一二。

〔五〕〇勝案，講德，講求道德。漢王褒四子講德論：「於是文繹復集，乃始講德。」舞雩，原指舞雩臺。論語先進：「浴乎沂，風乎舞雩，詠而歸。」後借指不求聞達。王荆文公詩卷二十六次韻酬龔深甫：「講肆劇談兼祖謝，舞雩高蹈異求由。」（六三六頁）講德子、舞雩人借喻高人隱士。

〔六〕〇李曰：後文云「捺殺因，韃語好也。」又元史睿宗拖雷列傳：「賽音（因），猶華言『大好』也（云）。」

〇勝案，此條問影樓本失載。捺殺因、賽因，元曲中又作撒因、撒嬴、撒銀、灑銀、賽音、賽銀等，參觀方齡貴（一九九一，二一五—二二〇頁）。

## 29 其貿易

其貿易，以羊馬、金銀、縑帛。

## 30 其賈販

其賈販，則自韃主以至僞諸王、僞太子、僞公主等①，皆付回回以銀，或貸之民而衍其息②。一錠之本，展轉十年後，其息一千二十四錠。或市百貨而懋遷，或託夜偷而責償於民〔一〕。

### 校記

① 僞諸王，李本無此三字。
② 衍，李本、陳本作「行」。

## 注釋

〔一〕〇李曰：元史耶律楚材傳：「州縣長吏多借賈人銀以償官，息累數倍，名曰羊羔兒利。至奴其妻子，猶不足償。楚材奏合本利相侔而止，遂〔永〕爲定制。」本紀太宗十二年：「以官民貸回鶻金償官者歲加倍，名羊羔息，其害爲甚。詔以官物代還，凡七萬六千錠。仍命假貸歲久，惟子本相侔而止，著爲令。」

〇王曰：〔元〕文類五十七中書令耶律公神道碑：「所在官吏取借回鶻債銀，（其）〔期〕年則倍之，次年則并息又倍之，謂之羊羔利。積而不已，往往破家散族，至以妻子爲質，然終不能償。公爲請於上，悉以官銀代還，凡七萬六千錠。仍奏定，今後不以歲月遠近，子本相侔，更不生息，遂爲定制。」案一錠之本，展轉十年，其息千二十四錠，正所謂羊羔利也。一錠之本，至其年末爲二錠，至次年末爲四錠，三年末爲八錠，及十年末，正得千二十四錠。又神道碑：「國初盜賊充斥，商賈不能行，〔則下令〕凡有失盜去處，周歲不獲正賊，令本路民户代償其物。」

〇勝案，元史卷一百五十五史天澤傳：「時政煩賦重，貸錢於西北賈人以代輸，累倍其息，謂之羊羔利，民不能給。天澤奏請官爲償，一本息而止。繼以歲饑，假貸充貢賦，積銀至一萬三千錠，天澤傾家貲，率族屬官吏代償之。又請以中户爲軍，上下户爲民，著爲定籍，境内以寧。」（十二／三六五九頁）

從事高利貸之回回賈人稱爲斡脱户，賈人所貸之銀名曰斡脱銀或斡脱銀，其所生利息即羊羔兒利或羊羔息（參觀方齡貴一九九一，二四—二八頁斡脱條。二〇〇四，六三頁斡脱户條）。

30.1　霆見韃人只是撒花〔一〕，無一人理會得賈販。自韃主以下，只以銀與回回①，令其自去賈販以納息〔二〕。回回或自轉貸與人②，或自多方賈販，或詐稱被刦而責償於州縣民户③〔三〕。大率韃人止欲紵絲、鐵鼎，色木動使不過衣食之需〔四〕，漢兒及回回等人販入草地，韃人以羊馬博易之。韃俗真是道不拾遺，然不免有盜，只諸亡國之人爲之④。回回又以物置無人之地，却遠遠卓望⑤〔五〕，纔有人築着⑥，急來昏賴〔六〕。回回之狡心最可畏，且多技巧⑦，多會諸國言語，直是了得⑧。

## 校記

① 只，沈本、陳本作「只是」。

② 或，李本無此字。

③ 償，羅本、六經堪本作「價」，誤。

④ 「韃人」下，李本脱「以羊馬博易之。韃俗真是道不拾遺，然不免有盜，只諸亡國之人」。

⑤卓望，李本訛作「車望」。

⑥築，李本、王本作「觸」。

⑦技，沈本作「伎」。

⑧直是，李本、章本作「真是」。

## 注釋

〔一〕○李曰：葉子奇草木子：「元朝〔末年〕官貪〔吏〕污，……其問人討錢各有名目，……無事白要曰撒花錢。」○勝案，此條注問影樓本缺載。

〔二〕○沈曰：自韃主以下，皆以銀貸回回，令貿易以納息。此即元世所謂斡脱錢也。史本紀：世祖至元元年定諸王「不許擅招民户，不得以銀與非投下人爲斡脱」；又至元二十九年「禁阿里父布伯所負斡脱鈔三千錠」。元典章新集兵部驛站使臣冒起鋪馬〔罪〕例云：延祐六年，宣政院官人每差往西番地面拘收（勝案，王箋誤作「狀」）牌面，追徵斡脱等錢，多用鋪馬，斷一百七，除名不敘。蓋終元世有此風，而元初尤甚。羊羔兒息，殆亦緣此虐用之。元史類編中統建元頒新政詔見元典章。其第五「止貢獻」曰：「開國以來，庶事草刱，既無俸禄以養廉，故縱貨賄（元典章作「賄賂」）而爲蠹，凡事撒花等物，無非取給於民。名曰（元典章作「爲」）己財，寔皆官物，取百散一，長盜滋奸，若不盡更，爲害匪淺。始自朕躬，斷絶兹（元典章作「斯」）弊，除外用（王箋作「國」。）

進奉、軍前克敵之物，并斡脱等拜見撒花等物，並行禁止。内外官吏，視此爲例。」

○勝案，王箋全録沈氏此條注。

〔三〕○沈曰：至元譯語：「買賣人曰或旦督赤。」或旦督，即斡脱也。

勝案，責償，索取賠償。洪皓松漠紀聞：「金國治盜甚嚴，每捕獲，論罪外，皆七倍責償。」（一一五頁）費衮梁谿漫志卷九江陰士人彊記條：「一夕民家火作，凡所有之物并文書皆燼焉，物主競來索數倍責償。」（一〇一頁）

〔四〕○李曰：色木，即元史「色目」。

○勝案，此條李注問影樓本缺載。動使，日常應用之具。朱子語類卷八：「今人於飲食動使之物，日極其精巧。」夢粱録卷一正月條：「街坊以食物、動使、冠梳、領抹、緞匹、花朵、玩具等物，沿門歌叫關撲。」東京夢華録卷四會仙酒樓條：「如州東仁和店、新門裏會仙樓正店，常有百十分廳館動使，各各足備，不尚少闕一件。」（鄧注本一二七頁，伊注本四二〇頁）

〔五〕○勝案，卓望，瞭望、偵察。唐劉恂嶺表録異卷下跳鯅條：「捕者以仲春，於高處卓望，魚兒來如陣雲，闊二三百步，厚亦相似者。」（四六四頁）東京夢華録卷三防火：「又於高處磚砌望火樓，樓上有人卓望。」（鄧注本一一六頁，伊注本三四二頁）

【補訂】宋李心傳建炎以來繫年要録卷八略云：「朝議大夫知通州郭凝言，通州地界東北正係海口，南接大江，最爲要害。已措置教閲水戰人兵，及募人許備戰船，入海卓望，晝以旌旗、夜以明火爲號應。」

〔六〕○勝案，昏賴，無理耍賴。元典章刑部卷四典章四十二誤殺打死强要定親媒人條：「各人恃其兇惡，主媒昏賴，又行强送定物，所以相争。」（四／一四四四頁）名公書判清明集卷六王直之朱氏争地條：「朱氏當全有桑地，王直之只合得屋基，彼此不容昏賴。」（一八六頁）

# 31 其官稱

其官稱，或僭國王①，或權皇帝，或郡王，或宣差〔一〕。諸國亡俘，或曰「中書丞相」，或「將軍」、或「侍郎」、或「宣撫運使」，隨所自欲而盜其名，初無宣麻制誥之事〔二〕。

## 校記

① 王，沈本、羅本、六經堪本作「主」。

## 注釋

〔一〕○李曰：宣差，見西遊記。稱宣差阿里鮮、宣差都元帥賈昌傳、宣差便宜使劉仲禄、宣差阿狗。

〔二〕○勝案，唐宋時任命將相，率以白麻紙書詔令而宣佈於朝，謂之「宣麻」。新唐書卷四十六百官志一：「開元二十六年，又改翰林供奉爲學士，別置學士院，專掌內命。凡拜將相、號令征伐，皆用白麻。」（四／一一八三—一一八四頁）事略所述爲蒙古初期之狀，其後元朝亦仿漢制。草木子卷三下：「元之宣敕皆用紙。一品至五品爲宣，色以白；六品至九品爲敕，色以赤。雖異乎古之誥敕用織綾，已甚簡古而費約，可尚也。」（六二—六三頁）

【補訂】雲仙雜記卷九黃紙寫敕條：「貞觀中，太宗詔用麻紙寫敕詔。高宗以白紙多蟲蛀，尚書省頒下州縣，並用黃紙。」（雲仙散録附録，中華書局一九九八年版，一一九頁）

31.1 霆嘗考之，韃人初未嘗有除授及請俸〔一〕，韃主亦不曉官稱之義爲何也。韃人止有虎頭金牌①、平金牌、平銀牌②〔二〕，或有勞，自出金銀，請於韃主，許其自打牌，上鐫回回字③〔三〕，亦不出於「長生天底氣力」等語爾〔四〕。外有亡金之大夫，混於雜役，墮於屠沽④，去爲黃冠，皆尚稱舊官。王宣撫家有推車數人⑤〔五〕，呼「運使」，呼「侍郎」。長春宮多有亡金朝士⑥〔六〕，既免跋焦〔七〕，免賤役⑦，又得衣食〔八〕，最令人慘傷也。

## 校記

①金牌，原作「牌金」，據諸本乙正。

②平銀牌，李本無「平」字。問影樓本無「平金牌平」四字。

③上，原無，諸本皆有，意思較醒豁，兹據補。

④墮，李本作「隨」。

⑤推，原同沈本、羅本、六經堪本作「催」，據李本、陳本、王本改。

⑥長春宫，原無「宫」字，據諸本補。

⑦賤，羅本、六經堪本、王本作「賦」。

## 注釋

〔一〕○勝案，請俸，支取薪水。叶夢得石林燕語卷十：「杜祁公居官清介，每請俸必過初五。家人有前期誤請者，公怒，即以付有司劾治，尹師魯公所知也。」（一四八頁）

〔二〕○勝案，蒙韃備録官制條云：「韃人襲金虜之制，亦置領録尚書令、左右相、左右平章等官，亦置太師、元帥等。所佩金牌，第一等貴臣，帶兩虎相向曰虎門金牌，用漢字曰『天賜成吉思皇帝聖旨，當便宜行事』。其次素金牌，曰『天賜成吉思皇帝聖旨，疾』。又其次乃銀牌，文與前同。」王國維箋證云：「此虎門金牌即虎頭金牌之音訛，因之生兩虎相向之説。」（一八一頁）元史卷九十八兵志一：「萬户佩金虎符，符趺爲伏虎形，首爲明珠，而有三珠、二珠、一珠之别。千户金符，百户銀符。」（八／二五〇八頁）馬可波羅記爲獅頭。馬可波羅行紀第二卷第八十章：「符牌之式如下，百夫長銀符，千夫長金符，萬夫長獅頭金符。」（二〇〇四，三一二頁）

【補訂】波斯語獅虎皆曰 **sir**，來華波斯人多訓作虎，而馬可波羅則讀作獅（參觀邵循正語言與歷史——附論馬可波羅游記的史料價值，元史論叢第一輯，中華書局一九八二年。李治安元代政治制度研究，五二三頁）。

遣使布達軍情政令多用圓牌。元史卷一百一兵志四站赤云：「凡站，陸則以馬以牛，或以驢，或以車，而水則以舟。其給驛傳璽書，謂之鋪馬聖旨。遇軍務之急，則又以金字圓符爲信，銀字者次之。内則掌之天府，外則國人之爲長官者主之。」（九／二五八三頁）卷一百三刑法志云：「諸朝廷軍情大事，奉旨遣使者，佩以金字圓符給驛。其餘小事，止用御寳聖旨。諸王公主駙馬亦爲軍情急務遣使者，佩以銀字圓符，其餘止用御寳聖旨。」（九／二六二九—二六三〇頁）耶律楚材西遊録卷下：「道徒以馳驛故，告給牌符。王道人者騶從數十人，懸牌馳騁於諸州，欲通管僧尼。……若果非丘意，王道人既歸，宜將牌符封還。若果爲馳驛事而請，遇遣使時即當懸帶。傳聞王道人懸牌躍馬，騶從數十人，横行諸州中。」（一五、一七頁）

蒙古所用牌符，現存有長牌與圓牌兩種形制，材質則有金、銀、銅、鐵數種，所用材質隨官員品階或事之緩急而異。朝廷官遣使所派欽差官代表皇帝，用金質長牌。心史大義略敘：「受僞爵人，腰插金牌，長尺餘，闊三寸，番書僞爵、姓名，鑿識牌上。雙虎頭金牌爵爲重，小爵則授銀牌。」（鄭思肖集一八二頁）案俄國米奴辛斯克銀質金字長牌，高約 12.2 英寸、寬 3.65 英寸，與心史所記金質長牌尺寸相近。虎頭金牌實物今尚未見出土，但虎頭紋樣見於俄國聖彼得堡艾米爾塔什博物館所藏回鶻體蒙文（即畏兀蒙古字）銀質長牌上端、俄國托木斯克波果托爾斯克、蘭州所出鐵質金銀字圓牌、西藏日喀則扎什倫布寺藏鐵質金字圓牌上部圓錐部分及洛陽出土四種文字銅質圓形令牌正面。參觀安泳鍀（二〇一一，三三一—三九頁）、蔡美彪（二〇一一，二七九—三一七頁）、呼格吉勒圖、薩如拉（二〇〇四，四五五—四六四頁）、郝蘇民（二〇〇八，一一六—一二三頁），党寶海（二〇〇四，一八三—二〇三頁），又箭内亘元朝符牌考。

【補訂】容齋三筆卷四銀牌使者條云：「金國每遣使出外，貴者佩金牌，次佩銀牌，俗呼爲金牌、銀牌郎君。北人以爲契丹時如此，牌上若篆字六七，或云阿骨打花押也。殊不知此本中國之制，五代以來，庶事草創，凡乘置奉使於外，但給樞密院牒。國朝太平興國三年（九七八），因李飛雄矯乘廐馬，詐稱使者，欲作亂，既捕誅之，乃詔自今乘驛者，皆給銀牌，國史云『始復舊制』，然則非起於虜也。端拱二年（九八九）復詔：『先是馳驛使臣給篆書銀牌，自今宜罷之，復給樞密院牒。』」（容齋隨筆，四六七頁）

李治安元代政治制度研究第三章投下與蒙古制度九馬可波羅所記的乃顔之亂考釋（三）關於忽必烈獎賞有功將士和牌符賜予晉升一小節亦論及蒙元時期牌符制度（五二〇—五二四頁），可參觀。

〔三〕○勝案，徐霆所記「回回字」非波斯文，而是畏兀蒙古字，詳見前文案語。

〔四〕○勝案，馬可波羅行紀第二卷第八十章：「百夫長及千夫長之牌符各重一百二十錢（gros），萬夫長之獅首符亦重一百二十錢，諸符并勒文於其上。曰：『長生天氣力裏，大汗福蔭裏，不從命者罪至死。』」（二〇〇四，三一二—三一三頁）内蒙古索倫金質長牌及俄國米奴辛斯克、紐克斯克、内蒙古清水河所出銀質金字長牌，其八思巴字蒙古語銘文皆曰：「靠長生天的氣力，皇帝聖名。誰若不從，論罪處死。」而俄國托木斯克波果托爾斯克、蘭州所出鐵質銀字圓牌、西藏日喀則扎什倫布寺藏鐵質金字圓牌，其八思巴字蒙古語銘文皆曰：「靠長生天的氣力，皇帝聖名。誰若不從，論罪處置。」

回回字即畏兀蒙古字，元史卷十世祖紀七至元十五年秋七月：「丁亥，詔虎符舊用畏兀字，今易以國字。」（一／二〇三頁）則改畏兀蒙古字而用八思巴字。畏兀蒙古字符牌實物見於俄國聖彼得堡艾米爾塔什博物館所藏銀質長牌，俄羅斯科學院東方學研究所、蒙古國烏蘭巴托國家歷史博物館所藏、洛陽出土四種文字銅質圓牌，及内蒙古杜爾基蘇木所出五種文字銅質圓牌。

除艾米爾塔什博物館所藏銀質長牌銘曰「長生天氣力裏，大福蔭護助裏，Abd Ullah 汗聖旨，違者論罪處死」外，其他均無「長生天底氣力」之語。參觀党寶海（二〇〇四，一八三—二〇三頁），呼格吉勒圖、薩如拉（二〇〇八，四四五—四六七、四七〇—四七六頁），蔡美彪（二〇一一，三一三—三一七頁）。

【補訂】二〇二〇年青海省海南藏族自治州同德縣秀麻鄉德格村發現一枚八思巴文三珠金虎符。（參觀烏雲畢力格青海新發現的元代金虎符及其歷史意義，光明日報二〇二〇年十一月三〇日第十四版。烏雲畢力格、牛延庭青海同德秀麻出土元八思巴文金牌符考，文物二〇二三年第五期。）二〇二一年四川省壤塘縣中壤塘鎮澤布基寺（མཛེས་བཞི་དགོན།）發現一枚八思巴文一珠金虎符、一枚八思巴文金牌，其文字內容與以前各地發現八思巴文蒙古語符牌相同。（參觀仁青才讓四川壤塘縣新發現的元代金虎符及金牌初探，中國藏學二〇二三年第三期）

〔五〕〇李曰：王宣撫即後文之王檝也。據丘處機西遊記，其人字巨川，宣撫其官名也。元史百五十三有傳，亦作楫。

〇勝案，元史卷一百五十三王檝傳：「王檝字巨川，鳳翔虢縣人。……泰和中（一二〇一—一二〇八），復下第。詣闕上書，論當世急務，金主俾給事縉山元帥府。尋用元帥高琪薦，特賜進士出身，授副統軍，守涿鹿隘。太祖將兵南下，檝麈戰三日，兵敗見執。……帝義而釋之，授都統，佩以金符。……甲戌，授宣撫使，兼行尚書六部事。從三合拔都、太傅猛安率兵南征，下古北口，攻薊、雲、順等州，所過迎降，得漢軍數萬，遂圍中都。乙亥（一二一五），中都降。……從猛安入覲，授銀青榮禄大夫，仍前職，兼御史大夫，世襲千户。……帝命闍里畢與皇太弟國王分撥諸侯王城邑，諭闍里畢曰：『漢人中若王宣撫者，可任使之。』遂以前職，兼判三司副使。後又命省臣總括歸附工匠之數，將俾大臣分掌之。太師阿海具列諸大臣名以聞，帝曰：『朕有其人，偶忘姓名耳。』良久曰：『得之矣，舊人王宣撫可任是職。』遂命檝掌之。時都城廟學，既燬於兵，檝取舊樞密院地復創立之，春秋率諸生行釋菜禮，仍取舊岐陽石鼓列廡下。」（十二／三六一一—三六一二頁）按「岐陽石鼓」即號稱吾國「石刻之祖」之秦石鼓，石鼓唐初出土於陝西鳳翔，韓愈嘗作石鼓歌，唐代以降，久著於世。而王檝恰爲鳳翔人，本傳載：「庚寅（一二三〇），從征關中，長驅入京兆，進克鳳翔，請于太宗曰：『此臣鄉邦也，願入城訪求親族。』果得族人數十口以歸。」（三六一三頁）知王氏桑梓之情甚篤，想於此鄉邦文物亦鍾愛有加，然則其保護此文化史上稀世瓌寶之功不可没矣。

王檝有家在燕京，朱彝尊日下舊聞卷三宫室一朱昆田補遺引鄒伸之使蒙日録：「端平甲午九月初一日，抵燕京。守將布吾剌拔都出迎，館人使於王檝宅堂。重九日，宴人使，女樂俳優畢集。十二日，同王檝謁宣聖廟，即是金密院，因就看亡金宫室，瓦礫填塞，荆棘成林。」（又見日下舊聞考卷二十九，四二八頁）端平甲午，當爲紹定癸巳之誤（參觀陳高華王檝使宋事實考略二○○五，二二二頁）。丘處機逝世時，王檝曾贊助葬事。長春真人西遊記卷下云：「權省宣撫王公巨川，咸陽巨族也，素慕元風，近歲又與父師相會於燕，雅懷昭映，道同氣合，尊仰之誠，更甚疇昔。故會茲葬事，自爲主盟，京城内外，屯以甲兵，備其不虞。罷散之日，略無驚擾。」

〔六〕○勝案，長春真人西遊記卷下：「（丁亥）五月二十五日，道人王志明至自秦州，傳旨改北宮仙島爲萬安宮，天長觀爲長春宮，詔天下出家善人皆隸焉。且賜以金虎牌，道家事一仰神仙處置。」長春真人丘處機赴西域大雪山覲見蒙古太祖成吉思汗，於太祖十九年（一二二四）春歸抵燕京，居太極宮。太極宮原系唐天長觀，金章宗泰和三年（一二〇三）更名。至蒙古太祖二十二年丁亥（一二二七年）五月，復奉敕改名爲長春宮。七月，丘處機病逝於此。翌年，其徒尹志平於宮東側下院建處順堂安厝丘處機靈柩。明初，以處順堂爲中心重建宮觀，易名爲白雲觀，即今中國道教協會所在地，在北京西便門外。

〔七〕○李曰：跋焦，疑即今辮頂也。孟珙蒙韃備録曰：「國王没黑肋止有一子，名袍阿，美容儀，不肯剃婆焦，只裹巾帽，［著］窄服。」所云婆焦，即此記之跋焦。

○沈曰：李學士云「跋焦」即蒙韃備録之「婆焦」，疑即今辮頂也。

○王曰：案「跋焦」謂薙髮，蒙韃備録：「國王止有一子，曰袍阿，美容儀，不肯剃婆焦，只裹巾帽，著窄服。」

○勝案，蒙韃備録風俗條：「上至成吉思，下及國人，皆剃婆焦，如中國小兒留三搭頭在顖門者。稍長則剪之，在兩下者，總小角垂於肩上。」沈曾植箋注云：「繆柚岑於俄國巴枯城所見韃靼里人薙髮，自額至頂留兩鬢。植案：金、元國俗並開剃，而開剃之制與其首服不同。永樂大典有元人剔（浄）髮須知書，條目甚多，文芸閣編修嘗見之。植疑其中當有南北漢人、色目之别，惜未目驗其書也。李芍農閣學言，見古畫金人垂編髮三道，此與金國志言『金俗櫟髮垂肩，與契丹異，垂金鎖，留顱後髮，繫以色絲』者語合。若此所云，三搭頭及在兩下總小角垂於肩上者，頗亦與金制相近，然不言顱後髮，不知其别若何？金國志云：『令金主拜詔稱臣，去冠冕，髡剔髮，爲西京留守。』金史徒單益都傳：『益都不肯改易髻髮，以至於死。』歸潛志：『崔立令在城［士庶］皆斷髮，爲大朝民。』金俗固髡髮，宋史忠義郭元邁傳：『不肯髡髮换官，亦卒於金焉。』而蒙古又令其剔髮斷髮，改易髻髮。然則同一開剃，其制蓋當有絶異者。又孟所言與今蒙古形狀乃不同，亦當有故，皆不可考矣。東國史略：『順孝王典十五年，世子諶嗣王位歸自元，與公主胡服同輦入國，從行宗宰不開剃，王責之。』注云：『開剃者，胡俗剃頂至額，方其形留髮，謂之『怯仇兒』。忠烈王諶四年，令境内變元服，自宰相以至下僚，無不開剃。』至元譯語：『頭曰忒婁［温］、孛擎曰怯昆。』『怯昆』即『怯仇兒』。黑韃事略：『其冠，被髮而椎髻，冬帽而夏笠。』『被髮』當作『剃髮』。然北狄之剃頭垂髮，由來已久，非始於金、元。太平御覽謂肅慎俗皆編髮。寰宇記：『烏桓、鮮卑皆髡頭。宇文氏人翦髮而留其頂，上爲飾，長數寸則截之。室韋盤髮，烏落侯繩髮，黠戛斯露首鬈髮。』魏志：『州胡在馬韓西海島上，髡頭如鮮卑。』契丹國志：『額後重金花織成夾帶，中貯髮一總。嫗厥律，其人長大，髦頭，酋長髮盛以紫囊。韃劫子，髦首，披布爲衣。』此類不勝枚舉，金、元沿襲舊俗，大同小異耳。」

文廷式純常子枝語卷二十一：「宋孟珙蒙韃備録曰：『太師國王没黑肋，按即木華黎。止有一子，名袍阿，美容儀，不肯剃婆焦，只裹巾帽，著窄服。』按不剃婆焦，蓋不肯用綰髻之制。只裹巾帽，則慕華風也。元黄溍拜住碑『高祖孛魯爲木華黎之子』，豈袍阿歟？鄭所南心史卷下云：『韃主剃三搭辮髮、頂笠、穿靴。三搭者，環剃去頂上一彎頭髮，留當前髮，翦短散垂，卻析兩旁髮，垂綰兩髻，懸加左右肩衣襖上，曰『不狼兒』，言左右垂髻，礙於回視，不能狼顧。或合辮爲一，直拖垂衣背。』按此可考元人剃髮之制，其合辮爲一拖垂衣背者，則與滿洲制度相同。至『不狼』是蒙古語，所南就文生義，未得其實，『不狼兒』者，即浄髮須知之『鉢浪川』也。」（三〇三頁）

王國維長春真人西遊記校注：「蒙韃備録：『上至成吉思，下及國人，皆剃婆焦，如中國小兒留三劄（搭）頭在顖門者。稍長則剪之，在兩下者，總小角垂於肩上。』鄭所南心史大義略敘：『三搭者，環薙去頂上一彎頭髮，留當前髮，剪短散垂，却析兩旁髮，垂綰兩髻，懸加左右肩衣襖上，曰『不狼兒』，言左右垂髻，礙於回視，不能狼顧。或合辮爲一，直拖垂衣背。』云云。余見烏程蔣氏藏元無名氏羽獵圖，人皆垂兩辮，與二書合。」（四八三頁）

王國維蒙韃備録箋證云：「長春真人西遊記：『男子結髮垂兩耳』。鄭所南心史大義略敘：『三搭者，環薙去頂上一彎頭髮，留當前髮，剪短散垂，却析兩旁髮，［垂］綰兩髻，懸加左右肩衣襖上，曰『不狼兒』，言左右垂髻，礙於回視，不能狼顧。或合辮爲一，直拖垂衣背。』鄭麟趾高麗史卷二十八：『蒙古之俗，剃頂至額，方其形，留髮其中，謂之『怯仇兒』。』」（一八二—一八三頁）

跋焦亦稱「鈢焦」。陳昌祺剪燈餘話卷四至正妓人行：「緋纓帽妥鈢焦圓，黑（瓣）〔辮〕髻紉卜郎鋭」（二五七頁）。黄時鑑先生考證，「鈢焦」是將頭頂髮剃去，中間呈圓形，而剃髮後編垂髮辮於頭顱兩側之髮辮即「卜郎」。并謂「婆焦」、「跋焦」、「鈢焦」爲一北方漢語詞彙之三種俚寫，而「卜郎」即心史之「不狼兒」，或與撥浪鼓之「撥浪」一詞同源，二者詞源皆待考（參觀黄時鑑二〇一一，一二五—一二六頁）。

其實蒙古髮式種類名稱頗多，非僅跋焦一式。永樂大典卷一四一二五剃法條引浄髮須知卷下云：「按大元體例，世圖改變，別有數名。還有一答頭、二答頭、三答頭、一字額、大開門、花鈢蕉、大圓額、小圓額、銀錠、打索綰角兒、打辮綰角兒、三川鈢浪、七川鈢浪、川着練槌兒。還那箇打頭、那箇打底：花鉢蕉打頭，七川鉢浪打底；大開門打頭，三川鉢浪打底；小圓額打頭，打索兒綰角兒打底；銀錠樣兒打頭，打辮兒打底；一字額打頭，練槌兒打底。」（第九册，九一八〇頁）

對此沈從文在中國古代服飾研究一四六元代玩雙陸圖中官僚和僕從一文中有詳細解説：「『鉢蕉』當即宋人『博焦』，即『鵓角兒』，如宋人嬰戲圖中『一把抓』式樣。『綰角兒』應即『丱角兒』，晉代女史箴圖、竹林七賢圖、北齊校書圖都可發現，大人便裝也應用。龍門石刻帝王行香圖黄門内侍有些發展，作成各式各樣，唐、宋已簡化，元代成爲道童習用。『鉢浪』當即『博浪』，近代貨郎摇的鼕鼕鼓槌子式，或三或七指數目而言。小孩子一二三爲常見。鄭所南心史大義略敘：『三搭者，環剃去頂上一彎頭髮，留當前髮，剪短散垂，却析兩旁髮，綰兩髻，懸加左右肩衣襖上，曰『不狼兒』（即博浪兒）。言左右垂髻，礙於回視，不能狼顧。或合辮爲一，直拖垂衣背。』如三川、七川係波浪髮式形容，也有出土元俑可證。『銀錠』當即晚唐以來侍女常用式樣，梳於兩側，係雙環中間束緊而成。『打辮兒』，即心史所説合辮爲一，亦即本圖（引按，指元至順刻本事林廣記官吏玩雙陸插圖）中官員長垂背後一式，和後來清代式樣已相近。『大圓額』、『小圓額』明指額前部分，在元代畫塑中由帝王到平民，都可發現那麽一綹短髮，具種種不同式樣，顯然在當時是各有專名的（見插圖一三七）（引按，指元帝王像髮式）。由此可知，這個記載敘述實包括

社會各階層男女老幼髮式，只概括成幾句口訣，事實上真正流行式樣還不止這些的。」（沈從文二〇〇二，五五七—五五八頁）

謹案，鈢焦即淨髮須知「鈢蕉」，卜郎即「鈢浪」。而鈢焦又名「博焦」、「鵓角」。宋史卷六十五五行志：「理宗朝，……剃削童髮，必留大錢許於頂左，名『偏頂』。或留之頂前，束以綵繒，宛若『博焦』之狀，或曰『鵓角』。」（一四三〇頁）據此則鈢焦與兒童之一角（或稱一撮）辮極相似。古代兒童結髮呈兩束，形如角狀，謂之總角。詩齊風甫田：「婉兮孌兮，總角丱兮。」鄭玄箋：「總角，聚兩髦也。」孔穎達疏：「言總聚其髦以爲兩角也。」（三四七頁）故余謂跋焦、婆焦、鈢焦／蕉、博焦之「焦／蕉」皆爲「角」之音訛。鵓角之「角」不誤，然「鵓」與「跋」、「婆」、「鈢」、「博」皆不確，以聲求之，蓋束縛之「縛」之音訛。古無輕唇音，「縛」古讀如「博」音，現代吴語猶有讀「縛」如「勃」者。故跋焦、婆焦、鈢焦、博焦、鵓角等皆當讀爲「縛角」，縛角意爲束髮成角，猶言總角。惟總角一般爲兩角辮，而鈢焦則爲一角，實即淨髮須知所謂「一答（搭）頭」。而所謂「花鈢蕉」，蓋其髮式一角沖天而束成花朵樣者。

漢書卷五十四李陵傳：「後陵、［衛］律持牛酒勞漢使，博飲，兩人皆胡服椎結。……陵墨不應，孰視而自循其髮，答曰：『吾已胡服矣。』」顔師古注：「結讀曰髻，一撮之髻，其形如椎。」（六八／二四五八頁）元葉子奇草木子卷三下雜制篇：「其髮或辮，或打紗練椎，庶民則椎髻。」（六一頁)明蕭大亨北虜風俗帽衣條云:「夫被髮左衽,夷俗也。今觀諸夷,皆祝髮而右衽矣。其人自幼至老,髮皆削去,獨存腦後(討)〔寸〕許,爲一小辮,餘髮稍長即剪之,惟冬月不剪,貴其煖也。莊生所稱『窮髮之北』非此類耶?若婦女,自初生時業已留髮,長則爲小辮十數,披於前後左右,必待嫁時,見公姑,方分爲二辮,末則結爲二椎,垂於兩耳。」(四庫存目二五五册,三三一頁)淨髮須知之「練槌」即草木子之「練椎」,爲垂於顱後耳側之髮辮。其所謂「打頭」指頭頂上方前部之髮型,「打底」謂頭側面後部之髮型。「三川鉢浪」者,腦後垂髮辮三條;「七川鉢浪」者,垂七條。一般則垂兩條,即「卜郎」、「不狼兒」,亦即所謂「二答(搭)頭」。頭頂上方一撮髮,與腦後兩條垂辮,則形成所謂「三答(搭)頭」髮式。蒙韃備録所記木華黎子袍阿(即孛魯)不肯剃婆焦,蓋因婆焦與兒童髮式相類,而成人則多剃三搭頭耳。

柏朗嘉賓蒙古行紀第二章:「(韃靼人)他們如同僧侣一樣在頭頂上戴一環狀頭飾,所有人在兩耳之間都剃去三指之寬的一片地方,以使他們頭頂上的環狀頂飾得以相接。另外,所有人同樣也都在前額剃去兩指寬的地方。至於環狀頭飾與已剃去頭髮的這片頭皮之間的頭髮,他們讓它一直披到眉毛以下,把前額兩側的頭髮大部分剪去,以使中間部分的頭髮更加伸長。其餘的頭髮則如女子青絲一般任其生長,他們把這些頭髮編成兩根辮子,分别扎在耳後。」(二八—二九頁)魯布魯克東行紀第六章:「男人在頭頂剃成一個四方形,從(這個方形的)前角經頭的兩邊一直剃到太陽穴。他們也剃掉鬢角，後頸剃到頸窩上，前額剃到頭頂，上面留下一綹頭髮垂到眉梢。他們留下頭兩邊的髮，編成齊耳的辮子。……在結婚後，（婦女）就剃掉頭的前部。」（二一六—二一七頁）第二十九章：「天已大亮時，她（忽都台哈敦）開始取下她的頭飾，叫做波克的，因此我見到她光著頭。」（二七一頁）又金人之辮髮與契丹、蒙古髮式不同，舊題宋宇文懋昭大金國志卷三十九男女冠服條：「金俗好衣白，辮髮垂肩，與契丹異。［耳］垂金環，留顱後髮，繫以色絲，富人以珠金飾。婦人辮髮盤髻，亦無冠。」（五五二頁）宋陳準北風揚沙録：「（金）人皆辮髮，與契丹異。耳垂金環，留（臚）［顱］後髮，以色絲繫之，富人以珠金爲飾。」（二五六九頁）參觀桑原騭藏中國人辮髮的歷史。

蒙古髮式圖像主要見於考古發現元代壁畫、陶俑、版畫及古籍插圖等資料，壁畫如陝西蒲城縣洞耳村元至元六年（一二六九）壁畫墓，其墓室西北壁男侍者像，頭頂中間留一綹髮披於額前，頗似銀錠樣，耳際綰髮下垂，其餘部份剃光。其他戴帽人物額前亦可見此髮式（參觀考古與文物二〇〇〇年第一期；又壁上丹青：陝西出土壁畫集下，四〇四—四〇六頁）。陶俑如陝西寶雞元墓出土戴鈸笠帽武士俑六件，額前皆垂一綹髮，與傳世元成宗像極相似（參觀沈從文二〇〇二，五五七頁）。其頭側後部髮，或合編成一條辮垂於背部，與事林廣記玩雙陸圖中拖長辮者相似；或在腦後編成盤髻；或先編成兩條髮辮再套成鬢垂於耳後，同墓出土男侍俑一件亦同此式（參觀文物一九九二年第二期，二九頁圖一、圖版肆）。西安南郊潘家莊元墓M122出土男立俑一件，腦後亦垂一長辮。而M184則出土男立俑二件，雙辮垂於耳後，髮梢回卷繫於髮帶内（參觀文物二〇一〇年第九期四七圖五一，五〇頁圖一一、二，五五頁圖二八、二九）。

契丹人亦有結髮垂兩耳旁、顱後一辮直拖衣背之所謂三搭頭，一般圖像多見耳旁垂髮，明顯畫出腦後一長辮者，如内蒙古敖漢旗四家子鎮閆杖子村北羊山遼聖宗太平年間（一〇二一—一〇三〇）一號壁畫墓西壁奏樂圖人像，又通遼市庫倫旗奈林稿蘇木錢匇力布村二號遼壁畫墓天井北壁侍衛像（參觀内蒙古遼代壁畫，一六六頁、二四二頁）。契丹髮式不限於此，式樣有多種，圖像資料亦較多，見於河北、内蒙古等地遼墓壁畫及胡環卓歇圖等傳世古畫（參觀河北古代墓葬壁畫、宣化遼墓、宣化下八里II區遼壁畫墓考古發掘報告、内蒙古遼代壁畫、付愛民二〇〇九/一五一—一五五頁）。

【補訂】古代先民及現代未開化民族送葬時多有割身剃髮之習俗，弗雷澤推測此爲原始宗教形式中祖先崇拜現象之一（參觀弗雷澤著、童煒鋼譯舊約中的民俗，復旦大學出版社二〇一一年，四六八—四八九頁）。弗雷澤書記塔希提島原住民送葬時，或在前額剃一個方塊留著，其餘部分剃掉；或留一綹頭髮遮住一耳或二耳；或一半頭髮完全剪到根，另一半頭髮留下生長（四七九頁）。種種髮式與蒙古、契丹等北方民族之髡髮樣式頗有相似處，疑髡髮等亦從喪葬習俗演化而來。

韃靼史第一章西蒙聖寬庭關於韃靼人的起源和他們的風俗的記述："韃靼人極其醜陋。……他們把頭頂到耳朵的頭髮剃去，留出鬢角，他們的這種髮式令人想起馬蹄鐵。他們也從後面剃髮，頭髮很長，在耳後留有辮子。這種髮式爲和他們在一起的那些人，庫蠻人、薩拉森人和其他人所採用。"

李思純説民族髮式第二節剃髮民族，分（甲）剃四周而留顱後作辮（烏桓鮮卑、渤海、契丹、女真、蒙古、滿洲），（乙）剃全部髮如僧式（西夏），（丙）截全部髮而留短寸（越、焉耆、龜兹、嚈噠、昭武諸國、天竺、波斯、大食）。并云："金國女真民族侵入中國，在他們兵力所到的地方，威迫漢族，照他們的樣式剃髮，不從即處死。……蒙古民族雖不一定如女真與滿洲那樣的威迫漢族剃髮，但據高麗史的記載，曾威迫高麗剃髮易服。"（原載民族學研究集刊第三期，一九四三年商務印書館出版。此據川大史學李思純卷，五一—五七頁。）

〔八〕○勝案，耶律楚材西遊録卷下："客曰：予聞諸行路之人，今之出家人率多避役苟食者，若削髮則難於歸俗，故爲僧者少，入道者多。"（一七頁）事略所記亡金朝士多避居長春宫以免賤役得衣食，正與西遊録此語相合。

# 32 其民户體統

其民户體統，十人謂之排子頭，自十而百，百而千，千而萬，各有長〔一〕。

## 注釋

〔一〕○勝案，排子頭，又作牌子頭、牌頭。蒙韃備録立國條：「成吉思乃舊牌子頭結婁之子。牌子頭者，乃彼國十人之長也。」曹元忠校注云：「元忠按，黑韃事略云：『其民户體統，十人謂之排子頭，自十而百，百而千，千而萬，各有長。』故元秘史亦有『立千百户牌子頭』之語。制詳元蘇天爵國朝文類經世大典敘録軍制篇及元史兵志。又按北盟會編稱女真云：『其官名則以九曜二十八宿爲號，曰諳版孛極烈、大官人。孛極烈。官人。其職曰：忒（毋）〔母〕、萬户。萌眼、千户。毛〔毛〕可、百人長。蒲里偃。牌子頭。孛極烈者，（糾）〔統〕官也，猶中國言總管云。』知元初牌子頭蓋沿金制。結婁者，孛極烈之對音字。」（續修四庫四二三册，五一五頁）蘇天爵國朝文類卷四十一：「其法，家有男子，十五以上，七十以下，無衆寡，盡料爲軍。有事則空營帳而出，十人爲一牌，設牌頭。上馬則備戰鬬，下馬則屯聚牧養。」（盡料爲軍，元史卷九十八兵志一作「盡簽爲兵」）

蒙韃備録軍政條：「韃人生長鞍馬間，人自習戰，自春徂春，旦旦逐獵，乃其生涯，故無步卒，悉是騎軍。起兵數十萬，略無文書。自元帥至千户、百户、牌子頭，傳令而行。」沈曾植箋注云：「牌子頭，不知於蒙語何當？疑即指千百户長。秘史七云『立千百户牌子頭』，蒙文但言『敏合訥那顏』，千的官人。『札兀訥那顏』，百的官人。『合兒巴訥那顏』十的官人。而已。」王國維箋證云：「三朝北盟會編[三]：『其職曰：忒（毋）〔母〕、萬户。萌眼、千户。毛〔毛〕可、百人長。蒲里偃。牌子頭。』」（一七五頁）

至元譯語君官門：「牌子頭曰號魯那延，百户曰爪赤那延，千户曰明安那延，萬户曰獨滿那延。」（一五頁）又數目門：「一曰你干，十曰合魯班，一百曰你干介，千曰明安，萬曰土滿。」（一二頁）華夷譯語數目門：「一曰你刊（nigen）。十曰哈兒班（qarban）。百曰札温（jaqun）。千曰敏干（minggan）。萬曰土綿（tümen）。」（五一—五二頁）號魯當即哈魯班、哈兒班（qarban）之省，牌子頭即十夫長。元史卷九十八兵志一：「考之國初，典兵之官，視兵數多寡，爲爵秩崇卑。長萬夫者爲萬户，千夫者爲千户，百夫者爲百户。世祖時，……萬户、千户、百户分上中下。萬户佩金虎符。符趺爲伏虎形，首爲明珠，而有三珠、二珠、一珠之别。千户金符，百户銀符。」（八／二五〇七—二五〇八頁）成吉思汗建國曾封功臣九十五千户。蒙古秘史二〇二節：「成吉思既將衆部落收捕了，至是虎兒年，於斡難河源頭，建九腳白旄纛做皇帝。封功臣木合黎爲國王，命者别追襲古出魯克整治達達百姓。除駙馬外，復授同開國有功者九十五人爲千户。」

元代軍制，中樞及外路皆置萬户府、千户所，設萬户統領千户，千户則領百户，以此類推。世界征服者史第一部II：「他們把全部人馬編成十人一小隊，派其中一人爲其餘九人之長；又從每十個十夫長中任命一人爲『百夫長』，這一百人均歸他指揮。每千人和每萬人的情況相同，萬人之上置一長官，稱爲『土綿(tümen)長』。按照這種組織，每逢情況緊迫，需要人或物，他們就交給土綿長辦理，土綿長再交給手下的千夫長，如此降至十夫長。其中有一種真正平等的精神，每人的勞動和他人一般多，無有差別，因爲不管錢財和勢力。」(三二—三三頁)柏朗嘉賓蒙古行紀第五章第一九節：「成吉思汗還規定，他們的軍隊應該分撥給千夫長、百夫長、十夫長和『土綿』也就是『萬夫長』(Tumun)們指揮。」(五三頁)第六章第二節：「成吉思汗這樣確定了他的部隊結構：在每十人之首設置長(在我們這裏被稱爲『十夫長』)；在十個十夫長之首便設置一位『百夫長』；在十個『百夫長』之首再設置一個被稱爲『千夫長』；在十個『千夫長』之首再設置一位官吏，在他們之中稱這一官吏爲『土綿』(tumen)，即『萬夫長』。」(六一頁)馬可波羅行紀第一卷第六九章：「君等應知一韃靼君主之作戰，若率萬騎，則命一人長十人，一人長百人，一人長千人，一人長萬人，俾其本人只將十人，而彼十人亦各將十人，以次類推。將士服從，統率極易。此外彼等名十萬爲一禿黑(tuc)，萬人爲一土綿(toman)，千人[爲一敏黑](ming)，百人[爲一忽

思」(guz),十人[爲一温](on)。」(二〇〇四,二四七頁)

## 33 其國禁

其國禁,草生而斸地者①,遺火而爇草者,誅其家。拾遺者、履閾者〔一〕、箠馬之面目者、相與淫奔者〔二〕,誅其身。食而噎者、口鼻之衄者〔三〕,罪其心之不吉②。軸毳簾而外者,責其係韃主之頸③〔四〕。騎而相向者,其左而過〔五〕,則謂之相順;食人以肉,而接以左手,則謂之相逆。酌乳酪而傾器者,謂之斷後。遭雷與火者,盡棄其資畜而逃,必期年而後返〔六〕。

### 校記

①者,李本無此字。

②吉,沈本、羅本、陳本、六經堪本、王本作「潔」。

③係,問影樓本作「心係」。頸,羅本、六經堪本作「頭」。

### 注釋

〔一〕○勝案,禁踐履門閾,漢地古已有之。禮記正義卷二曲禮上:「大夫、士出入君門,由闑右,不踐閾。」鄭玄注：「閾，門限也。」孔穎達疏：「踐，履也。閾，門限也。出入不得踐履門限，所以爾者，一則自高，二則不浄，並爲不敬。」（三七—三八頁）

蒙古人禁止故意踐履門閾，違者處死。心史大義略敘：「北去竟無屋宇，氈帳鋪架作房，如雞籠狀，門高僅五尺，出入必低頭。或笠帽撞帳房，或脚犯户限，俱犯札撒。」（鄭思肖集，一八〇頁）

柏朗嘉賓蒙古行紀第九章一一節：「一旦禮物到手之後，他們便把我們帶到了他的斡耳朵或駐地，他們警告我們要在住所門前左膝跪地參拜三次，還要注意脚下不要踩到門檻，我們對這一切都小心翼翼，因爲誰故意踐踏大首領住所的門檻，就要被處以死刑。」（八九頁）又三三節：「我們每個人都四次以左膝跪拜，人們警告我們不要觸及内門檻。」（九九頁）

魯布魯克東行紀第十九章拔都的斡耳朵記他的接見：「這時他們把我們帶到帳殿前，而且告誡我們不要碰著帳索，因爲帳索被當成門檻。」（二三九頁）第二十九章在蒙哥宫廷的見聞：「當我們去朝見他時，我們要當心不碰著門檻。……在這之後，我們外出，但我的同伴卻留在後面。我們已經到了外面，他要隨我們出去，但他轉過身子向汗致敬，匆忙追隨我們時，絆倒在門檻上。我們趕往汗的兒子班禿的宫室去，把門人卻抓住我的同伴，强迫他停住，不許他跟隨我們。他們叫一個人把我的同伴帶去見宫廷大書記、有權判人死刑的布魯該。不過我一點都不知道這些。我回過頭去,沒有看見同伴到來,我想他們留下他,也許打算給他輕便衣服穿,因爲他身體虛弱,穿皮衣難於行走。同時他們把我們的譯員叫去,讓譯員跟他呆在一塊。……我們從那裏返回我們在附近的禮拜堂。……後來我們的同伴被帶了進來,僧侣嚴厲申斥他,因爲他碰到了門檻。第二天布魯該來了,他是法官,仔細詢問有没有人曾警告我們要當心别碰到門檻,我答道:『我的主人,我們没有帶譯員,我們怎麽懂得呢!』所以他原諒了他,但從此以後不許他在入汗的任何宫室。」(二七三—二七四、二七六頁)第三十章蒙哥在哈剌和林的宫殿:「第二天,汗進入他的宫殿,僧侣和我,還有教士前去朝見他,但他們不許我的伴侣去,因爲他曾踏著了門檻。」(二八六頁)

〔二〕○勝案,魯布魯克東行紀第八章:「他們對殺人罪施以極刑,跟不屬於自己的女人睡覺也是這樣。我的意思是説,不屬於自己的女人指的是非他的妻子或女奴,因爲人們對自己的女奴可以爲所欲爲。」(二一九頁)

明蕭大亨北虜風俗治姦條:「夷俗以姦爲最重,故其處治爲最嚴。如酋首之婦有與散夷姦者,廉知之即以弓弦縊死其婦矣。凡姦夫之父子兄弟,止存一人,餘盡置之死。若妻女、若帳房、諸畜産之類,盡給之各散夷。所謂赤族之禍,不過是也。若散夷中有姦其婦者,唯以姦夫置之死。如姦夫預知而逃避者,則稟其酋長,罰畜産以七九之數。其有因姦而私相奔逃者,被獲則持其婦以歸，而姦夫之罰亦如之。至於奸其室女者，父母獲之，則痛責其姦夫，送至夫家俟其死。如夫家置之死則止，不然則罰以九九之數。若貧不足於九九者，則盡以其妻奴足之。若竊其女而逃奔他所者，獲則罰亦如之，且罰其女之父母以七九。若父母有不知情者，必令之誓，然後恕之。至若叔伯兄弟之姦，干係倫理者，反置之不問，間有處置，亦不至於太甚。若稍疏者，亦略有罰而已。大抵夷俗治姦，嚴於疏而恕於親也。」（四庫存目二五五册，三二六頁）

〔三〕○勝案，心史大義略敘：「見郎主，鼻衄紅涴穹廬氈席爲第一罪，即拖犯者繞地三匝，衆拳打死。」（鄭思肖集一八〇—一八一頁）

〔四〕○勝案，軸，卷起簾子。前蜀韋莊謁金門：「樓外翠簾高軸，倚遍闌干幾曲。」（全唐五代詞卷五，五四〇頁）後蜀毛熙震菩薩蠻：「繡簾高軸臨塘看，雨飜荷芰真珠散。」（全唐五代詞卷六，七五五頁）文同墨君堂晚晴憑欄：「坐等月破東嶺雲，自取簾鉤更高軸。」（文同全集編年校注卷六，二一四頁）

毳簾，北地氈帳所用毛織簾子。白居易集卷二十一別氈帳火爐：「毳簾逐日卷，香燎隨灰滅。」（四七四頁）陶宗儀南村詩集卷二雪次陸靜菴韻：「明朝擬向西園賞，四敞罘罳卷毳簾。」（三七頁）

「軸毳簾而外者，責其係韃主之頸」，此禁忌未詳。據前注引心史「見郎主，鼻衄紅涴穹廬氈席爲第一罪,即拖犯者繞地三匝,衆拳打死」,頗疑彭大雅此語原與前文「食而噎者、口鼻之衄者,罪其心之不潔」相承而文有舛訛。其原意蓋謂謁見韃主者,若食而噎或鼻衄致污染毳簾氈帳,則罪其心之不潔,責罰而係其頸以誅之。

【補訂】古突厥人有以帛纏絞初立可汗脖頸而問其在位年數之風俗,周書卷五十異域傳下突厥條曰:「其主初立,近侍重臣等輿之以氈,隨日轉九回,每一回,臣下皆拜。拜訖,乃扶令乘馬,以帛絞其頸,使纔不至絶,然後釋而急問之曰:『你能作幾年可汗?』其主既神情瞀亂,不能詳定多少。臣下等隨其所言,以驗修短之數。」(九〇九頁)

〔五〕○沈曰:「『其』字上疑脱『自』字,前云左爲下,故騎相向而左避爲相順,接肉以左手爲相逆也。○勝案,武備志卷八十四:「今北方嚮馬,常勒馬由道右而行,讓客於左,以便發箭。」(九六四册,七〇頁)。參觀李呈芬射經第十一馬射,四〇二頁;明何汝賓兵録卷三,子九一─三七九頁。

〔六〕○勝案,世界征服者史曾記蒙古人遇雷擊而其族人盡遭遣放,三年而後返之事(參觀33.1節注〔一〕),與此記「盡棄其資畜而逃,必期年而後返」,有類似處。

又,魏書卷一百三高車傳云:「俗不清潔,喜致震霆,每震則叫呼射天,而棄之移去。至來歲秋,馬肥,復相率候於震所。埋羖羊,燃火,拔刀,女巫祝説,似如中國祓除。而群隊馳馬旋繞,百匝乃止。人持一束柳桋,回豎之,以乳酪灌焉。婦人以皮裹羊骸,戴之首上,縈屈髮鬢而綴之,有似軒冕。」（二三〇八頁）按震霆即雷霆，高車人俗不清潔，與蒙古人不洗滌衣物恐致雷電之俗頗相似（參觀33.1節注〔一〕）。傳文「喜致震霆」之「喜」疑爲誤字，當作恐、懼、畏、忌、惡之類字（參觀段連勤一九八八，一九六頁）。其人至來歲秋復返於震所，與事略「必期年而後返」亦相似。「叫呼射天」之「射」疑爲「謝」之訛。

蒙古人日常忌諱及占卜頗多，北虜風俗禁忌條云：「俗有卜筮，不與我同。有持羊髆骨，火灼之以驗吉凶者。有以上弦之弓，用兩指平舉之，口念一咒，俟弓微動而知吉凶者。有以衣領、口袋諸器具向内爲吉，向外爲不祥者。又有以所食之物藏於懷、納於靴，取以與人，人以爲吉。若頂於首、盛以袖，人即忌而不食者。又有天陰雷鳴震死頭畜爲大不祥，則以酒食禳之，立一竿爲門，驅群畜從中走者則吉，留之稍旁出則凶，令衆搶之去者。」（四庫存目二一五五册，三三三頁）可參觀。

33.1 霆見韃人每聞雷霆，必掩耳屈身至地，若軃避狀〔一〕。

## 注釋

〔一〕○李曰：孟珙蒙韃備録曰：「聞雷聲則恐懼，不敢行師，曰天叫也。」

○勝案，李注此條問影樓本無「則恐懼」三字。曹元忠蒙韃備録箋注：「案燕北録云：『戎主及契丹臣戍每聞霹靂聲，各相鈎中指，只作唤雀聲，以爲禳厭也。』知韃靼畏雷亦沿遼制。」

史籍多載蒙古人畏懼打雷事，世界征服者史第一部三十二章合罕言行録：「在蒙古人的札撒和法律中規定：春夏兩季人們不可以白晝入水，或者在河流中洗手，或者用金銀器皿汲水，也不得在原野上曬洗過的衣服。他們相信，這些動作增加雷鳴和閃電。因爲在他們居住的國土中，從初春到夏末，大部分時間都有雨，而雷聲如此之烈，以致當其震吼時，『彼輩因雷擊而以指塞耳，深畏隕滅』，電光也如此之亮，以致『閃電幾攫去彼輩之目』。據觀察，當雷電交加時，他們變得來『若魚無聲』。每年，當他們中間有人遭到雷擊時，他們便把他的部族和家室從諸族中趕走三年，在這期間他們不得進入諸王的斡耳朵。同樣地，要是他們的牲畜和羊群中有一頭也遭雷擊，他們如法施行數月之久。」（二四一頁）波伊勒注引魯布魯克東行記云：「他們從不洗衣，因爲他們説天神會因此發怒，并説如果他們掛起衣服來曬乾，那會打雷的。他們甚至要打那些他們發現洗衣裳的人。他們特別害怕打雷，每當打雷時，他們把一切外人從他們的住所趕出去，用黑毯把自己包起來，這樣一直躲到雷聲過去。」（二七一頁）參觀史集第二卷成吉思汗的兒子窩闊台合罕紀第三部軼事一（八五—八六頁）、魯布魯克東行記第七章婦女的職責和工作（二一八頁）。

【補訂】長春真人西遊記卷下：「帝問以震雷事，對曰：『山野聞國人夏不浴於河、不浣衣、不造氊，野有菌則禁其採，畏天威也。此非奉天之道也。嘗聞三千之罪，莫大於不孝者，天故以是警之。今聞國俗多不孝父母，帝乘威德，可戒其衆。』上悦，曰：『神仙是言，正合朕心。』敕左右記以回紇字。師請徧諭國人，上從之。」

多桑蒙古史卷二附録一剌失德書所記拖雷攻金之役略云：「兹再引剌失德書蒙古兀良合部條之一節所言蒙古迷信之事於後：『蒙古兀良合部人欲止風暴，則詈天及雷電；其他蒙古部族則反是，設有雷鳴，則藏伏於廬帳中，懼不敢出。兀良合人不敢食雷殛動物之肉，并不敢近之。蒙古人以爲雷蓋出於一種類龍動物之身，其物自空而下，以尾擊地，蜿蜒吐火焰。據語言可信之蒙古人言，謂曾常見此事，并謂若有人以酒或馬湩，以乳或凝乳，散之地上，雷即降於家畜之身，尤以馬受害爲甚。凡灑酒於地者必能致雷，百不一失。其人以爲曝濕靴於太陽之下可以致雷，故藏之於廬帳中，閉其天窗，使之自干。其地多雷，人畏之甚，故以種種原因賦之。』」（三一三—三一四頁，參觀史集第一卷第一分册第四編第一章兀良合惕部落條，二五五—二五七頁。）

譯語：「虜稱天爲騰格力，極知敬畏。每聞雷聲硫磕則走匿，瞑目屏息，若將擊己。」（二二四頁）北虜風俗禁忌條云：「夷人原不知機祥之説，其所最忌者無過於痘瘡。凡患痘瘡，無論父母、兄弟、妻子，俱一切避匿不相見。調護則付之漢人，如無漢人，則以食物付之他所，令患痘者自取之也。至若夫妻之患痘也，必俟聞雷聲然後相聚，不聞雷聲，即終年避匿，如路人然。其地寒，患痘者少，視内地若火宅，不肯久留，慮患痘也。」（四庫存目二五五册，三三三頁）此記患痘夫妻聞雷聲始相聚，蓋彼以雷鳴爲天命也，與上引蒙韃備録所記以雷聲爲天叫同一心理。

## 34 其賞罰

其賞罰，則俗以任事爲當然，而不敢以爲功。其相與告戒，每曰其主遣我火裏去或水裏去，則與之去。言及饑寒艱苦者，謂之「觪」。觪者，不好之謂〔一〕。故其國平時無賞，惟用兵戰勝，則賞以馬，或金銀牌，或紵絲段〔二〕。陷城則縱其擄掠子女、玉帛，擄掠之前後，視其功之等差，前者插箭於門，則後者不敢入。有過則殺之，謂之「按打奚」〔三〕；不殺則罰充八都魯軍，猶漢之死士〔四〕。或三次、四次①，然後免其罪之至輕者，没其資之半②。

### 校記

① 四次，李本無此二字。

② 資，李本作「貲」。

## 注釋

〔一〕○勝案，心史大義略敘：「諸酋稱虜主曰『郎主』，在郎主傍素不識『臣』，唯稱曰『䚵奴婢』。『䚵』者，至微至賤之謂。又『歹』者，指其異心，亦惡逆之稱。」注：「䚵，音打。歹，都海切。」（鄭思肖集，一八二頁）鄭氏蓋以䚵、歹二字音義有別。按饑寒艱苦者，生存狀況惡劣也，故謂之䚵。不好之「䚵」即好歹之「歹」，爲蒙古語 ma'u（35 節音譯爲「冒烏」）之對譯。ma'u 亦有醜惡、庸鄙、下劣等義，與心史所述「䚵」、「歹」涵義相合。䚵、歹非蒙古語，徐復以爲源自藏文（參觀方齡貴一九九一，二四九頁卯兀條）。

【補訂】李思純以「歹」爲蒙古語「歹亦真」之省音，字形則從徐復研許齋字説，乃假借藏文第九字母，讀音如打也相近。其説歹略云：「文天祥指南録卷三上江難詩序：『至七里江，忽有巡者喝云，是何船，梢答以河魨船，巡者大呼云歹船，歹者北以是爲反側奸細。』……諸書中的解釋，黑韃事略作『饑寒艱苦』，指南録作『反側奸細』，集要作『悖德逆行』，可見歹字有他的本義，決不像後人凡不好都叫做歹的那樣泛稱。歹字的本義，可從蒙文本元朝秘史與漢文本對照而知。元朝秘史卷八『先投降的蔑兒乞，在老營内反了。』此處反字，蒙語爲『歹亦真』。同書卷六：『同帖木真反出的達達。』此處反字，蒙語爲『歹亦只周』。二字因語尾變化而不同，但都是『反逆』的意義，可知指南録所指的『反側奸細』，卻是歹字的本義，因漢人習聞此名稱，所以把他引伸作爲不好的通稱。……黑韃事略『冒烏』，元朝秘史作『卯危』……蒙古語『不好』的意義，應當是『卯危』；『反逆』的意義，應當是『歹亦真』，二字各有本義，不能混爲一談。……至於此字的形體，……今人徐復有正確的説明。……歸納上文，把歹字在漢語中發展的概括，依時代簡列如下：（一）南宋末期理宗紹定間（一二二九），爲漢人初聞蒙古語而譯作『觧』字的時期。（二）由紹定至南宋亡（一二七六），爲藏文字母譯寫『歹』，并混入漢文漢語的時期。（三）由元初至明初（一二七七—一三六八），將近百年，爲『歹』字轉成漢語通行的時期，流行迄今。」（原載一九四一年史學集刊一卷二期，此據川大史學李思純卷，二二二—三三三頁）

〔二〕○勝案，馬可波羅行紀第二卷第八十章：「大汗討滅乃顔以後，還其汗八里都城，大行慶賞。……兹欲述者，奬賞諸臣戰功之事。其爲百夫長有功者，升千夫長；千夫長升萬夫長；皆依其舊職及戰功而行賞。此外，賜以美麗銀器及美麗甲胄，加給符牌，並賜金銀、珍珠、寶石、馬匹，賜與之多，竟至不可思議。蓋將士爲其主盡力，從未見有如是日之戰者也。」（二〇〇四，三一二頁）

金銀牌又稱金銀符，元代因軍功賞賜金銀符牌，史多載之。授金虎符者，如元史卷一二三純只海傳：「純只海，散朮台氏。弱冠宿衛太祖帳下，從征西域諸國有功。歲癸巳，太宗命佩金虎符。」（十／三〇三〇頁）同卷塔不已兒傳：「塔不已兒，束吕糺氏。太宗時以招討使將兵出征，破信安、河南，以功授金虎符、征行萬户。」（十／三〇三四頁）授金符者，如卷一百二十四李楨傳：「（太宗）十年，從大將軍察罕下淮甸。楨以功佩金符，授軍前行中書省左右司郎中。」（十／三〇五一頁）授金銀符者，卷一百五十一邸順傳：「甲寅，舉部屬肖撤八、耨鄰之功以奏，上賜肖撤八、耨鄰金銀符，仍隸麾下。」（十二／三五七〇頁）

符牌按等第分依高下次序爲金虎符、金符、銀符。元史卷一百六十一楊大淵傳：「（中統）二年秋，調兵出通川，與宋將鮮恭戰，獲統制白繼源。秦蜀行省以大淵及青居山征南都元帥欽察麾下將校六十三人有功，言於朝。詔給虎符一、金符五、銀符五十七，令論功定官，以名聞。……（三年）秋七月，詔以大淵麾下將士有功，賜金符十、銀符十九，別給海青符二，俾事亟則馳以聞。其後賞合州之功，復賜白金五十兩。」（十二／三七七七—三七七八頁）同卷劉整傳：「中統二年夏，整籍瀘州十五郡、户三十萬入附。世祖嘉其來，授夔府行省，兼安撫使，賜金虎符，仍賜金銀符以給其將校之有功者。」（十二／三七八六頁）卷二百六叛臣傳李璮傳：「詔出金符十、銀符五授璮，以賞將士有功者，且賜銀三百錠，降詔獎諭。……既而來獻漣水捷，詔復獎諭，仍給金符十七、銀符二十九，增賜將士。」（十五／四五九一—四五九三頁）卷二百十外夷傳爪哇：「至元二十九年二月，詔福建行省除史弼、亦黑迷失、高興平章政事，征爪哇；會福建、江西、湖廣三行省兵凡二萬，設左右軍都元帥府二、征行上萬户四，發舟千艘，給糧一年、鈔四萬錠，降虎符十、金符

四十、銀符百、金衣段百端，用備功賞。」（十五／四六六五頁）

賞賜按功由銀符而升换金符，進而授金虎符。卷一百二十肖乃台傳：「兀魯台，中統三年，從石高山奉旨拘集探馬赤軍，授本軍千户。至元八年，授武略將軍，佩銀符。十年，攻樊城有功，换金符，武德將軍。」（十／二九六六頁）卷一五一張拔都傳：「子忙古台，從憲宗攻蜀釣魚山、苦竹二壘，冒犯矢石，屢挫而不沮，遂以勇敢聞。中統元年，賜銀符，預議砲手軍府事。尋易金符，爲行軍千户，從征襄樊有功，卒。」（十二／三五八〇頁）卷一六五張禧傳：「弘綱字憲臣，年十八，父禧爲主將所誣，繫獄，將殺之，弘綱直入獄中，獄卒併繫之。弘綱佯狂詭笑，守者易之，既寢，遂與其父逸去。後從其父攻城徇地，屢有功，自昭信校尉、管軍總把，佩銀符，换金符，爲千户，升總管、廣威將軍、招討副使，加定遠大將軍、招討使，襲鎮江陰。」（十三／三八六七—三八六八頁）卷一五二張晉亨傳：「（憲宗）欲賜晉亨金虎符，辭曰：『虎符，國之名器，長一道者所佩，臣隸忠濟麾下，復佩虎符，非制也。臣不敢受。』帝益喜，改賜璽書、金符，恩州管民萬户。中統三年，李壇叛，晉亨從嚴忠範戰於遥牆濼，勝之，改本道奥魯萬户。四年，授金虎符，分將本道兵戍宿州。」（十二／三五九〇頁）卷一六五張立傳：「中統初，從世祖北征，還，授管軍總把，賜銀符，進侍衛軍鎮撫，换金符，改侍衛軍千户。尋遷左衛親軍副都指揮使，賜金虎符。」（十三／三八七八）卷一六五完顔石柱傳：「父拿住，歸太祖，從征西域、河西，又從太宗攻下鳳翔、同州，有功，賜號八都兒，佩銀符，爲同州管民達魯花赤，改賜金符，兼征行千户，總管八都軍。憲宗以拿住年老，命石柱襲其職。己未，石柱從世祖征合剌章還，都元帥紐璘攻馬湖江，石柱奪浮橋，與宋兵戰，有功，賞白金七百五十兩。軍隆化縣，與宋兵戰，大敗之。中統二年，授征行萬户，佩金符。三年，從都元帥帖哥攻嘉定，有功，改賜金虎符。」（十三／三八八六頁）

因功授虎符、金符者，或同時賞賜璽印、馬匹、海東青、貂裘、金衣、錦緞、玉帶、弓矢、鎧甲、金銀、田地等，如卷一五一趙天錫傳：「七年，（趙賁亨）偕元帥劉整朝京師，命爲征行千户，賜金符及衣帶、鞍馬。」（十二／三五八四頁）卷一百二十九紐璘傳：「中統元年，世祖即位，紐璘入朝，賜虎符及黄金五十兩、白金二千五百兩、馬二匹。」（十／三一四四頁）卷一百五十郝和尚拔都傳：「庚子歲，太宗於行在所命解衣數其瘡痕二十一，嘉其勞，進拜宣德西京太原平陽延安五路萬户，易佩金虎符，以兵二萬屬之，復賜馬六騎，金錦、弓鎧有差。」（十二／三五五三頁）卷一百四十九耶律禿花傳：「後侍太祖，同飲班朮河水。從伐金，大破忽察虎軍。又從木華黎收山東、河北，有功，拜太傅，總領也可那延，封濮國公，賜虎符、銀印，歲給錦幣三百六十匹。」（十二／三五三二頁）卷一百四十七張柔傳：「甲寅，移鎮亳州。環亳皆水，非舟楫不達，柔甃城壁爲橋梁屬汴堤，以通商賈之利；復建孔子廟，設校官弟子員。入奏，帝悦，賜衣一襲、翎根甲一、金符九、銀符十九，頒將校之有功者。」（十一／三四七五—三四七六頁）卷一百六十七張立道傳：「遂授禮部尚書，佩三珠虎符，賜衣段、金鞍、弓矢以行。」（十二／三九一八頁）卷一百七十八梁曾傳：「召至京師，入見内殿，有旨令曾再使安南，授吏部尚書，賜三珠金虎符、襲衣、乘馬、弓矢、器幣。」（十四／四一三四頁）卷一百二十八土土哈傳：「（至元）二十一年，賜金虎符，并賜金貂、裘帽、玉帶各一，海東青鶻一，水磑壹區，近郊田二千畝，籍河東諸路蒙古軍子弟四千六百人隸其麾下。」（十／三一三三頁）卷一百二十四岳璘帖穆爾傳：「仳理伽普華度無以自明，乃亡附太祖，賜以金虎符、獅紐銀印、金螭椅一、衣金直孫校尉四人，仍食二十三郡。繼又賜銀五萬兩。」（十／三〇五〇頁）

〔三〕○王曰：大元馬政記：「太宗皇帝四年壬辰六月二十四日聖旨：西京路見管户計一千六百二十七户，每户辦槽一具，長五尺、闊一尺四寸蒙古中樣。各處備車牛，限七月十日以内，赴斡魯朵送納，不得違滯。如違，斷按答奚罪。准此。」

○勝案，按打奚，通制條格、經世大典站赤等又作「按答奚」、「案答奚」，元秘史作「呵勒答忽」，乃蒙古語 aldaqu 之對音，本意爲處罰、治罪。蒙古建國頒佈札撒（Jasaq，法令）後，詔敕所謂「斷按答奚罪」，指據札撒以外之蒙古習慣法（yūsūn）治罪。至元二十八年（一二九一）至元新格頒佈後，官方文書不見「按答奚」之譯名，而蒙語 aldaqu 則泛指以元律治罪。彭大雅誤以按打奚爲殺，非是。永樂大典卷一九四一六經世大典站赤云：「委係朝廷差去使命有牌子文字者，若不聽從之人，亦斷按答奚罪戾，仍處死。」參觀蔡美彪（二〇一一，二八八—二九五頁）、方齡貴通制條格釋詞五例之二釋「按答奚」（二〇〇四，一六六—一七〇頁）。

〔四〕○李曰：元史兵志：拔突，華言勇無敵也。拔突，與此略之「八都魯」對音。

○王曰：後村先生大全集一百四十一杜杲神道碑：「虜以八都魯硬軍斫排杈木，八都魯軍皆死囚，使之攻城自贖，所披甲以牛革十餘重爲之，設面簾以障矢。」

○勝案，元史卷九十九兵志二：「忠勇之士，曰霸都魯。勇敢無敵之士，曰拔突。」（八／二五二五頁）八都魯即霸都魯，又譯作八都兒、拔都魯、拔都兒、把阿秃兒等，八都魯軍即敢死隊。元史卷一六五完顏石柱傳：「父拿住，歸太祖，從征西域、河西，又從太宗攻下鳳翔、同州，有功，賜號八都兒，佩銀符，爲同州管民達魯花赤，改賜金符，兼征行千户，總管八都軍。」（十三／三八八六頁）八都軍即八都魯軍。

有軍功者，蒙古皇帝賜拔都（拔都兒、八都魯）爲名號，元史屢見之。如卷百一十七牙忽都傳：「祖父撥綽，睿宗庶子也。……撥綽驍勇善騎射，憲宗命將大軍，北征欽察有功，賜號拔都。」（十／二〇九八—二〇九九頁）卷百一十八特薛禪傳：「册之子曰哈兒哈孫，以平金功，賜號拔都兒。……有脱憐者，亦按陳之裔孫也……從族父按答兒秃征叛王乃顔有功，亦賜號拔都兒。……有答兒罕者，亦特薛禪之裔孫也，以從軍功，世祖亦賜以拔都兒之號。」（十／二九一八頁)卷一百二十一按竺邇傳:「金將汪世顯守鞏州,皇子闊端圍之,未下。遣按竺邇等往招之,世顯率衆來降。皇兄嘉其材勇,賞賚甚厚,賜名拔都,拜征行大元帥。」(十/二九八四頁)卷一百三十一完者都傳:「十三年春,入臨安,下揚州,皆有功。江南平,入見,帝顧謂侍臣曰:『真壯士也。』因賜名拔都兒。」(十一/三一九三頁)卷一百五十一張拔都傳:「張拔都,昌平人。歲辛未,太祖南征,拔都率衆來附,願爲前驅,遂留備宿衛。從近臣漢都虎西征回紇、河西諸蕃,道隴、蜀入洛,屢戰,流矢中頰,不少卻。帝聞而壯之,賜名拔都。」(十二/三五八〇頁)卷一百五十二楊傑只哥傳:「進攻徐州,金將國用安拒戰,傑只哥率百餘騎突入陣中,迎擊於後,大敗之,擒一將而還。皇太弟國王駐兵河上,見之,賜名拔都,授金符,命總管新附軍民。」(十二/三五九四頁)卷一百二十三拜顔八都魯傳:「拜顔八都魯,蒙古扎剌台氏,幼事太祖,賜名八都魯。」(十/三〇二三頁)

蒙古人名亦多用「拔都兒」、「拔都」,如八魯渾拔都兒(卷一百一十七,十/二九〇八頁)、苫徹拔都兒(卷一百二十三,十/三〇三一頁)、阿朮魯拔都兒(同卷,十/三〇三六頁)、艾貌拔都(卷一百二十三,十/三〇三九頁)、郝和尚拔都(卷一百五十,十二/三五五三頁)等。

34.1 霆見其一法最好,説謊者死①。

### 校記

①謊，原作「恍」，據諸本改。

## 35 其犯寇

其犯寇者殺之，没其妻子、畜産，以入受寇之家①。或甲之奴盜乙之物或盜乙之奴物②，皆没甲與奴之妻子、畜産而殺其奴及甲③，謂之斷案主〔一〕。其見物則欲，謂之「撒花」。予之，則曰「捺殺因」，韃語好也〔二〕。不予，則曰「冐烏」，韃語不好也〔三〕。撒花者，漢語覓也〔四〕。

### 校記

①受寇，陳本作「受寇者」。

②或甲之奴盜乙之物或盜乙之奴物，李本作「甲之奴盜乙之奴物」。

③畜産，原同沈本、羅本、陳本、六經堪本作「産畜」，據李本、王本改。

### 注釋

〔一〕○王曰：長春真人西遊記附録成吉思皇帝聖旨：「其外詐推出家、隱占差發的人，每告到官司，治罪斷案主者。」可知斷案主之刑，亦行於漢地矣。

〔二〕○王曰：元朝秘史三「柰勺卜」，「柰」旁注「好生」，「勺卜」旁注「是」，則「捺殺因」乃甚好之謂也。

○勝案，王箋所引見秘史原文第一二六節。

〔三〕○勝案，華夷譯語通用門：「好曰撒因（sayin），歹曰卯温（maqun）。」（五九頁）冒烏，秘史作「卯兀」、「卯危」，亦作「卯温」，乃蒙古語 ma'u、magu 之音譯（參觀方齡貴一九九一，二四六—二四九頁卯兀條）。

〔四〕○沈曰：楊瑀山居新話：「都城豪民，每遇假日，必以酒食招致省憲僚吏翹傑出群者款之，名曰『撒和』。凡人有遠行者，至巳午時，以草料飼驢馬，謂之『撒和』，欲其致遠不乏也。」又云：「取覓者，謂之『撒和穿鼻子』。」按彼「撒和」即此「撒花」。

○王曰：水雲集醉歌：「北軍要討撒花銀，官府行移逼市民。」

## 36　其騎射、其步射

其騎射，則孩時繩束以板，絡之馬上，隨母出入；三歲以索維之鞍，俾手有所執，從衆馳騁；四五歲挾小弓、短矢①；及其長也，四時業田獵，凡其奔驟也，跂立而不坐，故力在跗者八九，而在髀者一二②。疾如飆至，勁如山壓，左旋右折如飛翼。故能左顧而射右，不特抹鞦而已〔一〕。

## 校記

① 矢，原無，據諸本補。

② 一二，原同沈本、羅本、六經堪本作「三」，據武編前集卷五弓條引此節、李本、王本改。

## 注釋

〔一〕○勝案，抹鞦，向後射箭。武備志卷八十四：「馬箭之法有三：曰分（踪）〔騌〕，向前射也；曰對蹬，向傍射也；曰抹鞦，向後射也。此武士之長技也。」（九六四册，七〇頁）參觀李呈芬射經第十一馬射，四〇二頁；何汝賓兵録卷三，子九—三七九頁。

宋史一百九十五兵志：「（元祐四年）九月，樞密院奏：『異時馬軍教御陣外，更教馬射。其法，全隊馳馬直射皆重行爲『之』字，透空發矢，可迭出，最便利。近歲專用順鬃直射、抹鞦背射法，止可輕騎挑戰，即用衆乃不能重列，非便。請自今營閲排日，馬軍『之』字射與立背射隔日互教。』詔可。」（四八五九—四八六〇頁）

其步射①，則八字立脚②，步闊而腰蹲，故能力而穿札③〔一〕。

**校記**

① 按此節原同諸本皆單列，惟王本與上節連屬，德人 Olbricht 和 Pinks 譯注本亦據以列入第三六節，今從之。

② 立，李本無此字。

③ 力，李本、陳本作「有力」。

**注釋**

〔一〕○勝案，札，革甲之葉片，古革甲有七層，稱爲七札。左傳成公十六年：「潘尫之黨與養由基蹲甲而射之，徹七札焉。」（春秋左傳注八六六頁）

穿札猶言穿甲。韓詩外傳卷八第二十六章：「齊景公使人爲弓，三年乃成，景公引弓而射，不穿三札。景公怒，將殺弓人。弓人之妻往見景公曰：『蔡人之子，弓人之妻也。此弓者，太山之南，烏號之柘，燕牛之角，荆麋之筋，河魚之膠也。四物者，天下之練材也，不宜穿札之少如此。且妾聞奚公之車，不能獨走。莫耶雖利，不能獨斷，必有以動之。夫射之道，左手若拒石，右手若附枝，掌若握卵，四指如斷短杖，右手發之，左手不知，此蓋射之道。』景公以其言爲儀而射之，穿

七札。蔡人之夫立出矣。」（二九七—二九八頁）

36.1 霆見韃靼耆婆在野地生子〔一〕，纔畢，用羊毛揩抹，便用羊皮包裹，束在小車内，長四五尺①，闊一尺，耆婆徑挾之馬上而行②〔二〕。

## 校記

① 五，沈本、羅本、六經堪本作「直」，李本、陳本無此字。

② 挾，李本、沈本、陳本、章本作「扶」。

## 注釋

〔一〕○勝案，耆婆本爲印度名醫，此處當爲「老婆」之别稱，泛指婦女。

〔二〕○勝案，明蕭大亨北虜風俗生育條：「夷人産育男女，不似我中國護持。産時即裹以皮，或以氊。越三日方洗，洗畢仍裹之如前。是日椎牛置酒，召親戚鄰里會飲，名曰米喇兀。産母自初産時，即飲食如常，不避風寒。即所産之孩，亦不避風寒。母亦不甚懷抱，兒饑則乳，乳飽則以摇車盛之，置於帳之内，或帳之外。如晁錯所稱『風雨罷勞，饑渴不困』，中國之人弗與也。蓋自孩提而然哉。産時仍有媪收生，兒臍帶以箭斷之。無論男女，産畢，俱懸紅布并腰刀於門上，與懸弧

（結）〔設〕帨相似。」（四庫存目二五五册，三二六頁）可參觀。

## 37 其馬

其馬野牧，無芻粟，六月饜青草始肥①。牡者四齒則扇〔一〕，故闊壯而有力，柔順而無性，能風寒而久歲月。不扇則反是，且易嘶駭②，不可設伏。蹄鍥薄而怯石者，葉以鐵或以板，謂之腳澀〔二〕。凡馳驟勿飽。凡解鞍，必索之而仰其首③，待其氣調息平，四蹄冰冷，然後縱其水草。牧者謂之「兀剌赤」〔三〕，回回居其三，漢人居其七④。

### 校記

① 青草，李本同，問影樓本作「草」。

② 且，原同李本、沈本、陳本作「耳」，屬上讀。兹據羅本、六經堪本、王本、武編前集卷六馬條、武備志卷一百四十七軍資乘馬二虜產條引此節改。

③ 凡解鞍必索之而仰其首，李本作「凡鞍解而仰其首」，問影樓本作「凡鞍解必索之而仰其首」。

④ 居其七，武編、武備志作「居其一也」。

## 注釋

〔一〕○勝案，扇即騸，馬去勢也。騸馬，古多作「扇馬」。五代孫光憲北夢瑣言卷一非意致禍條：「周先帝命内臣李廷玉賜馬與南平王，且問所好何馬。乃曰：『良馬千萬無一，若駿者即可得而選。苟要坐下坦穩，免勞控制，惟扇庶幾也。既免蹄齧，不假銜枚，兩軍列陣，萬騎如一。苟未經扇，亂氣狡憤，介冑在身，與馬争力，罄控不暇，安能左旋右抽，舍轡揮兵乎？』自是江南蜀馬，往往學扇，甚便乘跨。」（二一九頁）扇，一作騸。新五代史卷二十四唐臣傳郭崇韜傳：「崇韜素嫉宦官，嘗謂繼岌曰：『王有破蜀功，師旋，必爲天子，俟主上千秋萬歲後，當盡去宦官，至於扇馬，亦不可騎。』」（一／二五〇頁）舊五代史作「騸馬不可復乘」。蒙古山水地圖嘉峪關西有扇馬城，明陳誠西域行程記作騸馬城（三三頁）。參觀林梅村二〇一一，一二三頁。

【補訂】韃靼史第一章：「大部分韃靼人輕靈敏捷，他們騎術高超。事實上，他們從小就受騎術的訓練，追趕馬群和其它動物群。當他們長大成人，他們在接連不斷的戰争中和他們的兄弟一起騎行。他們中没有一個人步行。……他們的婦女十分醜陋，像男人一樣騎馬。他們騎的馬……被閹割過，鼻孔開裂。」

〔二〕○王曰：腳澀之語，古已有之。五代史記四裔附録高居誨使于闐記：「自甘州西始涉磧，甘州人教晉使者作馬蹄木澀。木澀四竅，馬蹄亦鑿四竅而綴之，駝蹄則包以氂皮乃可行。」案杜工部詩云「驄馬新鑿蹄」，則唐人已有行之者矣。

○勝案，王注引杜詩爲送長孫九侍御赴武威判官：「驄馬新鑿蹄，銀鞍被來好。繡衣黄白郎，騎向交河道。」（參觀杜詩鏡銓卷三，一四三頁）然腳濯之用，唐以前已有之，顧學者尚未見有詳考者。

案吐魯番出土文書多所記足部用品，如北涼玄始九年（四二〇）隨葬衣物疏：「故絹遮一領，故絓襪一量（兩），故糸（絲）革鞮（履）一量（兩）。」建平六年（四四七？）苻長資父母墟墓隨葬衣物疏：「故履一枚，故遮一枚。」北涼承平十六年（四五八）武宣王沮渠蒙遜夫人彭氏隨葬衣物疏：「故帛練腳遮一枚。……故腳爪一囊。」（柳洪亮一九九七，二一一頁）高昌章和十八年（五四八）光妃隨葬衣物疏：「腳釋一枚，腳靡一枚，履一雙。」（吐魯番出土文書第一册一四四頁）、高昌義和四年（六一七）缺名隨葬衣物疏：「腳躧一兩，腳釋一。」（同上書三三二頁）高昌重光二年（六二一）張頭子隨葬衣物疏：「腳臁一具，腳釋一具，無根（跟）履一兩。」（同上書三七〇頁）高昌延壽九年（六三二）六月十日康在得隨葬衣物疏：「腳攝／欇一兩。」（新獲吐魯番出土文獻上册一〇一頁，攝或欇字原書未釋，作「腳□」）、唐顯慶元年（六五六）宋武歡移文：「腳赦。」（同上書一〇四頁）「遮」、「脚遮」、「腳釋」、「腳赦」、「腳攝／欇」，與「腳濯」皆音近，當爲同一詞之異寫。「遮」、「釋」、「赦」、「攝／欇」、「濯」用字不定，疑本當讀作「遮」或「蹠」（兩字古本通假），腳遮者護腳之具也，腳蹠即腳掌。或謂「澀」者乾澀也，腳澀可防滑耐磨，似亦可通。吐魯番出土衣物疏等文獻所見「腳釋」之屬皆爲人用而非畜用，沮渠蒙遜夫人彭氏墓出土以兩層素絹内填穀糠皮之條磚狀物，長三十釐米，寬十四釐米，高九釐米，置於墓主人腳後，論者謂即隨葬衣物疏之「腳遮」（參觀柳洪亮一九九七，一四九頁），可信。此腳遮寬大厚實，尺寸較一般鞋履爲大，且填以穀糠，蓋縛於足下以防寒或隔熱。腳釋即腳遮，學者或未因聲連類求之（彭金章二〇一一，一九三、一九五頁），或僅推測腳釋爲一種無跟鞋具（王啓濤二〇〇五，二二六頁），不確。高昌地處西北，地多沙漠，氣候惡劣，冬日祁寒，夏季酷熱，行於沙磧，宜用腳遮。腳遮固可用於耐磨防滑，其施之於騾馬、駱駝者，則以木板或鐵皮鑲裹蹄部，杜詩云「騎向交河道」，則鑿蹄新驄馬亦行於吐魯番高昌故地。

唐五代後文獻多稱「腳遮」爲「腳澀」、「馬腳澀」、「馬蹄澀」。蘇天爵國朝文類卷四十一軍器條：「軍需則糧鈔、衣帽、靴袴，至製燧、馬罵、馬蹄澀、漁網、斧鐮、鴉钁、渾脱之類是也。」注云：「軍需有馬腳澀。」楊寅秋臨臯文集卷四平播覆議機宜：「各營通計應用馬腳澀五百副，每副價七釐，該銀三兩五錢，發宋宣慰管下地方並大洛壩馬頭阿約等收買，徑解軍前。該腳澀七千箇，每千價二錢五分，於省城鐵匠收買。」腳澀有墊足之用，至引申而腳踏亦名腳澀，武經總要前集卷四：「飛梯用獨竿大竹，兩旁施腳澀以登躡。」（又見武備志卷一百八軍資乘攻一器具圖説一)腳澀俗又稱爲「馬掌」、「馬蹄鐵」，而爲馬蹄安裝腳澀，俗呼爲「打馬掌」或「釘馬掌」。今人皮鞋後跟加鐵片防磨損，亦名爲「打鞋掌」。

譯語：「辨胡馬：蹄堅而薄，跪毛長者，乍入塞不食穀草及菽者，腹纖細者，蹄缺以皮綴木片於上者，并是。」(二二八頁)

或以爲蒙古征服前馬蹄鐵是否出現於内陸亞洲尚無法確證，而蒙古時代鐵製馬掌亦偶然存在云云，蓋非的論也(參觀丹尼斯塞諾内亞的戰士，二〇〇六，一四三—一四四頁)。

【補訂】大谷文書四九一七號唐重光三年(六二二)缺名隨葬衣物疏：「[腳]蹠一具，靴一兩。」

韃靼史第一章：「他們騎的馬不釘馬蹄鐵，也不吃大麥，但是非常容易訓練，勤勞能幹，被閹割過，鼻孔開裂。」塞諾蓋據此立論。

〔三〕○李曰：元史兵志：「典(軍)〔車〕者曰兀剌赤，主馬者曰莫倫赤，牧羊者曰火(爾)〔你〕赤。」與此微異。○勝案，元史卷九十九兵志二：「典車馬者，曰兀剌赤、莫倫赤。」(八／二五二四頁)華夷譯語人物門：「馬夫曰兀剌赤(ulaci)。」(四五頁)兀剌一詞，即突厥語之ulaq與ulagh，蒙古語之ula'a，滿語之ula，意爲驛馬，大慈恩寺三藏法師傳譯作「鄔落」或「鄔落馬」。兀剌赤，即ulagh či，本意爲管理驛馬之人，又意爲車馬夫，此處意爲管理馬匹者。參觀Pelliot, Notes sur L'Histoire de la Horde d'Or, p. 34. 又伯希和突厥語與蒙古語中之驛站、中亞史地叢考四玄奘記傳中之二突厥語、丁國範釋「兀剌赤」、方齡貴(一九九一,四六—五二頁兀剌赤條)。

37.1 霆嘗考韃人養馬之法。自春初罷兵後,凡出戰好馬①,並恣其水草,不令騎動。直至西風將生②,則取而空之③,縶於帳房左右,啖以些少水草④。經月後膘落而實⑤,騎之數百里,自然無汗,故可以耐遠而出戰。尋常正行路時⑥,並不許其喫水草⑦,蓋辛苦中喫水草⑧,不成膘而生病,此養馬之良法。南人反是,所以馬多病也⑨〔一〕。其牡馬,留十分壯好者作移剌馬種外,餘者都扇了⑩,所以無不强壯也。移剌者,公馬也,不曾扇,專管騍馬群,不入扇馬隊〔二〕。扇馬、騍馬,各自爲群隊也。凡馬多是四五百疋爲群隊,只兩兀剌赤管,手執雞心鐵檛以當鞭箠⑪〔三〕,馬望之而畏。每遇早晚,兀剌赤各領其所管之馬,環立於主人帳房前⑫,少頃各散去⑬。每飲馬時,其井窟止可飲四五馬,各以資次先後〔四〕,于于而自來⑭〔五〕,飲足而去,次者復至⑮。若有越次者,兀剌赤遠揮鐵檛⑯,俯首駐足,無或敢亂⑰,最爲整齊。其騍馬群,每移剌馬一匹,管騍馬五六十匹⑱,騍馬出群,移剌馬必咬踼之使歸,或他群移剌馬逾越而來，此群移刺馬必咬踢之使去，摯而有別，尤爲可觀。

## 校記

①好馬，李本作「歸」。

②生，羅本、六經堪本、王本作「至」。

③空，武編前集卷六馬條、武備志卷一百四十七軍資乘馬二虜産條引此節同。李本、沈本、羅本、六經堪本、王本作「控」，問影樓本作「鞚」。「空」當讀去聲，參觀本節注〔一〕。

④以，武備志作「其」。些少，章本作「少些」。

⑤後，李本、章本無此字。實，陳本作「日」，則屬下讀爲「而日騎之數百里」。

⑥時，武編、武備志無此字。

⑦喫，武備志作「食」。

⑧中，章本作「時」。

⑨馬，李本無此字。

⑩都，沈本作「多」。

⑪檛，沈本、羅本、六經堪本、王本、武編、武備志作「撾」。

⑫主人帳房，沈本、羅本、六經堪本作「主人之帳房」。

⑬散去，李本作「散」。

⑭于于而自來，王本同。沈本、羅本、六經堪本無「而」字。李本無「于于而」三字，問影樓本無「于于而自」四字。

⑮次者，李本作「次日」，蓋「者」字殘缺而訛。復，羅本、六經堪本作「後」。

⑯檛，沈本、羅本、六經堪本、王本、武編、武備志作「撾」。

⑰或敢，陳本作「敢或」。

⑱五六十，武編、武備志作「五十」。

## 注釋

〔一〕○勝案，譯語：「虜馬逮秋而肥，以齧草實也。將入寇則繫於他所，絶不餧飼，謂之空（去聲）馬。以肥則脂膜厚而不善馳，故少損其臕。然傷胃，中須少留草滓乃可，否則即死。」（二二六頁）北虜風俗牧養條：「凡馬至秋高則甚肥，此而急馳驟之，不三舍而馬斃矣，以其臕未實也。於是擇其尤良者，加以控馬之方。每日步馬二三十里，俟其微汗，則縶其前足，不令之跳蹈躑躅也。促其銜轡，不令之飲水齕草也。每日午後控之至晚，或晚控之至黎明，始散之牧場中，至次日又復如是。控之至三五日，或八九日，則馬之脂膏，皆凝聚於脊。其腹小而堅，其臀大而實，向之青草虚臕，至此皆堅實凝聚，即盡力奔走，而氣不喘，即經陣七八日，不足水草而力不竭。我中國不知控馬之(不)〔方〕，往往乘肥馬以涉遠道，則馬之死者十而九矣。故馬不在肥，在肥而實，相馬以肥，則騏驥不御，有以也。」（四庫存目二五五册，三三四頁）

〔二〕○勝案，移剌，又譯爲曳剌、拽剌。契丹語，本意爲健兒、勇士。（參觀蔡美彪曳剌之由來及其演變，遼金元史十五講，二三七—二三八頁。又孫伯君、聶鴻音契丹語研究一二〇頁）。後亦引申爲差役皂隸之徒，至順鎮江志卷十三公役之皂隸條：「曳剌六名。經歷、知事、照磨，各二名。」至元譯語鞍馬門：「騸馬曰阿忽答，曳剌（泰定本作移剌）馬曰阿只兒海。」（三頁）華夷譯語鳥獸門：「騸馬曰阿黑塔（aqta），兒馬曰阿只兒哈（ajirqa）」（三〇頁）。爾雅釋畜：「牡曰騭，牝曰騇。」郝懿行義疏：「今東齊人以牡爲兒馬，牝爲騍馬。」可知移剌馬、兒馬即公馬，非謂移剌即公馬也。騍馬即母馬，余繼登典故紀聞卷十八：「種馬養在民間，一兒四騍，此祖宗定制，不可輕易。」（三二七頁）

騍馬源出課馬，唐六典卷十七：「凡馬以季春游牝，其駒、犢在牧，三歲別群。馬牧牝馬四游五課，駞四游六課，牛、驢三游四課，羊三游四課。」注略云：「四、三者，皆言其歲而游牝也，羊則當年而課之。其課各有率，謂牛、馬、驢之牝百，而歲課駒、犢各以六十；馬二十則不課。」（四八六頁）元和郡縣圖志卷三關内道三平高縣條：「監牧地，東西約六百里，南北約四百里。天寶十二年，諸監見在馬總三十一萬九千三百八十七匹，内一十三萬三千五百九十八匹課馬。」（五九頁）宋孔平仲孔氏雜説：「俗呼牝馬爲課馬，出唐六典：『凡牝，四游五課，羊則當年而課之。』課謂歲課駒犢。」（南村輟耕録卷七課馬條同，八八頁）趙翼陔餘叢考卷四十三騍馬騸馬驏馬條：「俗以牝馬爲騍馬，非騍字也。輟耕録謂『課馬』之誤：『唐六典：『凡牝，四游五課，羊則當年而課之。』課者，歲課駒犢也。』是騍馬應作課馬也。按顔師古匡謬正俗云：俗呼牝馬爲草馬，以牝少用，常放草中，不飼以芻豆，故云。然則唐以前本呼牝馬爲草馬，及牧監設課後，遂呼課馬，後人又易以馬旁爲騍馬耳。」（九二九頁）案，匡謬正俗卷六草馬條云：「其牝馬唯充蕃字，不暇服役，常牧於草，故稱草馬耳。」（七六頁）蒙古秘史八七節：「搜的人去了後，鎖兒罕失剌對帖木真説：『你險些將我斷送得煙消火滅，如今你母親兄弟行尋去。』與了他一箇無鞍子甘草黄、白口不生駒的課馬，再煮熟了一箇喫兩母乳的肥羔兒，皮桶裏盛着。與了馬妳子，更與了一張弓、兩隻箭，不曾與他火鐮，這般打發教去了。」課馬，十五卷本作騍馬。

原本老乞大：「這曳剌馬、騸馬：赤馬，黄馬，鷰色馬，栗色馬——黑綜（鬃）馬，白馬，黑馬，灰馬，土黄馬——繡膊馬，白臉馬，五明馬，桃花馬，青驄馬——豁鼻馬。騍馬：懷駒馬，環眼馬，乖驕馬，煙（薰）〔熏〕馬。這馬牛行花塔步，竄行馬，鈍馬，眼生馬，撒蹶的馬，前（失）〔跌〕的馬，口硬馬，口軟馬。這些馬裏頭，歹的十箇：一箇瞎，一箇跛，一箇蹄歪，一箇磨硯，一箇打破脊梁，一箇（熟蹶）〔熱瘸〕，一箇疥，三箇瘦。只有五箇好馬。」（圖版二三左，一八四頁）

〔三〕○勝案，馬鞭亦名馬檛（或馬撾）。杜牧池州送孟遲先輩：「九衢林馬撾，千門織車轍。」（樊川詩集注卷一，九二頁）鐵檛又稱鐵撾，兵器名，即鐵杖。資治通鑑卷二百六唐紀二十二久視元年（七〇〇）條：「太后怒曰：『卿所言，朕飫聞之，無多言！太宗有馬，名師子驄，肥逸無能調馭者，朕爲宫女侍側，言於太宗曰：『妾能制之，然須三物，一鐵鞭，二鐵檛，三匕首。鐵鞭擊之不服，則以檛檛其首，又不服，則以匕首斷其喉。』太宗壯朕之志。今日卿豈足污朕匕首邪！』」（一四册，六五四四頁）宋史卷二百七十四王繼勳傳：「繼勳有武勇，在軍陣，常用鐵鞭、鐵槊、鐵檛，軍中目爲『王三鐵』。」（九三五四—九三五三頁）

宋人或以爲檛即骨朵，宋祁宋景文公筆記卷上釋俗條云：「國朝有骨朵子直，衛士之親近者。予嘗修日歷，曾究其義。關中人謂腹大者爲胍肫，上孤下都，俗因謂杖頭大者亦爲胍肫，後訛爲骨朵。朵從平聲，然朵難得音。今爲軍額，固不得改矣。」趙彦衛雲麓漫鈔卷二：「軍額有御龍骨朵子直，宋景文公筆記云『關中謂大腹爲孤都，語訛爲骨朵。』非也。蓋撾（一作檛）字古作菒，嘗飾以骨，故曰骨菒。後世吏文略去草而只書朵，又菒、朵音相近，訛而不返。今人尚有撾（一作檛）劍之稱，從可知矣。」（二五頁）程大昌演繁露卷十二骨朵條：「宋景文公筆録謂俗以撾爲骨朵者，古無稽據。國朝既名衛士執撾扈從者爲骨朵子班，遂不可攷。予按字書，簻、撾皆音竹瓜反，通作簻，簻又音徒果反。簻之變爲骨朵，正如『而已』爲『爾』、『之乎』爲『諸』之類也。

然則謂撾爲骨朵，雖不雅馴，其來久也。」（一〇一頁）

按，馬鞭亦稱⿱竹朵、簻，説文解字卷五上竹部：「⿱竹朵，箠也。從竹，朵聲。」段玉裁注：「⿱竹朵、檛古今字，亦作簻。左傳『繞朝贈之以策』，杜預曰『馬檛也』。檛，婦翁字，本從木，後人又改從手。」玉篇竹部：「簻，竹瓜切。箠也。亦作檛、⿱竹朵。」又「⿱竹朵，同上。又徒果切，竹名。」（七〇頁）故骨朵之朵字，本當從竹，俗寫訛作朵。又疑「骨朵」爲「過」字之反切音，簻、檛、撾古皆從「過」字得聲。而後世以鐵檛名鐵杖，故又呼爲骨朵矣。蒙古人亦用骨朵，馬可波羅行紀第一卷第六九章：「其兵器有弓箭、劍、骨朵，然常用弓，緣其人善射，世無與比。」（二〇〇四，二四六頁）。雞心鐵檛，當即杖頭爲雞心槌之骨朵。

〔四〕〇勝案，資次，次序、次第。晦菴先生朱文公文集卷第十六奏推廣御筆指揮二事狀：「臣愚欲望聖慈特詔大臣一員，專督理官，嚴立程限，令將諸州奏案，依先後資次，排日結絶。」（朱熹集第二册，六三二頁）洗冤集録卷三第十八論沿身骨脈及要害去處：「其肋骨共二十四莖，左右各十二莖，分左右，係左第一、左第二、右第一、右第二之類，莖莖依資次題訖。」（四八頁）

〔五〕〇勝案，于于，相屬貌。于于而來，猶言絡繹而來。元蒲道源閒居叢稿卷一閒居記事：「凌晨出求糴，于于如櫛比。暮歸持空囊，菜色皆相似。」三朝北盟會編卷六：「皇帝惻然念之，乃命［童］貫領重兵百萬，救燕人於水火。靈旗北指，漸次燕圻。天地神人，莫不悦喜，于于而來者，如水之

就下沛然，孰能禦之？」（四一頁上）

## 38 其鞍轡

其鞍轡輕簡，以便馳騁，重不盈七八斤。鞍之雁翅①，前豎而後平，故折旋而膊不傷②。鐙圓，故足中立而不偏。底闊，故靴易入。綴鐙之革③，手揉而不硝④〔一〕，灌以羊脂，故受雨而不斷爛⑤；闊不踰一寸⑥，長不逮四總⑦〔二〕，故立馬轉身至順⑧。

### 校記

① 雁翅，李本此下有「齒」字。

② 膊，李本無此字。

③ 之，李本、陳本作「以」。

④ 手揉而不硝，李本作「故手柔而不滑」，陳本作「故手揉而不滑」。

⑤ 受雨，原同李本、沈本、羅本、陳本作「不受雨」，據六經堪本、王本改。

⑥ 不，羅本、六經堪本、王本作「才」。

⑦ 長不逮，陳本作「長逮」。總，原作「揔」，沈本、六經堪本作「摠」，皆「總」之異體字。今從通行繁

體字。

⑧至，原同沈本、羅本、六經堪本作「之」，李本、陳本作「極」，據王本改。

**注釋**

〔一〕○勝案，此處「硝」讀去聲，堅硬也。

〔二〕○勝案，四總即四束、四握、四把，蓋四拳之距離。

## 39 其軍①

其軍，即民之年十五以上者，有騎士而無步卒，人二三騎②，或六七騎，五十騎謂之一糾③。都由切，即一隊之謂〔一〕。武酉切④。健奴自鳩爲伍，專在主將之左右，謂之八都魯軍〔二〕。曩攻河西、女真諸國，驅其人而攻其城。

**校記**

①原此節與上節連屬。諸本據文意另起段落，兹據調。

②二，李本同，沈本作「人」，蓋誤爲「二」重文號所致。

③糾，問影樓本、王本同，李本、沈本、羅本、六經堪本作「糾」。參觀本節注〔一〕。

④武酋切，原爲正文大字，疑爲注反切音，後注文小字竄入正文。諸本皆無「切」字，與下文連讀爲「武酋健奴」。今改作注文小字。參觀本節注〔一〕。

## 注釋

〔一〕○李曰：糾當作糺。此作都由切，則讀如糺縵之糺。考之遼金元時多用此字，未詳其音。惟遼史營衞志迪輦祖里，世表亦作迪輦糺里，又作迪輦俎里。是糺字與祖、俎聲轉也。今俗以劄營字或作紮字，即此義。是當時只讀札音，不作糾音也。此注或非徐霆自注。金史兵制志有乣軍，又見地理〔志〕詳穩九處，如咩乣、木典乣之屬是也。百官志有諸乣詳穩，此皆在元史之前者也。○勝案，此條李注僅見於上圖鈔本，問影樓本無。李注引遼史世表「迪輦糺里」，實爲「迪輦組里」（中華書局本四／九五〇頁），不作「糺」字。李氏所見不知何本。

又案，紏，集韻卷六厚韻他口切：「紏，絲黃色。」與此節注「都由切」音相合。糾，廣韻卷三黝韻糾小韻：「糾，督也，恭也，急也，戾也。俗作糺。居黝切。」集韻：「糾，吉酉切。說文：『繩三合也。』或作糺。」下文「武酋切」三字，疑爲注「糾」字之反切音，與「都由切」注「紏」之反切音者，皆讀是書者所加。注「武酋切」者，蓋以「紏」爲誤字，當作「糾」。按「武酋」意即魁帥，與下文「主將」重複，有語病。頗疑「武酋切」爲「吉酉切」之訛（武字草書與吉字形近），此注竄入正文，後人不省，删去「切」字，改「武酋」以與「健奴」對文連屬。

〔二〕○王曰：三朝北盟會編三：「女真初起時，率皆騎兵。……每五十人分爲一隊，前二十人（全）〔金〕裝重甲持棍槍，後三十人輕甲操弓矢。」秘史九：「一千選揀的勇士，教阿兒孩合撒兒管者，平時只做散班，出征時教前面做勇士者。」蒙文勇士爲把阿秃兒。○勝案，「女真初起時」，原文作「初叛之時」（一九頁下）。所引秘史見二二六節。散班即侍衛，八都魯軍猶近衛軍、敢死隊，參觀34節注〔四〕。

39.1 霆往來草地，未嘗見有一人步行者，其出軍頭目，人騎一馬，又有五六疋或三四疋馬自隨，常以準備緩急，無者亦須一二疋。

## 40 其軍器

其軍器，有柳葉甲〔一〕、有羅圈甲。革六重〔二〕。有頑羊角弓〔三〕。角面連靶，通長三尺。有響箭，即鳴鏑也。有駞骨箭、有批針箭①〔四〕，剡木以爲栝，落鵰以爲翎〔五〕。有環刀，效回回樣〔六〕，輕停而犀利②，靶小而褊，故運掉也易〔七〕。有長、短槍〔八〕，刃板如鑿③，故着物不滑，可穿重札。有旁牌④〔九〕，以革編篠⑤〔一〇〕，否則以柳〔一一〕，闊三十寸，而長則倍於闊之半。有團牌〔一二〕，特前鋒臂之，下馬而射，專爲破敵之用。有鐵團牌，以代兜鍪，取其入陣轉旋之便。有拐子木牌，爲攻城避砲之具〔一三〕。每大酋頭項各有一旗，只一面而已，以次人不許置。常捲常偃⑥，凡遇督戰，纔舒即卷。攻城則有砲，砲有棚，棚有網索⑦，以爲挽索者之蔽⑧。向打鳳翔，專力打城之一角，嘗立四百座〔一四〕。其餘器具，不一而足。論其長技⑨，弓矢爲第一，環刀次之。

## 校記

① 批，沈本、陳本、章本作「梅」。
② 輕停，李本、陳本作「輕便」。
③ 刃，沈本、羅本、六經堪本、陳本作「刀」。板，羅本、六經堪本、王本作「扳」。
④ 旁，李本、陳本作「防」。
⑤ 蓧，羅本、六經堪本、王本作「篠」，李本、陳本作「緣」。
⑥ 偃，羅本、六經堪本作「掩」。
⑦ 網索，李本作「綱索」。
⑧ 蔽，原無，據諸本補。

⑨論，李本無此字。

## 注釋

〔一〕○勝案，柳葉甲，蓋甲片爲柳葉狀故名。宋李廌濟南集卷三作塞上射獵行：「紫髯將軍柳葉甲，銀騣護闌白玉勒。」柏朗嘉賓蒙古行紀第六章第八節：「某些人還擁有用下法製造的一些鐵製品：他們製造了一種只有一指寬和手掌長的薄鐵片，而且要準備相當大的數量。在每塊鐵片上又鉆八個小孔，作爲支撐物又要取三條狹窄而堅實的皮帶，然後可以説是像階梯一般地再將鐵片疊壘起來，再用細皮帶從小洞中綁紮在皮帶上。在鐵片的一端，再穿過一條皮綫（這條皮綫要置於兩端），并且以另一根皮綫而固定住，以至於使鐵片非常結實地綁在一起。所以在某種程度上形成了統一的一條鐵片，他們然後再將這一切統統縛在一起以作我們上文所講的那種物品。這些製造物既可以作爲他們的馬甲，也可以作爲人的甲胄，他們將他擦得浄光鋥亮，甚至可以從中照鏡子。」（六三—六四頁）所謂「只有一指寬和手掌長的薄鐵片」似即柳葉甲。

水滸傳第八十八回記遼軍：「左軍盡是青龍旗，一代也有七座旗門，每門有千疋馬，各有一員大將，怎生打扮？頭戴四縫盔，身披柳葉甲，上穿翠色袍，下坐青騣馬。」（七八三頁）第八十四回記遼耶律得重四子披掛：「頭戴鉄縵笠戧箭番盔，上拴純黑毬纓。身襯寶圓鏡柳葉細甲，繫條獅蠻金帶。」（七五二頁）可參觀。

〔二〕○勝案，羅圈即圓圈，羅圈甲者，甲片爲圓形，與柳葉甲之長甲片不同。注云「革六重」，蓋製以牛皮六層。宋周應合景定建康志卷三十九武衛志二寶祐三年至六年（一二五五—一二五八）條載「羅圈皮甲二副」，與此略所記同爲皮甲。元史卷一百三十一速哥傳：「速哥亦以壯勇居軍中，歲甲寅（一二五四），憲宗命從都元帥帖哥火魯赤等入蜀。乙卯（一二五五），萬户劉七哥、阿剌魯阿力與宋兵戰巴州，失利，陷敵中。速哥馳入其軍，奪劉七哥等以歸。以功賜白金五十兩、馬二四、紫羅圈甲一注。」（十一／三一八一頁）所云紫羅圈甲似亦爲皮甲，然元人亦有鐵羅圈甲。元史卷十五世祖本紀十二至元二十五年（一二八八）十月條云：「丙子，始造鐵羅圈甲。」（二／三一六頁）

【補訂】韃靼史第一章：「他們的甲胄是用皮革製成，上覆層層疊疊的鐵片，皮革和鐵片上上下下覆蓋了他們的雙臂。這樣，他們彎弓射箭時，他們就能把右臂從甲胄中完全伸出，引弓之後就縮回甲胄之中。但是只有他們的貴族、士兵的首領、旗手和其他重要人物身披甲胄，即他們之中不到十分之一的人身披甲胄。」

〔三〕○勝案，角弓，獸角所製弓，先秦時代已有之。唐六典卷十六：「弓之制有四：一曰長弓，二曰角弓，三曰稍弓，四曰格弓。弩之制有七：一曰擘張弩，二曰角弓弩，三曰木單弩，四曰大木單弩，五曰竹竿弩，六曰大竹竿弩，七曰伏遠弩。」注云：「角弓以筋角，騎兵用之。……角弓弩，騎兵所

用。」（四六一頁）

頑羊即羱羊。譯語：「其土産……曰羱羊，爾雅云『似吴羊而角大』，疑即黄羊。曰角端，漢書云『似牛，角可爲弓』，世謂角端弓。」（二二三頁）楚石北游詩開平書事十二之四：「胡女裁皮服，奚兒挽角弓。」（八〇頁）水滸傳第八十四回記遼兵裝束：「羊角弓攢沙柳箭，虎皮袍襯窄雕鞍。」（七五二頁）

〔四〕○沈曰：至元譯語有鈚子箭、三尖。「鈚子箭」，武備志譯語作「鎞子箭」。李本「批鍼」，當即「鈚子」也。

○勝案，唐六典卷十六：「箭之制有四：一曰竹箭，二曰木箭，三曰兵箭，四曰弩箭。」注云：「方言曰：『自關而東謂之矢，江淮之間謂之鏃，關西謂之箭。』其本曰鏑，體曰幹，其旁曰羽，其矢末曰栝，其栝旁曰叉。又通俗文曰骨鏃，曰骲鐵鏃，曰鏑鳴箭，曰骹靃葉，曰鈚，皆古之制也。竹箭以竹爲笴，諸箭亦通用。木箭以木爲笴，唯利射獵。兵箭剛鏃而長，用之射甲。弩箭皮羽而短，用之陷堅也。」（四六一頁）

駝骨箭，箭鏃以駝骨爲之者，非鐵鏃也。下文徐霆疏謂「箭鏃則以骨，無從得鐵」，可證。

批針箭，沈本作「梅鍼箭」。曹校云：「梅鍼箭，見欽定元史國語解。」按原本老乞大：「再買幾隻箭。這鈚子、虎爪、鹿角樸頭、響樸頭、艾葉、柳葉、迷針箭。這箭笴是竹子的，這（的）〔鏑〕

是木頭的。」(圖版二八左，一七二頁)老乞大集覽下：「鈚子，質問云：『箭鏃極寬大且長。』虎爪，質問云：『箭鏃上有鉤如虎爪。』艾葉，質問云：『箭鏃寬長有鋸齒，如艾葉樣。』柳葉，質問云：『箭名。細尖而長，如柳葉樣。』迷針，質問云：『箭名。細尖而長，如針馬迷針樣。』」(見朝鮮時代漢語教科書叢刊第三册，一一〇六—一一〇七頁)響樸頭箭即響箭。迷針箭當即梅鍼箭，「迷」爲「梅」之音訛。事略「批針箭」疑爲「鈚子箭、梅針箭」之訛脱。至元譯語：「鈚子曰克不里，三尖子曰遏曹馬。」(五頁)武備志譯語：「箭曰速木。鎞子箭曰可秃速木。」(一五九—一六〇頁)

欽定大清會典圖卷九十四武備四弓箭一：「皇帝大閱箭三，皆楊木爲笴。其一曰鈚箭，長三尺一寸，鐵鏃長三寸。薄而闊，鏤金藻文，笴首飾黑桃皮，皁鵰羽，括髹朱。其一曰梅鍼箭，長三尺，鐵鏃長三寸八分。厚而前鋭後脩，笴首飾黑桃皮，皁鵰羽，羽閒朱，括旁裹緑繭。」(續修四庫七九六册，六五頁)可參觀。

〔五〕○勝案，欽定大清會典圖卷九十四武備四弓箭一：「凡箭制，笴用木爲質，取圓直之桿削成之。別用數寸之木，刻槽一道曰箭端。笴必取範於端，以均停其首尾，刻銜口以駕弦曰括。其端受鏃，冶鐵爲之。施於教閲者曰骲箭，以寸木空中鏤竅，發則受風而鳴，又謂之響箭。鏃上加骨角小哨者曰鳴鏑。翦雕鶴翎三，膠粘箭括之上，曰箭羽。」(續修四庫七九六册，六五—六六頁)水

滸傳第八十三回記遼兵裝束：「帶一張鵲畫鐵胎弓，懸一壺雕翎鈚子箭。」（七四六頁）

〔六〕○沈曰：武備志譯語：「腰刀曰允都。回回腰刀曰撒兒陶允都。」

○勝案，環刀即腰刀。朴通事諺解中：「今日上直去，你將鋪蓋送去。那廝，你也將那箭袋裏插三十根箭，弓袋裏插一張弓，盔甲一副，環刀一口，都一打裹將到直房等我著。」朴通事新釋諺解卷二「環刀」作「腰刀」（見朝鮮時代漢語教科書叢刊第三册，九〇三頁、一三〇五頁）。

環刀，古籍又作「鐶刀」。元典章兵部卷二典章三十五軍器雜例禁約擅造軍器條云：「元貞元年四月，行中書省：準中書省咨：『刑部呈：賀安等告東平路達魯花赤咬童不公數内，成造胖襖、皮甲、衣甲、鐶刀、箭隻、槍頭等物。除外，今後如有達魯花赤、各投下似此成造軍器、胖襖等物，隨即牒報所在衙門，申覆上司，無令擅自成造。乞照詳。』」（二/一二三一—一二三三頁）參觀通制條格卷二十七雜令之擅造兵器條（方齡貴二〇〇一，六一六—六一七頁）。虞集道園類稿卷三十八曹南王勳德碑：「丁未，命爲本省參知政事，賜黄金五十兩、玉帶一、鑌鐵鐶刀一。」（虞集全集一〇二四頁）。回回樣，當指敘利亞、埃及等地流行之刀劍，元史卷四十三順帝紀所載之「米西兒（misir）刀」即屬此類（參觀黄時鑑元代扎你别獻物考）。

〔七〕○勝案，「輕停」不詞，「輕」疑當讀作「莖」，刀劍後部連接柄靶者。停通亭，直也。

刀靶，即刀把。北齊書徐之才傳：「又有以骨爲刀子靶者，五色班斕。」（四四六頁）周密雲煙過眼録卷一鮮于伯幾樞所藏條：「骨咄犀，乃蛇角也，其性至毒，而能解毒，蓋以毒攻毒也，故又曰蠱毒犀。然唐書有骨都國，必其地所産，今人訛爲骨咄耳。葉森于延祐庚申夏見其子必明，將骨咄犀刀靶二來看者，即此也。」（一一頁）

運掉，謂運動掉轉。杜牧樊川文集卷五論守：「大曆、貞元之間，盡反此道，提區區之有，而塞無涯之争，是以首尾指支，幾不能相運掉也。」（九五頁）李綱梁溪集卷一百四十九論節制之兵：「兵之有節制，猶之一身其筋骸之束歟！故以身運臂，以臂使指，屈伸把握，無不在我，然後可以應物而捍患；苟筋骸之散而臂不能相運掉，則亦無所事事矣。」（李綱全集，一四〇六頁）

〔八〕○勝案，武經總要前集卷十三：「梭槍，長數尺，本出南方。蠻獠用之，一手持旁牌，一手摽以擲人，數十步内，中者皆踣。以其如梭之擲，故云梭槍，亦曰飛梭槍。」

【補訂】韃靼史第一章：「他們戴著像貝殼一樣重疊的皮革製的帽子，像薩拉森人一樣持一臂長的單刃短劍。他們不曉得在格鬥中使用刀子，也不攜帶在外。他們不懂得如何使用盾和長矛。當他們使用長矛的時候，他們就從兩邊擊打，他們用捆在長矛頂端的繩索將長矛挽在胳膊上。一些人甚至在長矛的末端按上鉤子。但是他們尤其依賴弓箭和戰馬的迅疾。」

〔九〕○勝案，旁牌，亦作「旁排」、「彭排」，即盾牌。旁牌爲長方形，爲步兵所用。急就篇：「矛鋋鑲盾刃刀鉤。」顔師古注：「盾，一名㕔，亦謂之干，即今旁排也。」釋名卷七釋兵：「以犀皮作之曰犀盾，以木作之謂之木盾，皆因所用爲名也。彭排，彭，旁也。在旁排敵禦攻也。」玉篇：「櫓，彭排也。」（六三頁）宋史卷一百四十八儀衛志六鹵簿儀服：「盾，旁排也。」（三四六九頁）唐六典卷十六：「彭排之制有六：一曰膝排，二曰團牌，三曰漆排，四曰木排，五曰聯木排，六曰皮排。」（四六二頁）

旁牌本出於南方，多與標槍配合使用。續資治通鑑長編卷五十一：「先是，太宗聞南方多以標槍、旁牌爲兵器，命有司製之。」建炎以來繫年要録卷一百七十：「占城者，在中國之西南。東至大海，西南至真臘，北至交趾之驩州，東北至吉陽軍。所統大小州三十八，通不盈三萬家。其戎器以標槍、旁牌、竹弦弓、無翎箭。」（二七七七頁）武經總要前集卷九雜敘戰地：「南方夷蠻，其性剽悍狠怒，樂爲盜賊而勢不能堅，惟用標槍、旁牌、飛刀、環刀、木弩以爲兵械。」

〔一〇〕○勝案，蓧、篠本爲草、竹之名，又皆爲古農具名。此處蓧（或作篠）當讀爲條。宋程俱北山小集卷一即事戲作略云：「老烏作巢一何拙，柳條垂絲今禿缺。銜枝復墮苦饒舌，編條作巢枝錯節。」自注：「齋前數柳樹，爲老烏取新條作巢幾盡。」絛意爲繩索，李本、陳本作「以革編絛」亦通。

〔一一〕○勝案，旁牌多以柳條編製，宋史卷一百九十七兵志十一器甲之制：「（康定元年，一○四○）八月，詔陝西製柳木旁牌。」（一四／四九一一頁）柏朗嘉賓蒙古行紀第六章第一○節：「他們還擁有用柳枝或小木棍製成的盾牌。」（六四頁）

〔一二〕○勝案，團牌即圓形盾牌。步兵持長牌，騎兵則操圓牌。太白陰經卷四器械篇：「牛皮牌：二分，二千五百面；馬軍以團牌代，四分支。」（一二五頁）武經總要前集卷十三：「步兵牌長可蔽身，内施槍木，倚立於地。騎牌正圓，施於馬射，左臂繫之，以捍飛矢。」新五代史卷七十四四夷附録第三達靼條略云：「其俗善騎射，畜多駝、馬。……同光中，都督折文逋數自河西來貢駝、馬。明宗討王都於定州，都誘契丹入寇，明宗詔達靼入契丹界，以張軍勢，遣宿州刺史薛敬忠以所獲契丹團牌二百五十及弓箭數百賜雲州生界達靼。」（三／九一一頁）周密齊東野語卷五端平入洛：「（八月）初二日黎明，北軍以團牌擁進接戰，我軍分而爲三，併殺四百餘人，奪團牌三百餘，至午不解。」（七九頁）

〔一三〕○勝案，宋人習以拐子狀物，如騎兵馬隊列於大陣兩翼者曰拐子馬，拱衛於城門外兩旁之牆垣稱拐子城，以馬隊陣勢與城門牆體皆形如拐子狀故名（參觀鄧廣銘有關拐子馬的諸問題的考釋）。而城防設施則有拐子木，嘉泰會稽志卷一城郭云：「凡樓櫓之法，曰垂鐘版，曰拐子木，曰伏兔子，……此其名數之大略也，並塞控扼之地。」武經總要前集卷十二：「垂鐘版，長六尺，闊一尺，厚三寸。用生牛皮裹，開箭牕施於戰棚，前後有伏兔、拐子木。」此拐子木牌，既爲攻城避砲之具，當是盾牌之屬，疑其上部彎曲呈拐子形，可遮蔽頭部以利攻城。

〔一四〕○勝案，元史卷一太祖紀：「十七年壬午（一二二二）春，木華黎軍克乾、涇、邠、原等州，攻鳳翔不下。」（一／二二頁）卷二太宗紀：「（二年庚寅，一二三〇）秋七月，帝自將南伐，皇弟拖雷、皇姪蒙哥率師從，拔天成等堡，遂渡河攻鳳翔。……三年辛卯（一二三一）春二月，克鳳翔。」（一／三〇—三一頁）卷一百二十一按竺邇傳：「太宗即位，尊察合台爲皇兄，以按竺邇爲元帥。戊子，鎮删丹州，自燉煌置驛抵玉關，通西域，從定關隴。辛卯，從圍鳳翔，按竺邇分兵攻西南隅，城上礧石亂下，選死士先登，拔其城，斬金將劉興哥。」（十／二九八二—二九八三頁）卷一百九十三攸哈剌拔都傳：「太祖以其子幼，命其表弟王七十復立太原。己丑（一二二九），攻鳳翔府，中砲死。」（十四／四三八一頁）所謂「專力打城之一角」，蓋即按竺邇傳所記「分兵攻西南隅」。攸哈剌拔都傳「己丑」當爲「庚寅」之訛。

40.1 霆嘗考之，韃人始初草昧①，百工之事，無一而有。其國除孳畜外②，更何所產？其人椎朴，安有所能？止用白木爲鞍橋③，鞔以羊皮〔一〕，鐙亦剜木爲之，箭鏃則以骨，無從得鐵〔二〕。後來滅回回，始有物產，始有工匠，始有器械〔三〕。蓋回回百工技藝極精，攻城之具尤精〔四〕。後滅金虜，百工之事，於是大備〔五〕。

## 校記

①草昧，沈本、陳本作「草創」。羅本、六經堪本作「草林」。

②「有其」，原作「其有」；「畜外」，原作「外畜」，均據諸本乙正。

③橋，底本作「喬」，據李本、陳本、王本改。

## 注釋

〔一〕○勝案，白木，無塗飾之木。或謂即白樺木，亦可通。鞔，蒙以皮革。宋華嶽翠微先生北征録卷八治安藥石鞍制條：「鞍橋鞔座，合用黄油皮，不得用粉皮，惹水濕衣。」元史卷六十八禮樂志二：「雅鼓二，制如漆筩，鞔以羊革。」（六／一七〇七頁）

〔二〕○王曰：建炎以來繫年要録一百三十三：「塔坦止以射獵爲生，性勇悍，然地不生鐵，故矢鏃但以骨爲之。遼人初置市場，與之回易，而鐵禁甚嚴，至金人始弛其禁。又劉豫不用鐵錢，由是河東、陝西鐵錢由雲中貨於塔坦，塔坦得之，遂大作軍器焉。」建炎以來朝野雜記乙集十九：「韃靼止以射獵爲生，無器甲，矢用骨鏃而已，蓋以地不産鐵故也。契丹雖通其和市，而鐵禁甚嚴，及金人得河東，廢夾錫錢。執劉豫，又廢鐵錢。由是秦晉鐵錢皆歸之，遂大作軍器，而國以益强。」大金國志十三：「市場在雲中西北過腰帶上石楞坡，天德、雲内、銀甕口數處有之，契丹時亦置市場，惟鐵禁甚嚴，禁不得夾帶交易。至大金則不然，唯利是視，鐵禁遂弛。又宋時河東素使夾錫鐵錢，地分自爲大金得之，不用鐵錢，盡拘之入官。官中每鐵錢兩貫五百作一秤，每秤以銅錢五百五十貨於民間。北地貴鐵，百姓多由火山、武州、八館之天德、雲内，貨錢於北方，今河東鐵錢殆盡，自廢豫後至於陝西，鐵錢亦流而過北矣。北方得之，多作軍器，甚而有以堅甲利兵與之回易者。爪牙既成，殆不易制矣。」

〔三〕○勝案，柏朗嘉賓蒙古行紀第七章第一一—一二節：「在薩拉森人和其他民族地區，在那些從某種程度上可以説韃靼族人是主宰者的地區，他們擄掠了那些優秀工匠，使他們從事各種工作。其他工匠則以其産品向韃靼人納貢，他們把所有的農田收穫物都送到其主人的糧倉中。然而，韃靼人卻留給當地人種子和勉强够維持他們生活的糧食；對於其他人來説，韃靼人每天只供應他們其定量少得可憐的一點麵包，除此之外再也没有任何其它東西了，唯有每週三次向他們供應很少的一點肉；但韃靼人僅僅對城市中的工匠才肯這樣開恩。……總而言之，這些人的飲食都非常微薄，衣著也非常襤褸，除非他們能够掙得某些收入，如銀匠和其他手藝精湛的匠人。」（七四—七五頁）

〔四〕○勝案，回回所製攻城之具即所謂「回回砲」，又稱爲「西域砲」、「襄陽砲」。此種砲源自西亞，史集第二卷：「合罕便下令去捉拿「高平章」。「高平章」知道這件事已被傳到告狀處去了，他就逃到了蠻子境内哈剌—沐漣河畔的襄陽府城。……在河的這一面，爲强固的城堡和深溝高壘。無論蒙古軍攻了多少次，都未能把它攻下。……早先在漢地没有富浪人的射石機。巴阿勒伯和迪馬失克（大馬士革）的一個射石機匠，從我國〔伊朗〕去到了該處。他的兒子阿（木）〔不〕—伯克兒、亦不剌金、馬合謀，以及他的助手們，建造了七架龐大的射石機，去攻取該城。……軍隊架起了射石機攻堡，摧毁了城樓。高平章從裏面〔在城牆上〕鑿個洞出來。」（三四二—三四三頁）

元史卷七世祖本紀至元九年：「回回亦思馬因創作巨石砲來獻，用力省而所擊甚遠，命送襄陽軍前用之。」（一／一四四頁）元史卷二百三方技傳：「阿老瓦丁，回回氏，西域木發里人也。至元八年（一二七一），世祖遣使徵砲匠于宗王阿不哥，王以阿老瓦丁、亦思馬因應詔。二人舉家馳驛至京師，給以官舍。首造大砲，豎于五門前，帝命試之，各賜衣段。十一年（一二七四），國兵渡江，平章阿里海牙遣使求砲手匠，命阿老瓦丁往，破潭州、静江等郡，悉賴其力。……二十二年（一二八五），樞密院奉旨，改元帥府爲回回砲手軍匠上萬户府，以阿老瓦丁爲副萬户。大德四年（一三〇〇）告老，子富謀只襲副萬户。皇慶元年（一三一二）卒，子馬哈馬沙襲。……亦思馬因，回回氏，西域旭烈人也。善造砲，至元八年（一二七一），與阿老瓦丁至京師。十年（一二七三），從國兵攻襄陽未下，亦思馬因相地勢，置砲于城東南隅，重一百五十斤，機發，聲震天地，所擊無不摧陷，入地七尺。……命爲回回砲手總管，佩虎符。十一年（一二七四），以疾卒。子布伯襲職。時國兵渡江，宋兵陣于南岸，擁舟師迎戰，布伯於北岸豎砲以擊之，舟悉沉没。後每戰用之，皆有功。十八年（一二八一），佩三珠虎符，加鎮國上將軍、回回砲手都元帥。明年，改軍匠萬户府萬户。遷刑部尚書，以弟亦不剌金爲萬户。……致和元年（一三二八）八月，樞密院檄亦不剌金所部軍匠至京師，賜鈔二千五百貫、金綺四端，與馬哈馬沙造砲。」（十五／四五四四—四五四五頁）。

案，史集所記大馬士革射石機匠，當即元史之亦思馬因，而其子阿不—伯克兒、亦不剌金、馬合謀三人，當即元史之布伯、亦不剌金、馬哈馬沙（「沙」蓋與「得」或「德」字草書形近而訛），惟馬哈馬沙元史記爲阿老瓦丁之子爲異耳（中華書局本元史標點爲：「大德四年告老。子富謀只，襲副萬户。皇慶元年卒，子馬哈馬沙襲。」易令人誤以馬哈馬沙爲富謀只之子、阿老瓦丁之孫）。

馬可波羅行紀第二卷第一四五章襄陽府大城及其被城下礮機奪取之事：「大汗軍隊圍攻此城三年而不能克，軍中人頗憤怒。由是尼古剌波羅閣下、其弟瑪竇波羅閣下，及尼古剌波羅閣下之子馬可波羅閣下獻議，謂能用一種器械可取此城，而迫其降。此種器械名曰芒貢諾（Mangonneau），形甚美，而甚可怖，發機投石於城中，石甚大，所擊無不摧陷。……大汗乃命此二兄弟及馬可閣下從速製造此機，大汗及其左右極願親睹之，因其爲彼等從來未見之奇物也。上述之三人立命人運來材木，如其所欲之數，以供造機之用。彼等隨從中有二人詳悉一切製造之事，其一人是聶思脱里派之基督教徒，其一人是日耳曼之日耳曼人，亦一基督教徒也。於是此二人及上述三人製造三機，皆甚壯麗。每機可發重逾三百磅之石，石飛甚遠，同時可發六十石，彼此高射程度皆相若。諸機裝置以後，大汗及其他觀者皆甚歡欣，命彼等當面發射數石，發射之後，皆極驚賞其製作之巧。大汗立命運機至軍中，以供圍城之用。機至軍中，裝置以後，韃靼未見此物一次，見之似甚驚奇。此機裝置以後，立即發石，每機各投一石於城中，發聲甚巨，石落房屋之上，凡物悉被摧陷。……於是此城遂下，待遇與其他諸城同。此皆尼古剌閣下、其弟瑪竇閣下及其子馬可閣下之功也。」（二〇〇四，五四七—五四九頁）案，行紀所載蒙古軍以投石機攻襄陽事與史相合，確然無疑。而所述「彼等隨從中有二人詳悉一切製造之事」之基督教徒，疑即元史之阿老瓦丁與亦思馬因二人。至行紀將下襄陽之功歸於波羅一家三人，蓋爲馬可之誇詞。

元史卷一百五十一薛塔剌海傳：「薛塔剌海，燕人也，剛勇有志。歲甲戌（一二一四年），太祖引兵至北口，塔剌海帥所部三百餘人來歸，帝命佩金符，爲砲水手元帥，屢有功，進金紫光禄大夫，佩虎符，爲砲水手軍民諸色人匠都元帥，便宜行事。從征回回、河西、欽察、畏吾兒、康里、乃蠻、阿魯虎、忽纏、帖里麻、賽蘭諸國，俱以礮立功。……子奪失剌，襲爲都元帥，南攻江淮，有功。歲庚戌，卒。弟軍勝襲，……中統三年（一二六二），李壇叛濟南，又以砲破其城。至元五年（一二六八），從圍襄陽。三月卒。丞相阿朮欲以千户劉添喜攝帥府事，子四家奴，年方十六，請從軍自效，帝壯而許之。八年（一二七一），始襲父爵。（十）〔九〕年（一二七二）冬十二月，襄、樊未下，四家奴立砲攻之。明年（一二七三）正月，襄陽守吕文焕降。」（十二／三五六三—三五六四頁）薛塔剌海一門爲砲手世家，如攻襄陽時始用回回砲，則此前當用中國火砲。

元史卷一百六十一劉整傳：「時圍襄陽已五年，整計樊、襄脣齒也，宜先攻樊城。樊城人以栅蔽城，斬木列置江中，貫以鐵索。整言於丞相伯顔，令善水者斷木沉索，督戰艦趨城下，以回回砲擊之，而焚其栅。（至元）十年（一二七三）正月，隨破樊城，屠之。」（十二／三七八八頁）參觀卷一百二十八阿朮傳、阿里海牙傳（十／三一二〇、三一二四—三一二五頁）。心史大義略敘：「其回回砲法，本出回回國，甚猛於常砲。至大之木，就地立穽。砲石大數尺，墜地陷入三四尺。欲擊遠則退後增重發之，欲近反近前。」（鄭思肖集一八一頁）丘濬大學衍義補卷一百二十三：「元人始造此砲，以攻破襄陽，世因目曰『襄陽砲』。考唐史，李光弼作砲飛巨石，一發輒斃二十餘人，疑即此。」（參觀楊志玖蒙元時代「回回砲」的東傳及作用，二〇〇三，三二八—三三六頁）

【補訂】心史中興集哀劉將軍并序：「德祐一年（一二七五）十月，虜復攻常州，時步帥劉公師勇守之。常州素無城壁，外濠如市，河僅恃排柴木一重而已。先屢與之戰，皆勝。至十一月，元虜大勢合圍。月餘，其回回砲甚猛於常砲，用之打入城，寺觀樓閣，盡爲之碎。」（鄭思肖集九三頁）

〔五〕○勝案，蒙古侵宋，亦大肆虜略南宋技工。心史大義略敘：「彼技藝百工，咸不及此地精妙，已半爲之勒徙北居。北人深歎訝江南技藝之人，呼曰『巧兒』。」（鄭思肖集一八七頁）

## 41　其軍糧

其軍糧，羊與泲馬①。手捻其乳曰泲〔一〕。馬之初乳，日則聽其駒之食，夜則聚之以泲，貯以革器，澒洞數宿，味微酸始可飲②，謂之馬奶子。纔犯他境，必務抄掠，孫武子曰「因糧於敵」是也〔二〕。

### 校記

① 羊與，原作「與羊」，據諸本乙正。

② 味，李本無此字。

### 注釋

〔一〕○勝案，泲同擠，泲馬即擠馬。元史卷一百兵志三馬政：「醞都者，承乳車之名也。……每醞都，牝馬四十。……自世祖而下山陵，各有醞都，取馬乳以供祀事，號金陵擠馬，越五年，盡以與守山陵使者。」（九／二五五四頁）

〔二〕○勝案，孫子兵法作戰篇：「善用兵者，役不再籍，糧不三載。取用於國，因糧於敵，故軍食可足也。」何氏曰：「因，謂兵出境，鈔聚掠野，至於克敵、拔城，得其儲積蓄也。」張預曰：「器用取於國者，以物輕而易致也；糧食因於敵者，以粟重而難運也。夫千里饋糧，則士有飢色，故因糧則食可足。」（參觀十一家注孫子校理三三—三四頁）

【補訂】新唐書薛訥傳：「夏草薦茂，羔犢方息，不費饋饟，因盜資〔糧〕。」（十三／四一四三頁）可參觀。

41.1 霆嘗見其日中泲馬妳矣①，亦嘗問之，初無拘於日與夜。泲之之法，先令駒子啜教乳路來，却趕了駒子②，人自用手泲③，下皮桶中，却又傾入皮袋撞之，尋常人只數宿便飲〔一〕。初到金帳，韃主飲以馬妳，色清而味甜，與尋常色白而濁、味酸而羶者大不同，名曰黑馬妳〔二〕。蓋清則似黑④，問之，則云此實撞之七八口，撞多則愈清，清則氣不羶〔三〕。只此一次得飲⑤，他處更不曾見，玉食之奉如此〔四〕。又兩次金帳中送葡萄酒〔五〕，盛以玻璃瓶，一瓶可得十餘小盞，其色如南方柿漆⑥，味甚甜，聞多飲亦醉，但無緣得多耳，回回國貢來。

## 校記

①嘗，沈本、羅本、六經堪本、王本皆作「常」。

②却，李本作「即」。

③自，李本作「即」。

④蓋清則似黑，李本作「蓋清黑」。

⑤次，李本作「處」。

⑥漆，李本、陳本作「汁」。

## 注釋

〔一〕○勝案，魯布魯克東行紀第四章忽迷思的製作：「這種忽迷思，也就是馬奶子，是用下述方法製造。在地上拉上一條長繩，拴在兩根插進地裏的木樁上。這根繩子他們把要擠奶的母馬的小馬繫上三個時辰。這時母馬站在小馬附近，讓人平静的擠奶。如有一頭不安静，那有人把小馬牽到它跟前，讓小馬吸點奶。然後他把小馬牽走，擠奶人取代它的位置。當他們取得大量的奶時，奶只要新鮮，就像牛奶那樣甜，他們把奶倒進大皮囊或袋裏，開始用一根特製的棍子攪拌它，棍的下端粗若人頭，並且是空心的。他們用勁拍打馬奶，奶開始像新釀酒那樣起泡沫，并且變酸發酵，然後他們繼續攪拌到他們取得奶油。這時他們品嘗它，當它微帶辣味時，他們便喝它。喝時它像葡萄酒一樣有辣味，喝完後在舌頭上有杏乳的味道，使腹内舒暢，也使人有些醉，很利尿。」（二一四頁）譯語：「每歲三、四月中牝馬生駒時，虜於此時，率挈馬駒栓繫，則牝馬皆來，因而取乳造酒。其凝結成滓者，則作酪彈爲食。家家造酒，人人嗜飲，虜飲如牛，不歇氣。兀然而醉，悦然而醒，無間晝夜。」（二二八頁）

〔二〕○勝案，魯布魯克東行紀第四章忽迷思的製作：「他們還生産哈喇忽迷思，也就是『黑色忽迷思』，供大貴人使用。……他們繼續攪拌奶，直到所有混濁的部分像藥渣一樣徑直沉底，清純部分留在上面，好像奶清或新釀白葡萄酒。渣滓很白，給奴隸吃，有利於睡眠。主子喝這種清的（飲料），它肯定極爲可口，很有益於健康。」（二一四頁）

〔三〕○沈曰：耶律鑄麆沆詩注：「麆沆，馬酮也。漢有挏馬官，注曰：『以韋革爲夾兜，盛馬乳挏治之，味酢可飲。』又禮樂志『大官挏馬酒』，注曰：『以馬乳爲酒。』言挏之味酢則不然，愈挏治則味愈甘，逾萬杵，香味醇醲甘美，謂之麆沆。麆沆，奄蔡語也。李詹事曰：「雙溪蓋以『奄蔡』二字爲『欽察』本字。」國朝因之。自注：蔡，千葛切。今有其種，率皆以從事挏馬。」○麆音助，見廣韻。白湛淵續演雅十詩發揮云：「迤北八珍，謂醍醐、麆沆、野駝蹄、鹿唇、駝乳糜、天鵝炙、紫玉漿、玄玉漿也。」玄玉漿即馬妳子。按此則馬妳子非一種，徐君所見黑馬妳，即白氏所謂玄玉漿而至清者。又別爲麆沆，則欽察人所製，雙溪謂「愈挏治則愈甘」，徐君謂愈撞愈清，理則一也。

○王曰：耶律鑄雙溪醉隱集六行帳八珍詩序：「麆沆，馬酮也。漢有挏馬官，注曰：『以韋革爲夾兜，盛馬乳挏治之，味酢可飲，因以名官。』又禮樂志『大官挏馬酒』，注曰：『以馬乳爲酒。』言挏之味酢則不然，愈挏治則味愈甘，逾萬杵，香味醇釀甘美，謂之麆沆。麆沆，奄蔡語也。國朝因之。自注：奄蔡今有其種，率皆從事挏馬。」案元史土土哈傳：欽察人「嘗侍左右，掌尚方馬畜，歲時挏馬乳以進，色清而味美，號黑馬乳，因目其屬爲哈剌赤。」是元時欽察人以挏馬爲業，雙溪所謂奄蔡，即欽察也。徐氏北使時，欽察未附，蓋蒙古人本有此法。

○勝案，王注引土土哈傳，云「欽察人嘗侍左右」，節略過甚。據傳文，「嘗侍左右」者爲土土哈之父班都察，侍於忽必烈左右。奄蔡即欽察，沈注引李文田說已言之。元史卷一百兵志三馬政：「牧人曰哈赤、哈剌赤。」（九／二五五四頁）虞集道園類稿卷三十八句容郡王（土土哈）世績碑：「世祖皇帝西征大理，南取宋，其種人以强勇見信用，掌芻牧之事，奉馬湩以供玉食。馬湩尚黑者，國人謂黑爲哈剌，故別號其人哈剌赤。」（見虞集全集一〇一八頁。參觀方齡貴一九九一，二六八頁哈剌赤條。）湛然居士文集卷四寄賈摶霄乞馬乳：「天馬西來釀玉漿，革囊傾處酒微香。……淺白痛思瓊液冷，微甘酷愛蔗漿涼。」謝馬乳復用韻二首之二：「肉食從容飲酪漿，差酸滑膩更甘香。革囊旋造逡巡酒，樺器頻傾瀲灩觴。頓解老饑能飽滿，偏消煩渴變清涼。」（七二—七三頁）可參觀。

〔四〕○勝案，蒙古汗庭有擠馬供乳制度，元史卷一百兵志三馬政：「自天子以及諸王百官，各以脱羅氊置撒帳，爲取乳室。車駕還京師，太僕卿先期遣使徵馬五十醖都來京師。醖都者，承乳車之名也。既至，俾哈赤、哈剌赤之在朝爲卿大夫者，親秣飼之，日釀黑馬乳以奉玉食，謂之細乳。每醖都，牝馬四十。……自諸王百官而下，亦有馬乳之供。醖都亦如前之數，而馬減四分之一，謂之粗乳。」（九／二五五四頁）

〔五〕○勝案，飲膳正要卷三：「葡萄酒，益氣調中，耐飢强志。酒有數等，有西番者，有哈剌火者（即哈喇和卓 Qara-hodja），有平陽、太原者，其味都不及哈剌火者田地酒最佳。」又「阿剌吉酒，味甘、辣，大熱，有大毒。主消冷堅積，去寒氣。用好酒蒸熬取露成阿剌吉。」

本草綱目卷二十五葡萄酒條略云：「時珍曰：葡萄酒有二樣：釀成者，味佳；有如燒酒法者，大毒。釀者，取汁同麴，如常釀糯米飯法；無汁，用乾葡萄末亦可。魏文帝所謂葡萄釀酒，甘於麴米，醉而易醒者也。燒者，取葡萄數十斤，同大麴釀酢，取入甑蒸之，以器承其滴露，紅色可愛。古者西域造之，唐時破高昌，始得其法。」（一二七八頁）

葡萄酒分釀製者與以蒸餾法燒製者（即葡萄燒酒）兩種。蒙古秘史二八一節原文「孛兒·答剌速」旁譯「葡萄酒·酒」，實即葡萄燒酒（參觀黄時鑑阿剌吉與中國燒酒的起始、尚衍斌等飲膳正要注釋，二〇七頁）。徐霆所記葡萄酒，勞費爾以爲即紅葡萄酒（參觀中國伊朗編葡萄樹條，五九頁），似爲葡萄燒酒。

## 42 其行軍

其行軍常恐衝伏①〔一〕。雖偏師亦必先發精騎〔二〕，四散而出，登高眺遠，深哨一二百里間，掩捕居者、行者〔三〕，以審左右前後之虚實，如某道可進、某城可攻、某地可戰、某處可營、某方有敵兵②、某所有糧草③，皆責辦於哨馬回報〔四〕。如大勢軍馬併力蝟奮④〔五〕，則先燒琵琶，決擇一人以統諸部。

### 校記

① 常，原同沈本、羅本、六經堪本、王本作「嘗」，據李本改。嘗、常古可通假，此處作「常」爲是。

② 有，李本無此字。

③ 有，李本無此字。

④ 奮，李本、陳本作「集」。案「蝟奮」不誤，參觀本節注〔五〕。

### 注釋

〔一〕〇勝案，衝伏，衝突埋伏。三朝北盟會編卷八十六：「見在城下賊兵多是輕騎，宜常令牌槍在前遮蔽，神臂弓弩以防衝突，伏藏軍馬以備追逐，務在同心一體，更相應援，共除國難，以成忠義。」（六四四頁上）郭襄靖公遺集卷十三剿撫古田議：「惟哨道不明，則分布不密，賊易奔逃，一也。阨塞不防，賊易衝伏，二也。聲援不及，賊易邀擊，三也。往歲官兵失利，率多由此，可爲明鑒。請乞速行各統督官悉心查訪，某哨分爲幾小哨，各即所經村分定爲哨名備查。此小哨内某處崗嶺最險，某處林箐最深，某處防衝，某處防伏，某處應防包截。分而必知所合，進而必知所退，必使首尾相應，聲勢相聞。」（續修四庫一三四九册，三〇九頁）

〔二〕〇勝案，此先發之精騎即所謂探馬赤（Tamachi），爲蒙古軍之先鋒部隊。柏朗嘉賓蒙古紀行第六章第一一節：「當他們要出戰時，便首先派出一些先遣探馬，後者隨身只攜帶他們的氈毯、馬匹和武器。這些人不搶奪戰利品，不縱火燒毁房屋，不屠殺牲畜，但僅滿足於傷害和騷擾黎民。」（六五頁）

探馬赤，見蒙古秘史二七三—二七四節，伯希和考此即大慈恩寺三藏法師傳之突厥語「答摩支」；而探馬亦與遼史之契丹語「撻馬」（意爲扈從之官）爲對音。參觀伯氏中亞史地叢考四玄奘記傳中之二突厥字、蒙古與教廷第二卷第二章注八五（一二一頁）。

關於蒙元時期探馬赤軍問題，參觀楊志玖（一九八五）、黄時鑑（一九八二）、賈敬顔（一九八三）、烏思（一九八六）、那木吉拉（一九九二）、史衛民（一九八九）等。

〔三〕○勝案，掩捕，乘其不備而逮捕。漢書卷三十四彭越傳：「梁太僕有罪，亡走漢，告梁王與扈輒謀反。於是上使使掩捕梁王，囚之雒陽。」（七／一八八〇頁）元史卷一百四十七史天祥傳：「（武）仙兄貴以萬人壁於山上，負固不下，天祥擒完顔胡速及黑軍百人，由鳥道扳援而上，盡掩捕之。」（十一／三四八七頁）

〔四〕○勝案，哨馬，即探馬也。關漢卿拜月亭第二折【賀新郎】白：「又被哨馬趕上，轟散俺子母兩人，不知阿者那裏去了。」（八三頁）水滸傳第一〇九回：「鑾鈴響處，約有三十餘騎哨馬。都戴青將巾，各穿緑戰袍，馬上盡繫著紅纓，每邊拴掛數十個銅鈴，後插一把雉尾，都是釧銀細桿長槍，輕弓短箭。」（九二四頁）續增華夷譯語人事門：「哨馬曰札撒温（jasaqul）。」（八六頁）

彭氏所記精騎哨馬情形，與契丹兵中之「遠探攔子馬」、「遠探攔子軍」頗相似。遼史卷三十四兵衛志上兵制：「軍所舍，有遠探攔子馬，以夜聽人馬之聲。……又選諸軍兵馬尤精鋭者三萬人爲護駕軍，又選驍勇三千人爲先鋒軍，又選剽悍百人之上爲遠探攔子軍，以上各有將領。……皇帝親征，留親王一人在幽州，權知軍國大事。既入南界，分爲三路，廣信軍、雄州、霸州各一。駕必由中道，兵馬都統、護駕等軍皆從。各路軍馬遇縣鎮，即時攻擊。若大州軍，必先料其虛實、可攻次第而後進兵。沿途民居，園囿、桑柘，必夷伐焚蕩。至宋北京，三路兵皆會，以議攻取。及退亦然。三路軍馬前後左右有先鋒。遠探攔子馬各十數人，在先鋒前後二十餘里，全副衣甲，夜中每行十里或五里少駐，下馬側聽（無有）〔有無〕人馬之聲。有則擒之；力不可敵，飛報先鋒，齊力攻擊。如有大軍，走報主帥。敵中虛實，動必知之。」（三九七—三九八頁）可參觀。

〔五〕○勝案，大勢軍馬，大批軍馬也。關漢卿單刀會第一折【寄生草】魯肅白：「他若不與呵，我大勢軍馬，好歹奪了荆州。」（四頁）

蝟奮，猬集奮起也。新唐書卷一百五十一關播傳：「李靈耀叛，少游屯淮上，所在盜賊蝟奮，播儲貲力，給軍興，人無愁苦。」（十五／四八一七頁）

42.1　韃見韃人未嘗屯重兵於城内，所過河南北郡縣①，城内並無一兵，只城外村落有哨馬②，星散擺布③〔一〕，忽遇風塵之警，哨馬響應，四向探刺，如得其實，急報頭目及大勢軍馬也。

## 校　記

① 河，李本、沈本無此字。

② 有，李本無此字。

③ 星散擺布，武經前集卷一引本節作「星擺棊布」，於義較長。

**注　釋**

〔一〕○勝案，擺布，安排、布置也。鄂國金佗稡編卷十六陳州潁昌捷奏：「離城數里，有番賊翟將軍，并添到東京一帶差來賊馬，擺布大陣。……到城北七里店，逢鎮國大王并韓將軍、邪也孛堇賊馬六千餘騎，擺布成陣。」（九三〇—九三一頁）

## 43　其營

其營必擇高阜，主將駐帳必向東南，前置邏騎，韃語「托落赤」〔一〕，分番警地。惟前面無軍營。帳之左右與夫帳後諸部軍馬①，各歸頭項，以序而營。營又貴分，務令疏曠，以便芻秣。營留二馬，夜不解鞍②，以防不測；營主之名，即是夜號，一營有警，則旁營備馬，以待追襲，餘營則整整不動也。惟哨馬之營則異於是，主者中據，環兵四表，傳木刻以代夜邏。即漢軍傳箭法。秣馬營裏，使無奔逸，未暮而營具火③，謂之「火鋪」〔二〕。及夜則遷於人所不見之地，以防夜劫，而火鋪則仍在於初營之所，達曉不動也。

**校　記**

①與夫，李本作「與」。

② 夜不解鞍，此上原有「以便」二字，諸本皆無，據删。

③ 具，問影樓本、沈本、羅本、六經堪本、王本皆作「其」。

**注釋**

〔一〕○勝案，托落赤，蒙古語 tōrači =toyuriči，即巡邏者，參觀Olbricht und Pinks1980,p185.

〔二〕○勝案，火鋪爲軍中瞭望警備設施。資治通鑑卷二百八十八後漢紀高祖乾祐元年（九四八）：「（郭威）乃偃旗卧鼓，但循河設火鋪，連延數十里，番步卒以守之。」（二十／九三九八頁）

43.1 霆見其多用狗鋪〔一〕。其下營〔二〕，直是日早①，要審觀左右形勢。

**校記**

① 早，戰守全書卷五戰部引此節作「蚤」，是通假字。問影樓本無此字。

**注釋**

〔一〕○勝案，狗鋪又稱犬鋪，用於軍營警戒。資治通鑑卷二百六十三唐紀昭宗天復二年壬戌（九〇二）九月：「辛亥，李茂貞盡出騎兵於鄜州就芻糧。壬子，朱全忠穿蚰蜒壕圍鳳翔，設犬鋪、鈴架以絶内外。」胡注：「凡行軍下營，四面設犬鋪，以犬守之。敵來則群吠，使營中知所警備。鈴架

者，繞營設架，掛鈴其上，敵來觸之則鳴。」（十八/八五八二—八五八三頁）

資治通鑑綱目卷五十三壬戌九月李茂貞攻朱全忠營敗績條注：「犬鋪猶今言狗鋪也。軍中列置吏卒，巡檄所止處，設架懸鈴其間，以絶行人。五代晉高祖與契丹主會，圍唐晉安寨，置營於寨南，長百餘里，厚五十里，多設鈴索吠犬，人跬步不能過，即此。」

辛巳泣蘄録嘉定十四年辛巳（一二二一）二月：「（二十二日）是夜金賊約兩千餘寨，每寨燒火一堆，映照城中，列炬不可勝計。擺狗鋪，其聲如狗吠連接，巡邏徹曉。……（二十三日）是夜，賊仍舊札寨于廣教一帶。每寨燒火一堆，直到天明，列炬不滅。前夜金賊聲連相接，爲狗吠之聲，聞之諸卒曰：『此正所謂擺狗鋪也』。」

武備志卷九十五軍資乘營：「凡營，夜時更者，每鋪十人，每更二人，候漏鼓擊板，一人專聽雜事，以至睡魔。驚衆者亦須遞相警覺，臨時或添密號，鼓弓箭應之，即奸人無所施計。」舊注：「更鋪之次，更置狗鋪，軍在賊境，將士遠行困乏，藉狗鋪以爲警也。」

〔二〕○勝案，下營猶言安營。唐國史補卷上：「司徒馬燧討李懷光，自太原引兵至寶鼎下營，因問其地名，答曰：『埋懷村。』乃大喜曰：『擒賊必矣。』至是果然。」（二六頁）

# 44 其陣

其陣利野戰，不見利不進。動静之間，知敵强弱。百騎環繞，可裹萬衆；千騎分張，可盈百里。摧堅陷陣，全藉前鋒衽革當先〔一〕，例十之三。凡遇敵陣，則三三五五四五①，斷不簇聚，爲敵所包。大率步宜整而騎宜分，敵分亦分，敵合亦合②。故其騎突也，或遠或近，或多或少，或聚或散，或出或没，來如天墜，去如電逝，謂之「鴉兵撒星陣」〔二〕。其合而分，視馬箠之所向；其分而合，聽姑詭之聲以爲號③〔三〕。自邇而遠，俄頃千里。其夜聚，則望燎煙而知其所戰宜。極寒無雪④，則磨石而禱天〔四〕。

## 校記

① 四五，沈本、陳本、章本無此二字。

② 兩處「亦」，羅本、六經堪本作「立」。

③ 以爲號，原同李本、問影樓本、羅本、六經堪本作「以自爲號」，據沈本、陳本、章本、王本改。

④ 極寒無雪，李本作「極寒而無雪」。

## 注釋

〔一〕○勝案，衽革，身披戰甲也。禮記正義卷五十二中庸：「衽金革，死而不厭，北方之强也，而强者居之。」鄭玄注：「衽猶席也。北方以剛猛爲强。」孔穎達疏：「衽，卧席也。金革，謂軍戎器械也。北方沙漠之地，其地多陰。陰氣堅急，故人性剛猛，恒好鬥争，故以甲鎧爲席，寢宿於中，至死不厭，非君子所處，而强梁者居之。」（一四二七—一四二八頁）王夫之四書稗疏卷一中庸衽金革條：「衽金革，言以金革爲襟。蓋謂甲爾，披堅則執鋭，執鋭則致死，戰士之服也。」案王説所解較切。國朝名臣事略卷三樞密句容武毅王條引閻復土土哈紀績碑：「（欽察）俗衽金革，勇猛剛烈。」（四七頁）

〔二〕○勝案，鴉兵，神出鬼没之兵。關漢卿哭存孝第二折：「三千鴉兵爲先鋒，逢山開道，遇水疊橋。」（四七九頁）

撒星，猶言星散。撒星陣，所用兵力據敵情變化而進退分合之陣法。安禄山事蹟卷下：「（天寶十五年）六月八日乙酉，哥舒翰出兵潼關，爲禄山將崔乾祐所敗。十四日辛卯，潼關失守。」注略云：「其日，翰在靈寶縣西洪溜澗與崔乾祐相逼，翰兵馬多，乾祐不過萬人，爲撒星陣，十五爲一旗，或密或疏，或前或卻，官軍見之，皆大笑焉。乾祐又以陌刀五（千）〔十〕人列於陣後，令其軍曰：『進則十五有生，退則死在旋踵。』故其兵一一自戰。乾祐忽驚，金鼓卷旗，狀似退，官軍益怠。忽馳而進，勢若雷霆，官軍失勢，遂爲所薄。是(月)〔日〕，東風吼地，飛沙漲天，煙塵相合，野中舊積諸草，賊皆焚之，煙燄徹天，昏黑如夜，旗號之色，人皆莫辨。賊乘風便趨我軍，煙塵之中，拱手而皆受戮。」(一〇三頁)

宋史卷四百二張威傳：「威初在行伍，以勇見稱，進充偏裨，每戰輒克，金人聞其名畏憚之。臨陣戰酣，則精采愈奮，兩眼皆赤，時號『張紅眼』。又號『張鶻眼』，威立淨天鶻旗以自表。每戰不操它兵，有木棓號『紫大蟲』，圜而不刃，長不六尺，揮之掠陣，敵皆靡。荆、鄂多平川廣野，威曰：『是彼騎兵之利也，鐵騎一沖，吾步技窮矣，蜀中戰法不可用。』乃意創法，名『撒星陳』，分合不常，聞鼓則聚，聞金則散。騎兵至則聲金，一軍分爲數十簇；金人隨而分兵，則又鼓而聚之。倏忽之間，分合數變，金人失措，然後縱擊之，以此輒勝。」(一一二一五頁)

〔三〕○王曰：續資治通鑑長編二十七雍熙三年宋琪上疏云：「契丹入界之時，步騎車帳，不從阡陌，東西一概而行。大帳前及東西面，差大首領三人，各率萬騎，支散游(兵)〔奕〕，百十里外，交相覘邏，謂之『欄子馬』。戎主吹角爲號，衆即頓合，環繞穹廬，以近及遠。」○元朝秘史三鼓之蒙古語爲「可兀兒格」。姑詭，殆「可兀兒格」之略。

○勝案，遼史卷三十四兵衞志上兵制：「軍入南界，步騎車帳，不循阡陌。三道將領各一人，率攔子馬各萬騎，支散游弈，百十里外，更迭覘邏。及暮，以吹角爲號，衆即頓(舍)〔合〕，環繞御帳，自近及遠。」(三九九頁)參觀雲麓漫鈔卷六契丹用兵條(一〇七頁)。至元譯語車器門:「鼓曰忽魯哥。」(五頁)器物門:「鼓兒曰去忽魯哥。」(八頁)華夷譯語:「大鼓曰顆兒格(köhörge)。小鼓曰慷格兒格(keŋgerge)。」(三六頁)此所謂姑詭者,大鼓也。

〔四〕○王曰:彭氏所云磨石禱天者,楊瑀山居新話云:「蒙古人有能祈雨者,輒以石子數枚浸於水盆中玩弄,口念咒語,多獲應驗。石子名曰『酢答』,乃走獸腹中之石,大者如雞子,小者不一,但得牛馬爲貴,恐亦是牛黄、狗寶之類。」秘史四蒙文作「札答」,旁注云「能致風雨的事」。

○勝案,王注所引「酢答」,中華本(以北大藏李盛鐸鈔本爲底本)山居新話卷三作「鮓答」(二二三頁)。鮓答、札答,又譯作札達、扎達、查達、楂達、扎亦等,即蒙古語 jada,突厥語作 yada,意爲牛羊等牲畜之結石。蒙古、西藏及中亞突厥遊牧民族多用此石作巫術以祈風雨。

麻赫默德喀什噶里突厥語大辭典:「yat 亞特。這是一種巫術,爲了祈雨求風等而借助於特備的石頭(亞特石)施行巫術。這種習俗在他們之中廣泛傳播,我在牙格馬人那裏親眼目睹過這一習俗。當那裏發生一場野火時,爲了撲滅野火便施行了這一種巫術,依照真主的旨意,大夏天降了雪,我眼看著野火熄滅了。」(第三卷,一頁)

成吉思汗與乃蠻部闕奕壇之戰、拖雷攻金之戰中皆有用此巫術者。元史卷一太祖紀壬戌(一二〇二年)條:「初,脱脱敗走八兒忽真隘,既而復出爲患,帝帥兵討之。至是,又會乃蠻部不欲魯罕約朵魯班、塔塔兒、哈答斤、散只兀諸部來侵。帝遣騎乘高四望，知乃蠻兵漸至，帝與汪罕移軍入塞。亦剌合自北邊來據高山結營，乃蠻軍衝之不動，遂還。亦剌合尋亦入塞。將戰，帝遷輜重於他所，與汪罕倚阿蘭塞爲壁，大戰于闕奕壇之野，乃蠻使神巫祭風雪，欲因其勢進攻。既而反風，逆擊其陣，乃蠻軍不能戰，欲引還。雪滿溝澗，帝勒兵乘之，乃蠻大敗。是時札木合部起兵援乃蠻，見其敗，即還。道經諸部之立己者，大縱掠而去。」（八—九頁）

乃蠻使神巫祭風雪事，聖武親征録作：「彼祭風，風忽反，爲雪所迷，軍亂，填溝墜塹而還。」（三三〇頁）史集云：「當時［乃蠻人］作起致風雨的巫術（jādāmīšī kardan）來。巫術的要點爲：念咒并將各種石頭投入水中，大雨就來了。［但］這陣風雪卻朝著他們反刮過來。他們想從這些山裏退回來，卻在闕奕壇（kūītan）地方陷住了。衆所周知，乃蠻不亦魯黑汗的部屬以及他聯合的那些蒙古部落，在這個地方由於嚴寒把手足凍壞了。大風雪使許多人從高處滚下來摔死了。」（第一卷第二分册一六五—一六六頁）

蒙古秘史一四三節則云：「至次日，成吉思軍與札木合軍相接於闊亦田地面對陣。布陣間，札木合軍内不亦魯罕、忽都合兩人有術能致風雨，欲順風雨擊成吉思軍。不意風雨逆回，天地暗晦，札木合軍不能進，皆墜澗中。札木合等共説：『天不護佑，所以如此。』軍遂大潰。」蒙語漢字「札答」三處，韓泰華藏十五卷鈔本旁譯分别爲「能致風雨的事」、「致風雨」（四部叢刊本、葉德輝本皆無「致」字)、「風雨」。李文田注云:「金幼孜北征録曰:『永樂八年五月二十八日,發雙清源。午至河,縛筏渡水,得一木板,上有虜字,譯史讀之,乃祈雨之言也,虜語謂之札達,華言云詛風雨,蓋虜中有此術也。』東華録康熙五十六年諭曰:『書册所載,有所謂雷斧雷楔,大約得自深林者皆石,得自平原者皆銅。朕所得最多,將小石一塊置於泉水攪之,即可祈雨。蒙古謂之查達齊,書册則曰查達也。』方觀承松漠草詩注曰:『蒙古、西域祈雨,以楂達石浸水中,咒之輒驗。楂達生駝羊腹中,圓者如卵,扁[者]如虎脛,在腎似鶻武背者良,色有黄白。駝羊有此則漸羸瘠,生剖得者尤靈。』」(七九頁)

世界征服者史第一部XXX章:「兀魯黑那顔(即拖雷)看到戰事緊迫,可以用計謀去對付契丹人——因爲『戰争就是欺騙』——而且可以用陰風吹滅他們的燭火。蒙古軍中有個精通扎亦(yai),即使用雨石的康里人,兀魯黑那顔命他施展法術,又命全軍在冬衣上加著雨衣,三天三夜不許下馬。這個康里人大施邪法,因此蒙古人後面開始下雨,最後一天雨轉爲雪,寒風助威。因這種他們在冬季都未經歷過的夏季酷寒,契丹軍垂頭喪氣,蒙古軍則鬥志昂揚。最後,當紅色晨珠分清黑白時,蒙古人見契丹軍因嚴寒酷冷,像群綿羊那樣首尾相接擠作一團,縮頭縮足若刺猬,冰雪滿弓刀……同時候,扎亦赤(yaichi)停止施法,蒙古軍衝往敵人身後。」(二二七—二二八頁)

多桑蒙古史第二卷附録一剌失德所記拖雷攻金之役略云：「『蒙古軍勢微而氣沮，契丹軍突擊其殿後軍。蒙古軍被擊，墜水渠者約四十人。禿忽勒忽疾報拖雷，拖雷見事急，乃命人作術法名 djédamischi 者以退之。其術以石浸水，取出拭之，雖在（嚴）〔炎〕夏，可招致風雪嚴寒，或暴風雨。蒙古軍中有一康里人善此術，拖雷命其爲之。拖雷軍服禦寒衣，三整日不下騎。進至村中，時居民皆已棄其牲畜衣物而逃，蒙古軍得糧衣無算。康里人作術有驗，即日大雨，次日降雪，起暴風，寒甚。契丹軍忽覺仲夏中天寒逾嚴冬，氣大沮。』……上文所言之術法，中亞之遊牧民族在上古時已使用之。其術人求雨之石名曰 yéda。其術名曰 djédamischi。其以求雨爲業者，今在喀耳木（kalmoukes）民族中名稱 djédadji，旅行家 Bergman 則名之曰 ssaddattschis（見 Nomandisch Streifereisen unter den Kalmuken, th. III, s. 183）。據云，此種術人似能招致風雨雷電。其致雨之術，則用獸體病石（馮承鈞案：原文作 bézoard，蓋指牛黄、馬寶之類），投之水中，自然產生煙霧。此類術人以爲此種煙霧可以成雲，而僅在天將雨時作此術。設其術不驗，則謂別有術人破其術，或謂天時熱甚，雨水不能制之。」（三一一—三一二頁）文中所引拖雷攻金事見史集第二卷窩闊台汗合罕紀一拖雷汗至潼關條（三四—三九頁）。

南村輟耕録卷四禱雨條云：「往往見蒙古人之禱雨者，非若方士然，至於印令、旗劍、符圖、氣訣之類，一無所用，惟取浄水一盆，浸石子數枚而已。其大者若雞卵，小者不等。然後默持密咒，將石子淘漉玩弄，如此良久輒有雨。豈其静定之功已成，特假此以愚人耶？抑果異物耶？石子名曰鮓答，乃走獸腹中所産，獨牛馬者最妙，恐亦是牛黄、狗寶之屬耳。」（五二二頁）譯語：「胡俗畏鬼神，信占卜。……又詛咒風雨，謂之扎達，往往輒應，不知何術也。」（二二六頁）

本草綱目卷五十下鮓答條：「【集解】時珍曰：鮓答生走獸及牛馬諸畜肝膽之間，有肉囊裹之，多至升許，大者如雞子，小者如栗如榛，其狀白色，似石非石，似骨非骨，打破層疊。嘉靖庚子年，蘄州侯屠殺一黄牛，得此物，人無識者，有番僧云：『此至寶也，牛馬豬畜皆有之，可以祈雨。西域有密咒，則霖雨立至，不知咒者，但以水浸搬弄，亦能致雨。』」（二二二七頁）

田藝蘅留青日札卷三十馬黑牛黄羊哀狗寶鳳石虎石鮓答：「鮓答乃走獸中所産石子，蒙古人用以禱雨，一作鮓單，出西寧古輪臺之地。又曰馬驢鼻患腫毒即難秣，土人伺其將潰，以囊承口，腫落而得之，如雞卵，堅如石。軍中無水，即掘地置其中，以氈覆之，可得水一二升。豬亦有之。」（五六八頁）張澍續黔書卷六鮓答：「西域、蒙古祈雨，以鮓答石浸水，咒之輒有驗。其人亦名『鮓答氣』。」（六六六頁。又見張澍養素堂文集卷十二鮓答考，續修四庫一五〇六册，五六九頁）「鮓答氣」，亦猶上引東華録之查達齊、世界征服者史之扎亦赤（yaichi），當作「鮓答赤」，即蒙古語 jadači（術士）。

千金翼方卷三人獸部：「牛黄。味苦，平，有小毒。主驚癇寒熱，熱盛狂痓，除邪逐鬼。」（九七頁）證類本草卷十六獸部上牛黃條引本草衍義曰：「牛黃，亦有駱駝黃，皆西戎所出也。」（四九三頁）中古時期在波斯，牛黃（bezoar）常作藥劑并用於驅邪，參觀B. Laufer, Sino-Iranica, Chicago. 1919, p. 527，漢譯本勞費爾中國伊朗編九一節婆娑石條（三五五—三五七頁）、薛愛華撒馬爾罕的金桃第十一章毛糞石條（四一〇頁）。

細繹此節上下文義，蒙古人極寒無雪磨石禱天，當用於戰事。案梁書卷五十四諸夷列傳西北諸戎芮芮國條：「芮芮國，蓋匈奴別種。魏、晉世，匈奴分爲數百千部，各有名號，芮芮其一部也。……其國能以術祭天而致風雪，前對皎日，後則泥潦橫流，故其戰敗莫能追及。或於中夏爲之，則噎而不雨，問其故，以暖云。」（二／八一七頁）所記芮芮人以術祭天而致風雪亦用於戰爭，與蒙古人頗相似，其術史未載，或亦磨鮓答石之類乎？

【補訂】魏書卷一百二西域傳悦般國條：「其國有大術者，蠕蠕來抄掠，術人能作霖雨、狂風、大雪及行潦，蠕蠕凍死漂亡者十二三。」（六／二二六九頁）按「狂風」，北史卷九十七西域傳悦般國條作「盲風」（十／三二二〇頁）。法苑珠林卷六十一引魏書作「猛風」，又「行潦」後有「水之池」三字（一八〇二頁）。余太山兩漢魏晉南北朝正史西域傳要注（四五五頁）將「水之池」三字補入正文。

唐代宗永泰元年（七六五）十月（參觀通鑑），郭子儀與回紇可汗弟合胡禄都督盟誓，并合兵共擊吐蕃，回紇軍中即有兩巫師既能占卜，又能致風雪。舊唐書卷一百九十五迴紇傳略云：「合胡禄都督等……皆喜曰：『初發本部來日，將巫師兩人來，云：「此行大安穩，然不與唐家兵馬鬭，見一大人即歸。」……巫師有徵矣。』……又五日，朔方先鋒兵馬使、開府、南陽郡王白元光與迴紇兵馬合於涇州靈臺縣西五十里赤山嶺，共破吐蕃等十餘萬衆，斬首五萬餘級，生擒一萬餘人，駝馬牛羊凡百里相繼，不可勝紀，收得蕃落五千餘人。初白元光等到靈臺縣西，探知賊勢，爲月明，思少陰晦，迴紇使巫師便致風雪。及遲明戰，吐蕃盡寒凍，弓矢皆廢，披氈徐進，元光與迴紇隨而殺之蔽野。」（十六／五二〇六頁）

又，以石祈雨之巫術世界各地皆有所見，弗雷澤金枝第五章巫術控制天氣第四節巫術控制雨水條略云：「石頭常常被認爲具有一種帶來雨水的性質，倘若將它們浸入水中或灑上點水，或作其它適當方式的處理就可帶來雨水。在薩摩亞人（南太平洋薩摩亞島上的土人）的一個林子裏，有一種石頭被當成雨神的代表珍藏著，一旦旱災出現，祭司們就帶著這塊石頭列隊來到一條小河邊，將它浸在水中。……在澳大利亞西北部的一些部落中，求雨者來到一塊專爲求雨而劃出的地方，在那裏他砌起一堆石頭或沙土，在其頂部放上他的魔石。然後圍著這個石堆或土堆轉圈和跳舞，一個鐘頭一個鐘頭地念叨他的咒語，直到難忍的飢餓迫使他停下來爲止。這時，他的助手就代替他念咒語，往這塊魔石上澆水，然後燃起一堆大火。當這個巫術儀式正在進行時，任何俗人不得接近這塊聖地。……當瓦孔德代莪(中非洲的一個部落)的居民需要雨水時，就送禮物到瓦旺巴人那裏，他們住在有雨水的山脚下，據説他們是一塊『雨石』的幸運的保存者。作爲對這些禮物的適當報答，瓦旺巴人洗净這塊珍貴的石頭，擦上油並將它放在一個盛滿水的罐子裏，在這之後雨就不會不降落了。……在羅馬城外，馬爾斯廟附近保存著一塊特别的石頭，人們稱之爲拉庇斯曼納利斯。乾旱時這塊石頭就被拉進羅馬城内，人們認爲這樣一來雨水將會立刻降臨。」(一一四—一一八頁，cf. Frazer, 1926, pp. 247—311.)

【補訂】參觀 M. É. Quatremère, *Histoire des Mongols de la Perse*, Paris. 1836, pp. 428—440. W. B. Henning, The Sogdian Texts of Paris, *BSOAS* 11(1943—6), p. 714. N. Poppe, The Turkic loan-words in Middle-Mongolian, *CAJ*(1955), p. 39. G. Doerfer, *Türkische und mongolische Elemente im Neupersischen* I, Wiesbaden, 1963, pp. 286—289.［波斯］拉施特主編，余大鈞、周建奇譯：史集，商務印書館一九八三年版，第一卷第二分册，一六五頁及俄譯者注五。［波斯］剌失德丁原著，波義耳英譯，周良霄譯注成吉思汗的繼承者(史集第二卷)，天津古籍出版社一九九二年，五三—五四頁。上海古籍出版社二〇一八年，三七頁及注四。［法］費瑯編，耿昇、穆根來譯：阿拉伯波斯突厥人東方文獻輯注，中華書局二〇〇一年，二六一—二六三頁注二。

44.1 霆見韃人行軍，只是一箇不靦是蠻逼而已〔一〕。彼亦是人，如何不怕死，但自用師南侵日，少曾喫虧，所以膽愈壯而敢無狀也①。韃人糧食固只是羊馬隨行，不用運餉〔二〕，然一軍中，寧有多少韃人②，其餘盡是亡國之人，韃人隨行羊馬，自食尚不足，諸亡國之人亦須要糧米喫③，以是知不可但誇韃人之强，而不思在我自强之道也。

## 校記

① 敢無狀，李本作「愈無敵」。

② 寧，李本、六經堪本作「寍」，沈本作「甯」，皆避清諱也。章本作「能」。

③ 要，沈本、章本作「用」。

## 注釋

〔一〕○沈曰：「靦是」疑當作「怕死」。

〔二〕以羊馬隨行作軍糧，前代漢人亦知此法，非蒙古人首創。舊唐書卷九十三薛訥傳：「時契丹及奚與突厥連和，屢爲邊患，訥建議請出師討之。開元二年（七一四）夏，詔與左監門將軍杜賓客、定州刺史崔宣道等率衆二萬，出檀州道以討契丹等。杜賓客以爲時屬炎暑，將士負戈甲，齎資糧，深入寇境，恐難爲制勝。中書令姚元崇亦以爲然。訥獨曰：『夏月草茂，羔犢生息之際，不費糧儲，亦可漸進。一舉振國威靈，不可失也。』……六月，師至灤河，遇賊，時既蒸暑，諸將失計會，盡爲契丹等所覆。」（九／二九八四頁）可參觀。

## 45 其破敵

其破敵，則登高眺遠，先相地勢①，察敵情僞，專務乘亂。故交鋒之始，每以騎隊徑突敵陣，一衝纔動，則不論衆寡，長驅直入。敵雖十萬，亦不能支。不動則前隊横過，次隊再撞。再不能入，則後隊如之。方其衝敵之時，乃遷延時刻，爲布兵左右與後之計。兵既四合，則最後至者一聲姑詭②，四方八面響應齊力，一時俱撞。此計之外，或臂團牌，下馬步射〔一〕。一步中鏑③，則兩旁必潰，潰則必亂，從亂疾入敵。或見便以騎蹙步〔二〕，則步後駐隊，馳敵迎擊④。敵或堅壁，百計不中，則必驅牛畜，或鞭生馬，以生攪敵陣，鮮有不敗⑤。敵或森戟外列拒馬〔三〕，絶其奔突⑥，則環騎疏哨，時發一矢，使敵勞動。相持稍久⑦，敵必絶食⑧，或乏薪水〔四〕，不容不動，則進兵相逼。或敵陣已動，故不遽擊，待其疲困，然後衝入。或其兵寡，則先以土撒，後以木拖，使塵衝天，敵疑兵衆，每每自潰；不潰則衝，其破可必〔五〕。或驅降俘，聽其戰敗，乘敵力竭，擊以精鋭。或纔交刃，佯北而走，詭棄輜重，故擲黄白〔六〕，敵或謂是誠敗⑨，逐北不止，衝其伏騎，往往全没。或因真敗而巧計取勝⑩〔七〕，只在乎彼縱此横之間⑪，有古法之所未言者。其勝則尾敵襲殺，不容逋逸。其敗則四散迸走，追之不及。

校　記

① 相，李本作「察」，問影樓本作「審」。
② 至，原作「生」，據諸本改。
③ 步，沈本、羅本、六經堪本作「射」。
④ 迎，羅本、六經堪本作「近」。
⑤ 以生攬敵陣鮮有不敗，李本作「以生馬攬地敵陣鮮有不敗」。生，陳本作「生馬」。攬，章本作「擾」。
⑥ 絶，沈本作「挽」。
⑦ 稍，李本作「既」。
⑧ 敵，問影樓本無此字。
⑨ 誠，陳本作「真」。
⑩ 真，李本作「其」，羅本、六經堪本、王本皆作「喜」。

⑪ 只，章本作「則」。

## 注釋

〔一〕○勝案，41節云：「有團牌，特前鋒臂之，下馬而射，專爲破敵之用。」可參觀。

〔二〕○勝案，以騎蹙步，謂以騎兵逼迫步兵。

〔三〕○勝案，拒馬，古代防騎兵之障礙物。新五代史卷六十二南唐世家李昪：「彦貞之兵施利刃於拒馬，維以鐵索；又刻木爲獸，號『捷馬牌』；以皮囊布鐵蒺藜於地。」（三／七七三頁）宋史卷三百六十六吴璘傳：「凡陣，以拒馬爲限，鐵鈎相連，俟其傷則更代之。」（一一四一六頁）「森戟外列拒馬」即「施利刃於拒馬」也。

〔四〕○勝案，薪水，即柴與水也，代指生活必需品。宋葉適水心先生文集卷二十五朝請大夫提舉江州太平興國宫陳公墓誌銘：「虜既解去，襄城米未食者十五萬，薪水不乏，竟完二城，皆如公策。」（全宋文第二八七册，三七頁）

〔五〕○王曰：遼史兵衛志：「敵軍既陣，料其陣勢小大，山川形勢，往回道路，救援捷徑，漕運所出，各有以制之。然後於陣四面列騎爲隊，每隊走馬五、七百人，十隊爲一道，十道當一面，各有主帥。最先一隊走馬大譟，衝突敵陣，得利則諸隊齊進，若未利，引退，第二隊繼之。退者息馬飲水粆，諸道皆然。更退迭進，敵陣不動，亦不力戰，歷二三日，待其困憊。又令打草穀家丁馬施雙帚，因風疾馳，揚塵敵陣，更互往來。中既飢疲，目不相覩，可以取勝。」

○勝案，施帚揚塵即古之所謂曳柴也。晉楚城濮之戰中晉軍即用此計以迷惑楚軍，左傳僖公二十八年（公元前六三二年）云：「狐毛設二旆而退之。欒枝使輿曳柴而僞遁，楚師馳之，原軫、郤溱以中軍公族横擊之。」杜預注：「曳柴起塵，詐爲衆走。」楊伯峻注引淮南子兵略篇：「曳梢肆柴，揚塵起堨，所以營其目者，此善爲詐佯者也。」（春秋左傳注，四六一—四六二頁。參觀淮南鴻烈集解，五一七頁）新唐書卷一百九十二顏杲卿傳：「即傳檄河北，言王師二十萬入土門，遣郭仲邕領百騎爲先鋒，馳而南，曳柴揚塵，望者謂大軍至。日中，傳數百里。賊張獻誠方圍饒陽，棄甲走。」（十八/五五三〇頁）西方則公元前三二一年托勒密一世（Ptolemy I，367/366—283/281BC）於埃及擊退亞歷山大帝國攝政帕迪卡（Perdiccas，？—320BC）之役時，傳説亦曾用曳柴之計。

〔六〕○勝案，黄白，金銀也。

〔七〕○勝案，柏朗嘉賓蒙古行紀第八章：「如果韃靼人佯敗退卻，不要窮追不放，走得太遠，除非能够確切地看到不會被誘入敵人的埋伏圈，因爲誘敵進入自己設下的埋伏圈是韃靼人慣用的伎倆。……戰鬥部隊應注意不要窮追太遠，因爲韃靼人慣於設伏兵。實際上，與其説韃靼人是以勇力取勝，還不如説是以韜略而獲捷。……如果韃靼人在戰鬥中被摔下馬來，那就要立即活擒，因爲一旦當他們站起來之後，便會雨點般地用箭射人，殺傷對方的人馬。」（八〇、八二頁）馬可波羅行紀第一卷第六九章：「其作戰勝敵之法如下：此輩不以退走爲恥，蓋退走時回首發矢射敵，射極準，敵人大受傷。馬受訓練，往回疾馳，惟意所欲，雖犬亦不能如其迅捷，則其退走戰亦不弱於相接戰。蓋退走時向追者發矢甚多，追者自以爲勝，不虞及此也。及見敵騎死傷，則皆回騎，大呼進擊破敵。蓋彼等極驍勇耐勞，敵人見其奔逃而自以爲獲勝時，實不自知爲敗亡之徵，而韃靼將乘勢回擊也。其用此法取勝之例不少。」（二〇〇四，二四七頁）

契丹人作戰亦相似，雲麓漫鈔卷六契丹用兵條云：「其用兵之術，成列而（不）戰，休兵而乘之。多伏兵，斷糧道，互相舉火，饋餉自賫。退敗無恥，散而復聚。」（一〇八頁）遼史卷三十四兵衛志上兵制云：「成列不戰，退則乘之。多伏兵斷糧道，冒夜舉火，上風曳柴。饋餉自齎，散而復聚。善戰，能寒。此兵之所以强也。」（四〇〇頁）

【補訂】韃靼史第一章：「如果對手的實力佔了上風，他們就在對手面前逃跑，就像對手使得他們迅速逃命一樣。當穿著甲冑的對手長時間追趕不穿甲冑的韃靼人，武器輜重、遥遠路程使得其對手十分疲勞，不能再追趕韃靼人，於是韃靼人就跨上精力充沛的戰馬，調轉馬頭進攻對手，非死即擒。有時，他們甚至在逃跑的過程中，跟對手拉開一定距離，以便彼此分散，誘敵深入。因此，伴隨一聲哨響或他們中的一個人發出的喊叫，他們再次聚集，包圍全部敵人，將其制服。……當他們包圍一座城堡或者一個城市，覺得勝利無望的時候，他們就稍稍撤退隱藏起來。

被圍困的人們以爲韃靼人已經走遠了，甚至認爲韃靼人已經放棄了他們的領土，那些人就打開要塞的大門，似乎已經獲得安全了。這時，韃靼人卻殺了回來，佔領了這座城市或者城堡。」

## 46 其軍馬將帥

其軍馬將帥，舊謂之十七頭項〔一〕。忒没真〔二〕。即成吉思，死後其軍馬兀窟䚟之母今自領之。僞大太子拙職〔三〕，已殺死了。僞二太子茶合䚟〔四〕，見出戍回回國。僞三太子兀窟䚟〔五〕，即今韃主。僞四太子駞欒〔六〕。自河南歸病死。以上四人並忒没真子。忒没哥窩真、或呼爲窩陳，又呼爲裊聖大王，乃忒没真弟〔七〕。按只䚟、忒没真之姪，兀窟䚟之弟〔八〕。撥都馬、忒没真之婿〔九〕。白廝馬、一名白廝卜①，即白韃僞太子，忒没真之婿②，僞公主阿剌罕之前夫〔一〇〕。暮花里國王、黑韃人，乃博窩之父③，察剌温之祖也〔一一〕。紇忒郡王、黑韃人〔一二〕。蕭夫人、契丹人，專管投拜户砲車④〔一三〕。阿海、契丹人。元在德興府〔一四〕。秃花、即阿海之弟，元在宣德府〔一五〕。明安、契丹人，今燕京大哥行省憨塔卜，其子也〔一六〕。劉伯林，漢人中第一萬户。〔一七〕兵數多寡，不得而知。但一夫而數妻，或一妻而數子，昔稀今稠，則有增而無減。今之頭項，又不知其幾，老酋宿將，死者過半。曩與金虜交兵，關河之間，如速不䚟〔一八〕、忒没䚟〔一九〕、塔察兒、今名倴盞〔二〇〕。按察兒却尚無恙〔二一〕，然戰争不休，則續能兵者，又似不乏。

## 校記

① 兩處「斯」，李本作「撕」。

② 忒没真之婿，諸本皆無「之」字。

③ 乃，原同諸本作「刀」，據陳本改。

④ 砲車，沈本、章本作「死事」，羅本、六經堪本作「死車」，皆爲「砲車」之訛。

## 注釋

〔一〕○王曰：續資治通鑑長編二十七：「太宗雍熙二年宋琪疏言，晉末契丹頭下兵謂之大帳，有皮室兵約三萬人騎，皆精甲也，爲其爪牙。國母舒嚕氏頭下，謂之舒紳，有衆二萬。」○元史木華黎傳：「（太祖）丙戌夏，〔詔〕封功臣户口爲食邑，曰十投下，孛魯居其首。」又朮赤台傳：「其先剌真八都，以材武雄諸部。生子曰兀魯兀台，曰忙兀，與札剌兒、弘吉剌、亦乞烈思等五人。當開創之先，協贊大業。厥後太祖即位命其子孫，各因其名〔爲〕氏，號五投下。」○金史國用安傳：「（用安）語（因）世英曰：『予向隨大（軍）〔兵〕攻汴，嘗於開陽門下與侯摯議内外夾擊。此時大兵病死者衆，十七頭項皆在京城，若從吾言出軍，中興久矣。』」許有壬右丞相怯烈公神道碑中州文表二十二云：「世所謂十七投下，此其一也。」是頭項者，投下之音訛，此語本出契丹。遼史地理志「頭下（諸）〔軍〕州，皆諸王、外戚、大臣及諸部從征俘（略）〔掠〕，或置生口，各團集建州縣以居之」云云。

○勝案，王注所引許有壬文見圭塘小稿，文中所記「十七投下」爲世食賦税之封户，與此處軍馬元帥「十七頭項」實無關（參觀蔡美彪説頭項、頭下與投下，遼金元史十五講二二二—二二三頁）。兵馬元帥稱頭項，續資治通鑑長編卷五百一：「元祐中，种誼、李祥等言：青唐二十三頭項兵馬，十九頭項欲歸漢，其首領皆齎信旗、銀笠子，赴蘭岷州安撫司爲質信。」

【補訂】李治安元代政治制度研究第三章投下與蒙古制度一元代投下考述（二）投下的含義一小節引黑韃事略「其軍馬將帥」條，云：「黑韃事略成書於蒙古國窩闊台汗九年（一二三七）。故文中的『頭項』（投下）乃元代最早見於典籍的。從上下文義看，既然是講『軍馬將帥』，後面又開列了十七『頭項』的名字及簡況，那麼，此處的頭項（投下）自然不是『征伐所得俘户私屬、諸王分地、勛臣食邑』等義，而只能是『部』、『首領』之義。若參酌下文的『其頭項分戍，則窩真之兵在遼東，茶合解之兵在回回，拔都駙馬之兵在河西』，以及金史卷一一七國用安傳：『此時大兵病死者衆，十七頭項皆在京師』等文字，此處的『頭項』（投下）又偏重於軍隊集團——『部』。」（三六〇頁）可參觀。

〔二〕○李曰：忒没真，元史及輟耕録作鐵木真，元秘史作帖木真。

〔三〕○李曰：拙職，元史作朮赤。

〔四〕○李曰：茶合䚟，元史作察合台。

○勝案，茶合䚟，元史多作「察合台」，又作「察合帶」（卷六十八、六十九、七十禮樂志，六／一六九五、一七一八、一七五四頁）、「茶合䚟大王」（卷九十五食貨志三，八／二四一四頁）、「察哈台」（卷一百二十亦力撒合傳，十／二九五七頁）、「察哈台阿哈」（卷一百二十四忙哥撒兒傳，十／三〇五七頁）。秘史多作「察阿歹」（二四三節等）或「察阿歹阿哈」（二六九節等），又作「察阿答牙」（二四二節）。參觀方齡貴（一九八六，一八九—一九〇頁）。

〔五〕○李曰：兀窟䚟，即元太宗也，史作窩闊台。

〔六〕○李曰：駞欒，即憲宗蒙哥及世祖皇帝忽必烈之父、追稱睿宗皇帝者也，史作拖雷。

○勝案，「及」字問影樓本誤作「即」。駞欒譯名亦見於心史（參觀鄭思肖集一七七頁）。

〔七〕○李曰：忒没哥窩真，元史作斡嗔那顏。秘史作帖木格，又作斡赤斤。西遊記作斡辰大王。

○王曰：案「忒没哥窩真」下原注：「又呼爲㚖聖大王。」「㚖」，當作「烏」。烏聖大王，即長春真人西游記所謂斡辰大王。元史宗室世系表所謂國王斡嗔那顏，亦即窩真之異譯也。

○勝案，忒没哥窩真，元史作「斡赤斤」（卷一太祖紀甲子歲，一／一二頁）、「斡陳那顏」（卷一太祖紀八年，一七頁），「斡真那顏」（卷九十五食貨志三歲賜條，八／二四一三頁），「鐵木哥斡赤斤」、「斡嗔那顏」、「鐵木哥斡赤斤國王」（卷一百七宗室世系表，九／二七一一—二七一二頁），「斡真」（卷一百二十四岳璘帖穆爾傳，十／三〇五〇頁），「斡臣」（卷一百六十二劉國傑傳，十三／三八〇七頁）。親征録又作「斡赤斤那顔」（甲子條，三七二頁）。秘史作「帖木格斡惕赤斤」（六〇節）、「帖木哥斡惕赤斤」（九九節）、「帖木格」（六〇、七九節）、「斡惕赤斤」（一九五節等）、「斡惕赤斤那顔」（一九〇節等），參觀方齡貴（一九八六，一一一—一一二頁）。心史作「斡（斡）真」（鄭思肖集一七七頁），南村輟耕録卷一大元宗室世系條作「鐵木哥斡赤［斤］國王即斡真那顔」（四頁）。蒙韃備録太子諸王條：「成吉思皇帝兄弟凡四人。成吉思居長，大皇弟久已陣亡。二皇弟名便古得那，見在國中。三皇弟名忒没葛真。」王國維箋證：「元朝秘史卷一：『訶額倫生了四箇兒子，一名帖木真，一名合撒兒，一名合赤温，一名帖木格。』又卷二：『帖木真釣得一箇金色魚兒，他異母弟別克帖兒、別勒古台兩箇奪要了。』是成吉思兄弟共六人，此録便古得那即別勒古台，忒没葛真即帖木格，又即元史宗室世系表之鐵木哥斡赤斤者也。」（一六二—一六三頁）

〔八〕〇勝案，參觀4.1節注〔二〕。

〔九〕〇勝案，蒙韃備録太子諸王條：「女七人，長公主曰阿其鱉拽，今嫁豹突駙馬。」王國維箋證：「元史公主表：『昌國大長公主帖木侖，烈祖女，適昌忠武王孛秃。主薨，繼室以「太祖女」昌國大長公主火臣別吉。』火臣別吉，秘史作豁真別乞，聖武親征録作火阿真伯姬，此阿其鱉拽，『其』亦『真』之訛也。豹突，即孛秃。」（一六四—一六五頁）撥都爲豹突、孛秃之異譯，撥都馬即47節撥都駙馬之簡稱。孛秃，秘史又作「不圖」（一二〇節），親征録癸亥條、元史太祖紀作「孛徒」（三六二頁；一一頁），撥都駙馬即秘史不秃古列堅（二〇二節），參觀方齡貴（一九八六，一三—一四頁）。

元史卷一百一十八孛秃傳略云：「孛秃，亦乞列思氏，善騎射。太祖嘗潛遣朮兒徹丹出使，至也兒古納河。孛秃知其爲帝所遣，值日暮，因留止宿，殺羊以享之。朮兒徹丹馬疲乏，復假以良馬。及還，孛秃待之有加。朮兒徹丹具以白帝，帝大喜，許妻以皇妹帖木倫。……既而札赤剌歹札木哈、脱也等以兵三萬入寇。孛秃聞之，遣波欒歹、磨里秃秃來告，乃與哈剌里、札剌兀、塔兒哈泥等討脱也等，掠其輜重，降其民。乃蠻叛，帝召孛秃以兵至，大戰敗之。皇妹薨，復妻以皇女火臣別吉。……從太師國王木華黎略地遼東、西，以功封冠懿二州。從征西夏，病薨。贈推忠宣力佐命功臣、太師、開府儀同三司、駙馬都尉、上柱國，進封昌王，謚忠武。」（十／二九二一—二九二二頁）

〔一〇〕○勝案，蒙韃備録太子諸王條：「二公主曰阿里海百因，俗曰必姬夫人，曾嫁金國亡臣白四部，死寡居。今領白韃靼國事，日逐看經，有婦士數千人事之。」王國維箋證：「公主表：『趙國大長公主阿剌海別吉，太祖女，適趙武毅王孛要合。』又阿剌兀思惕吉忽里傳：『太祖留阿剌兀思惕吉忽里歸鎮本部，爲其部衆所殺，長子不顔昔班併死之。其妻阿里（海）［黑］攜幼子孛要合與姪鎮國逃難，夜遁至界垣。』又云：『孛要合幼從攻西域，還封北平王，尚阿剌海別吉公主。』語本閻復駙馬高唐忠獻王碑。是以阿里(海)[黑]爲阿剌兀思之妻，阿剌海別吉爲孛要合之妻，屠氏寄曰：『此録之阿里海必姬即阿剌海別吉異文，白四部即不顏昔(丹)[班]之音差。又黑韃事略徐霆注云：『白厮馬一名白厮卜，即白韃僞太子、忒没真壻、僞公主阿剌罕之前夫。』案，白厮卜爲不顏昔班之音差，白厮馬爲不顏昔班駙馬之省變，阿剌罕即阿剌海之異文，不顏昔班本阿剌兀思之長子，故曰白韃僞太子，其云僞公主阿剌罕之前夫者，對後夫而言，霆之奉使在宋嘉熙間，其時阿剌海必姬改嫁孛要合已十餘年矣，孟珙作備録在辛巳歲，正成吉思在西域追札剌勒丁入印度之年，其時不顏昔班已死，孛要合從軍未歸，正阿剌海寡居時也。』云云。屠説至明確，故具録之。」（一六五—一六六頁）

〔一一〕○李曰：暮花里，元史作木華黎，蒙韃備録作没黑肋。「刀」，當是「乃」字。

○沈曰：刀博窩，「刀」蓋「即」字之誤，博窩即備録之袍阿。察剌温即塔思也。博窩爲察剌温父，然則是孛魯也。

○王曰：自暮花里國王以上，均見蒙韃備録箋證。按只觧見前箋。

○勝案，蒙韃備録諸將功臣條：「國王止有一子名袍阿，美容儀，不肯剃婆焦，只裹巾帽，著窄服，能諸國語。」袍阿，王國維箋注：「元史木華黎傳作『孛魯』，黑韃事略作『博窩』。」（一六八—一六九頁）拉施特史集作 būgūl（第一卷第一分册，一五〇頁），伯希和考此名蒙古語意爲奴僕（cf. Pelliot et Hambis, 1951, p. 371）。案，華夷譯語人物門：「奴婢曰孛斡（boqul）。」（四二頁）察剌温，元史木華黎傳作「查剌温」（十／二九三七頁）。

〔三〕○王曰：「紇忒郡王者，朮赤台之子。」元史朮赤台傳：「子怯台，材武過人，……以勞封德清郡王。」

○勝案，紇忒郡王，即元史卷一百五十郝和尚拔都傳之「郡王迄忒」（十二／三五五三頁）。紇忒，蒙古秘史二〇二節作「客台」，聖武親征録與元史朮赤台傳皆作「怯台」，元史太祖紀作「可忒」。太祖紀云：「（八年，一二一三）秋七月，克宣德府，遂攻德興府。皇子拖雷、駙馬赤駒先登，拔之。帝進至懷來，及金行省完顏綱、元帥高琪戰，敗之，追至北口。金兵保居庸，詔可忒、薄剎守之。遂趨涿鹿。金西京留守忽沙虎遁去。帝出紫荆關，敗金師於五回嶺，拔涿、易二州。契丹訛魯不兒等獻北口，遮別遂取居庸，與可忒、薄剎會。」（一／一六頁）親征録云：「壬申（一二一二年），破宣德府。至德興府，失利，引卻。四太子也可那顏、赤渠駙馬率兵，盡克德興境内諸堡而還。後金人復收之。癸酉（一二一三）秋，上復破之，遂進軍至懷來。金帥高琪將兵與戰，我軍追至北口，大敗之，死者不可勝計。時金人塹山築寨，悉力爲備，上留怯台、薄察頓兵拒守，遂將别衆西行，由紫荆口出。金主聞之，遣大將奥屯拒隘，勿使及平地。比其至，我衆度關矣。乃命哲別率衆攻居庸南口，出其不備破之。進兵至北口，與怯台、薄察軍合。既而又遣諸部精兵五千騎，令怯台、哈台二將圍守中都。上自率兵攻涿、易二州，即日拔之。」（三九二—三九五頁）

〔一三〕○沈曰：植案，元初以婦人而統部曲，惟耶律留哥之妻姚里氏。此蕭夫人，當即是姚里氏也。遼以后族爲蕭，概不論其本氏。留哥嘗僭號，故其妻沿遼時后制，不稱姚里而稱蕭。

○王曰：蕭夫人當作蕭大夫，即石抹也先。輟耕録一：「石抹曰蕭。」元史石抹也先傳：「也先〔者〕，遼人〔也〕。……以御史大夫提控諸路元帥府事。……後從國王木華黎攻蠡州北城，先登，中石死。」姚燧故提刑趙公夫人楊氏新阡銘：「太師國王徇地至蠡，其（刺）〔刺〕猶城守，礮殺王悍將蕭大夫。」與此注云「死事」合也。沈乙庵先生曰：「植案，元初以婦人而統部曲，惟耶律留哥之妻姚里氏。此蕭夫人，當即是姚里氏。遼以后族爲蕭，概不論其本氏。留哥嘗僭號，故其妻沿遼舊制，不稱姚里而稱蕭。」附記於此，似以鄙説爲較長。

○勝案，王本原文「死事」二字作「砲車」，蓋趙萬里據天一閣本覆勘時所改，然與王注不吻合矣。蕭也先，亦作蕭阿先。蘇天爵國朝名臣事略卷一太師魯國忠武王木華黎云：「王自中都南攻遂城及蠡州諸城，皆下之。蠡之役，蕭阿先中流矢卒。」注引牧菴姚公（即姚燧）撰招撫使王興秀碑略云：「大兵及〔蠡〕城，城方力完守具，礮死蕭大夫。」又按察使趙瑨碑略云：「從太師、國王徇地至蠡，其刺猶城守，砲殺王悍將蕭大夫。」（四—五頁）參觀姚燧牧菴集卷二十一懷遠大將軍招撫使王公神道碑（三三五頁）、卷二十七提刑趙公夫人楊君新阡碣（四二三頁）。

也先，一作也鮮。黄溍金華黄先生文集卷二十七沿海上副萬户石抹公神道碑：「公諱明里帖木兒，别名繼祖，字伯善。迪烈糺人。其先出於梁蕭氏，隋蕭后以族入於突厥，後歸唐，而其族留突厥。至遼爲述律氏，仕遼多至顯官。金滅遼，改命爲石抹氏。……曰脱羅華察耳者，於公爲五世祖，承先志，亦不仕。其第二子曰也鮮，公高祖也。……特授御史大夫，領北京達魯花赤，别募精鋭之士萬二千，號『黑軍』，以其籍來上。賜金虎符，加上將軍、提空諸路元帥府，便宜行事。太祖西征，俾統糺、漢、黑軍，偕諸將經略中原，徇地至蠡州死焉。」（參觀黄溍全集六九一—六九二頁）。

〔一四〕○李曰：耶律阿海，元史有傳。

○勝案，元史卷一百五十耶律阿海傳：「耶律阿海，遼之故族也。金桓州尹撒八兒之孫，尚書奏事官脱迭兒之子也。阿海天資雄毅，勇略過人，尤善騎射，通諸國語。金季，選使王可汗，見太祖姿貌異常，因進言：『金國不治戎備，俗日侈肆，亡可立待。』帝喜曰：『汝肯臣我，以何爲信？』阿海對曰：『願以子弟爲質。』明年，復出使，與弟秃花俱往，慰勞加厚，遂以秃花爲質，直宿衛。阿海得參預機謀，出入戰陣，常在左右。……丙寅（一二〇六），帝建龍旂，即大位，敕左帥闍别略地漢南，阿海爲先鋒。辛未（一二一一），破烏沙堡，鏖戰宣平，大捷澮河，遂出居庸，耀兵燕北。

癸酉（一二一三），拔宣德、德興，乘勝次北口，闍別攻下紫荆關。……甲戌（一二一四），金人走汴，阿海以功拜太師，行中書省事；封秃花爲太傅、濮國公，每宴享，必賜坐。命秃花從木華黎取中原。阿海從帝攻西域，俘其酋長只闌秃，下蒲華、尋斯干等城，留監尋斯干，專任撫綏之責。未幾，以疾薨於位，年七十三。至元十年，追封忠武公。」（十二／三五四八—三五四九頁）

〔一五〕○勝案，元史卷一百四十九耶律秃花傳：「耶律秃花，契丹人。世居桓州，太祖時，率衆來歸。大軍入金境，爲鄉導，獲所牧馬甚衆。後侍太祖，同飲班朮河水。從伐金，大破忽察虎軍。又從木華黎收山東、河北，有功，拜太傅、總領也可那延，封濮國公，賜虎符、銀印，歲給錦幣三百六十匹。統萬户札剌兒、劉黑馬、史天澤伐金，卒於西河（和）州。」（十二／三五三二頁）

〔一六〕○勝案，元史卷一百五十石抹明安傳略云：「石抹明安，桓州人。……歲壬申（一二一二），太祖率師攻破金之撫州，……（明安）策馬來降，……命領蒙古軍，撫定雲中東西兩路。……乙亥（一二一五）春正月，取通州，金右副元帥蒲察七斤以其衆降，明安命復其職，置之麾下，遂駐軍于京南建春宫。……四月，攻萬寧宫，克之。取富昌、豐宜二關，攻拔固安縣。……五月，明安將攻中都，金相完顔復興飲藥死。辛酉，城中官屬父老緇素，開門請降。……中都既下，加太傅、邵國公，兼管蒙古漢軍兵馬都元帥。丙子（一二一六），以疾卒于燕城，年五十三。子二人：長咸得不，襲職爲燕京行省。次忽篤華，太宗時，爲金紫光禄大夫、燕京等處行尚書省事，兼蒙古漢軍兵

馬都元帥。」（十二／三五五六—三五五七頁）

憨塔卜，即咸得不之異譯，又作咸得卜，以其居長，故曰「燕京大哥行省」。卷一百四十六耶律楚材傳：「燕薊留後長官石抹咸得卜尤貪暴，殺人盈市。」（十一／三四五六頁）可參觀。

【補訂】王國維蒙韃備録箋證諸將功臣條「又其次曰大葛相公」：「黑韃事略：『明安，契丹人，今燕京大哥行省憨塔卜，其子也。』大葛相公即大哥行省。元史石抹明安傳：『丙子以疾卒於燕城。子咸得不，襲職爲燕京行省』」案蒙韃備録稱「今曰辛巳年（一二二一）」，時石抹明安已卒，憨塔卜襲職燕京行省。

〔一七〕○勝案，元史卷一百四十九劉柏林傳略云：「劉伯林，濟南人。好任俠，善騎射，金末爲威寧防城千戶。壬申歲（一二一二），太祖圍威寧，伯林知不能敵，乃縋城詣軍門請降。太祖許之，……命選士卒爲一軍，與太傅耶律秃懷同征討，招降山後諸州。太祖北還，留伯林屯天成，遏金兵，前後數十戰。進攻西京，録功，賜金虎符，以本職充西京留守，兼兵馬副元帥。癸酉（一二一三），從征山東，攻梁門、遂城，下之。乙亥（一二一五），同國王木華黎攻破燕京。丁丑（一二一七），復從大軍攻下山東諸州。……戊寅（一二一八），同攻下太原、平陽。己卯（一二一九），破潞、絳及火山、聞喜諸州縣。……辛巳（一二二一），以疾卒，年七十二。累贈太師，封秦國公，謚忠順。子黑馬。……驍勇有志略，年幾弱冠，隨父征伐，大小數百戰。……歲壬午（一二二二），襲父職，爲萬户，佩虎符，兼都元帥。……歲己丑（一二二九），太宗即位，始立三萬户，以黑馬爲首，重喜、史天澤次之，授金虎符，充管把平陽、宣德等路管軍萬户，仍僉太傅府事，總管漢軍。」

案，據傳文所載壬午黑馬襲父職爲萬户，則伯林此前早爲萬户矣。然此與下文太宗己丑始立三萬户相矛盾，羅依果（Igor de Rachewiltz, 1966, pp. 110—111.）、黄時鑑關於漢軍萬户設置的若干問題均以爲劉柏林未任萬户。

〔一八〕○勝案，速不觧（元史李邦瑞傳同，三六二〇頁），元史或作速不台（速不台傳，又見苫徹拔都兒傳三〇三一頁、耶律楚材傳三四五九頁、郭寶玉傳三五二二—三五二三頁、王珍傳三五九二頁）、雪不台（雪不台傳）、速卜帶（昔里鈐部傳三〇一一頁）、唆伯台（按扎兒傳三〇〇七頁）〔參觀汪輝祖元史本證卷四十五證名九，五一五頁〕，秘史作速別額台，親征録作速不台、速不歹，史集作 sūbādāi。

元史卷一百二十一速不台傳略云：「速不台，蒙古兀良合人。其先世獵於斡難河上，遇敦必乃皇帝，因相結納，至太祖時，已五世矣。捏里必者生孛忽都，衆目爲折里麻。折里麻者，漢言有謀略人也。三世孫合赤温，生哈班。哈班二子，長忽魯渾，次速不台，俱驍勇善騎射。……速不台以質子事帝，爲百户。歲壬申（一二一二），攻金桓州，先登，拔其城。帝命賜金帛一車。滅里吉部强盛不附。……己卯（一二一九），大軍至蟾河，與滅里吉遇，一戰而獲其二將，盡降其衆。

其部主霍都奔欽察，速不台追之，與欽察戰於玉峪，敗之。壬午（一二二二），帝征回回國，其主滅里委國而去。命速不台與只別追之，及於灰里河，只別戰不利，速不台駐軍河東，戒其衆人爇三炬以張軍勢，其王夜遁。復命統兵萬人由不罕川必里罕城追之，凡所經歷，皆無水之地。既度川，先發千人爲游騎，繼以大軍晝夜兼行。比至，滅里逃入海，不月餘，病死，盡獲其所棄珍寶以獻。……癸未（一二二三），速不台上奏，請討欽察。許之。遂引兵繞寬定吉思海，輾轉至太和嶺，鑿石開道，出其不意。至則遇其酋長玉里吉及塔塔哈兒方聚於不租河，縱兵奮擊，其衆潰走。矢及玉里吉之子，逃於林間，其奴來告而執之，餘衆悉降，遂收其境。又至阿里吉河，與斡羅思部大、小密赤思老遇，一戰降之，略阿速部而還。……又奏以滅里吉、乃蠻、怯烈、杭斤、欽察諸部千户，通立一軍，從之。略也迷里霍只部，獲馬萬匹以獻。……丙戌（一二二六），攻下撒里畏吾、特勤、赤閔等部，及德順、鎮戎、蘭、會、洮、河諸州，得牝馬五千匹，悉獻於朝。……己丑（一二二九），太宗即位，以禿滅干公主妻之。……壬辰（一二三二）夏，睿宗還駐官山，留速不台統諸道兵圍汴。癸巳（一二三三），金主渡河北走，追敗之於黄龍岡，斬首萬餘級。金主復南走歸德府，未幾，復走蔡州。汴降，俘其后妃及寶器以獻，進圍蔡州。甲午（一二三四），蔡州破，金主自焚死。……乙未（一二三五），太宗命諸王拔都西征八赤蠻，……遂命爲先鋒，與八赤蠻戰。繼又令統大軍，遂虜八赤蠻妻子於寬田吉思海。八赤蠻聞速不台至，大懼，逃入海中。辛丑（一二四一），太宗命諸王拔都等討兀魯思部主也烈班，爲其所敗，圍禿里思哥城，不克。拔都奏遣速不台督戰，速不台選哈必赤軍怯憐口等五十人赴之，一戰獲也烈班。進攻禿里思哥城，三日克之，盡取兀魯思所部而還。經哈咂里山，攻馬札兒部主怯憐。速不台爲先鋒，與諸王拔都、吁里兀、昔班、哈丹五道分進。衆曰：『怯憐軍勢盛，未可輕進。』速不台出奇計，誘其軍至漷寧河。……諸王以敵尚衆，欲要速不台還，徐圖之。速不台曰：『王欲歸自歸，我不至禿納河馬茶城，不還也。』及馳至馬茶城，諸王亦至，遂攻拔之而還。……丙午（一二四六），定宗即位，既朝會，還家於禿刺河上。戊申（一二四八）卒，年七十三。贈效忠宣力佐命功臣、開府儀同三司、上柱國，追封河南王，謚忠定。」（十／二九七五—二九七八頁）

按元史卷一百二十二雪不台傳（十／三〇〇八—三〇〇九頁）記攻滅里吉於蟾河在太祖十一年（一二一六），太宗詔拔都西征在六年（一二三四），卒後追贈及定謚號則在至大元年（一三〇八）等，與速不台傳有異。

又，關於征滅里吉（即蔑里乞）始末，元史太祖紀云：「歲甲子（一二〇四），……遂進兵伐乃蠻。……禽殺太陽罕。……餘衆悉降。已而復征蔑里乞部。其長脱脱奔太陽罕之兄卜欲魯罕；其屬帶兒兀孫獻女迎降，俄復叛去。……元年丙寅（一二〇六）……帝既即位，遂發兵復征乃蠻。時卜欲魯罕獵於兀魯塔山，擒之以歸。太陽罕子屈出律罕與脱脱奔也兒的石河上。……

（三年戊辰，一二〇八）冬，再征脱脱及屈出律罕。時斡亦剌部等遇我前鋒，不戰而降，因用爲嚮導。至也兒的石河，討蔑里乞部，滅之。脱脱中流矢死。屈出律罕奔契丹。」（一／一二一—一四頁）［參觀聖武親征録（三七二—三八二頁）、史集第一卷第二分册（二〇五—二一〇頁）、蒙古秘史第一五八、一九三—一九八、二〇二節］

而親征録又記：「丁丑（一二一七），上遣大將速不台拔都以鐵裹車輪，征蔑兒乞部，與先遣征西前鋒脱忽察兒二千騎合。至蟴河，遇其長大戰，盡滅蔑兒乞還。」（四〇九—四一〇頁）蟴河，即速不台傳之「蟾河」，秘史一九八節作「垂河」，史集作 jm-mūrān。

此役速不台傳繫於己卯（一二一九年），親征録在丁丑（一二一七年），史集（第一卷第二分册二四四—二四五頁）、秘史（一九九節）同。王惲大元光禄大夫平章政事兀良氏先廟碑銘則繫於丙子（一二一六）下、辛巳（一二二一）追滅里吉酋長霍都前（參觀秋澗先生大全集卷五十，元人文集珍本叢刊第二册，一〇四頁。又全元文卷一八三，第六册三八三頁）。

〔一九〕○王曰：忒没斛者，聖武親征録云：「速不歹拔都、忒木歹火兒赤、貴由拔都、塔察兒，適與金戰。金遣兒子曹王入質我軍，遂退忒木歹。」即此忒没斛也。

○勝案，親征録此條王氏校注云：「秘史蒙文續集二載太宗初領散班者有帖木迭兒，即此忒木歹火兒赤也。」（四三一頁）帖木迭兒見秘史二七八節。又，元史中與「忒没斛」同名者，有卷九十五食貨志三歲賜條之「忒木台駙馬」（八／二四三二頁），卷一百九公主表之「忒（不）〔木〕歹駙馬」（九／二七六二頁），卷一百三十一奧魯赤傳之「忒木台」（十一／三一九〇頁）。［cf. Pelliot et Hambis, p. 354. Olbricht und Pinks, pp. 199—200.］

彭大雅所記之忒没䚟嘗與金交兵，與親征録之「忒木歹火兒赤」相合，然與上述諸人能否勘同，尚需分析。忒木台／歹駙馬未詳。奧魯赤傳云：「奧魯赤，札剌台人。曾祖豁火察。……祖朔魯罕。……父忒木台，從太宗征杭里部，俘部長以獻。復從征西夏有功，特命行省事，領兀魯、忙兀、亦怯烈、弘吉剌、札剌兒五部軍。平河南，以功賜户二千。嘗駐兵太原、平陽、河南，土人德之，皆爲立祠。」（十一／三一九〇頁）奧魯赤父忒木台攻金河南地，與彭氏所記情事合。

又元史卷一百二十二唵木海傳云：「唵木海，蒙古八剌忽䚟氏，與父孛合出俱事太祖，征伐有功。帝嘗問攻城掠地，兵仗何先，對曰：『攻城以砲石爲先，力重而能及遠故也。』帝悦，即命爲砲手。歲甲戌（一二一四），太師國王木華黎南伐，帝諭之曰：『唵木海言攻城用砲之策甚善，汝能任之，何城不破。』即授金符，使爲隨路砲手達魯花赤。唵木海選五百餘人教習之，後定諸國，多賴其力。太宗即位，留爲近侍，以講武藝。歲壬辰（一二三二），從攻河南有功。壬子（一二五二），憲宗特授虎符，升都元帥。癸丑（一二五三），從宗王旭烈兀征剌里西番、斜巨山、桃里寺、河西諸部，悉下之。卒，子忒木台兒以從戰功授金符，襲砲手總管。至元十年（一二七三），……

以功授行省斷事官，復令其子忽都答兒襲砲手總管。……十五年（一二七八），兼平江路達魯花赤，尋遷徽州、湖州，卒。忽都答兒後升砲手萬户，改授達魯花赤，卒。」（十／三〇一〇頁）

據傳文可知唵木海家族世代精於砲戰，其子忒木台兒以從父征戰功授金符，則壬辰歲唵木海攻金河南地時，忒木台兒當即在軍中，此與彭氏所記亦合。忒木台兒掌砲事，與此節前記蕭也先專管投拜户砲事相似。蒙文語尾-r 與-i 易混（cf. Pelliot et Hambis, p. 354.），忒木台（Tämütäi）訛爲忒木台兒［Tämütär，此與秘史帖木迭兒（Tämüdär）音亦近］。故鄙見以此節忒没觧當唵木海子忒木台兒，或可備一説歟？

〔二〇〕○勝案，元史卷一百一十九塔察兒傳：「塔察兒，一名倴盞，居官山。伯祖父博爾忽，從太祖起朔方，直宿衛爲火兒赤。火兒赤者，佩櫜鞬侍左右者也。由是子孫世其職。博爾忽從太祖平諸國，宣力爲多，當時與木華黎等俱以功號四傑。塔察兒，其從孫也，驍勇善戰，幼直宿衛。太祖平燕，睿宗監國，聞燕京盜賊恣意殘殺，直指富庶之家，載運其物，有司不能禁。乃遣塔察兒、耶律楚材窮治其黨，誅首惡十有六人，由是巨盜屏跡。太宗伐金，塔察兒從師，授行省兵馬都元帥，分宿衛與諸王軍士俾統之，下河東諸州郡，濟河，破潼關，取陝洛。辛卯（一二三一），從圍河中府，拔之。壬辰（一二三二），從渡白坡。時睿宗已自西和州入興元，由武關出唐、鄧，太宗以睿宗與金兵相持久，乃遣使約期，會兵合進。即詔發諸軍至鈞州，連日大雪，睿宗與金人戰於三峰山，大破之。詔塔察兒等進圍汴城。金主即以兄子曹王訛可爲質，太宗與睿宗還河北。塔察兒復與金兵戰于南薰門。癸巳（一二三三），金主遷蔡州，塔察兒復帥師圍蔡。甲午（一二三四），滅金，遂留鎮撫中原，分兵屯大河之上，以遏宋兵。丙申（一二三六），破宋光、息諸州，事聞於朝，以息州軍民三千户賜之。戊戌（一二三八）卒。」（十／二九五二—二九五三頁）

〔三二〕〇王曰：阿海、秃花、明安、速不觧、塔察兒、按察兒，並元史有傳。

〇勝案，按察兒，元史本傳作「按扎兒」。元史卷一百二十二按扎兒傳略云：「按扎兒，拓跋氏，嘗扈從太祖南征。歲丙子（一二一六），復從定諸部有功，命領蒙古軍爲前鋒，時木華黎暨博爾朮爲左右萬户長，各以其屬爲翊衛。……歲己卯（一二一九），河中府降，兵北還，以按扎兒領前鋒總帥，仍統所部兵屯平陽以備金，攝國王事。時金將乞石烈氏擁兵數爲邊患，然畏按扎兒威名，不敢輕犯其境。歲壬午（一二二二），元帥石天應守河中府，屯中條山，金侯將軍率昆弟兵十余萬夜襲河中，……敵至，聲援弗繼，城遂陷，天應死焉，遂燔其城，屠其民。將趨中條，按扎兒進兵擊之，斬首數萬級，逃免者僅十數。歲癸未（一二二三）春，至聞喜縣西下馬村，木華黎卒，詔以子孛魯襲其爵，時平陽重地，令按扎兒居守。歲庚寅（一二三〇），……孛魯戰失利，輜重人口皆陷没，按扎兒妻奴丹氏亦被獲，拘于大梁。……（辛卯，一二三一）帝率從弟按只吉歹、口温不花大王、皇弟四太子暨國王孛魯征潞州、鳳翔。至鈞州三峰山，金將完顔合達引兵十五萬來戰，俘其同僉移剌不花等，悉誅之。明年壬辰（一二三二）春三月，帝班師北還，命偕都元帥唆伯台圍汴。……歲甲午（一二三四），金亡，詔封功臣，賜平陽户六百一十有四、驅户三十、獵户四。未幾，以疾卒。」（十／三〇〇六—三〇〇七頁）按三峰山之役在壬辰（一二三二）正月，此傳有誤。

46.1 霆見其俗，一夫有數十妻，或百餘妻，一妻之畜產至富。成吉思立法，只要其種類子孫蕃衍，不許有妬忌者〔一〕。今韃主兀窟䚟，丙午生，胡而黑①，韃人少髯，故胡多必貴也〔二〕。霆在金帳前，忽見韃主同一二人出帳外射弓，只韃主自射四五箭，有二百步之遠，射畢即入金帳。

## 校記

①黑，李本無此字，則此句讀爲「丙午生胡，而韃人少髯」，非是。參觀本節注〔二〕。

## 注釋

〔一〕○沈曰：本紀太宗六年，大會諸王百官於達蘭達葩之地，所頒條令有婦人「妬者，乘以驏（馬）〔牛〕徇部中，論罪，即聚財爲更娶」一條。嘗疑此細事，何汲汲於大札撒中言之，讀此乃知其故也。

○王曰：蒙古法，婦人妬者離之。元史太宗紀六年夏五月，大會諸王官，諭條令曰：「諸婦人製質孫燕服不如法者，及妬者，乘以驏牛徇部中，論罪，即聚財爲更娶。」

〔二〕○李曰：兀窟䚟，即元史太宗皇帝窩闊台，「秘」史作斡歌歹。

○勝案，窩闊台生於一一八六年，卒於一二四一年。此句「丙午」即淳熙十三年丙午（一一八六）。德譯本此句誤讀爲「丙午生胡，而黑韃人少髯」，故誤將「丙午」當一二四六年，復以爲「甲午（一二三四）」或「丙申（一二三六）」之訛。

【補訂】而，同「耏」、「髵」，即髯鬚、頰毛。胡而，即髯髵，猶言髯鬚。

## 47 其頭項分戍

其頭項分戍，則窩真之兵在遼東〔一〕，茶合䚟之兵在回回〔二〕，撥都駙馬之兵在河西〔三〕，各有後顧之憂。黑韃萬户八人〔四〕，人不滿萬，但伯叔、兄弟、子姪、親戚之兵不隸萬户之數。漢地萬户四人①〔五〕，如嚴寔之在鄆州，今東平府是也〔六〕。則有山東之兵。史天翼即史三。之在真定②〔七〕，則有河東、河北之兵。張柔之在滿城，保州屬縣。③〔八〕則有燕南之兵。劉黑馬伯林之子。之在天城④〔九〕，西京屬縣。則有燕薊山後之兵。他雖有領衆者，俱不若此四人兵數之多，事力之强也⑤〔一〇〕。如遼東、河西、回回諸國之兵，又在漢萬户之外。

## 校記

①漢地，李本無此二字。

②史天翼，沈本、陳本、章本作「史天倪」。

③滿城，沈本、羅本、六經堪本作「蒲城」，蓋形近致訛也。

④天城，元史卷一百四十九劉柏林傳作「天成」（三五一六頁），遼史卷四十一地理志亦作「天成」（五〇六頁）。金史地理志本作「天城」，中華書局版校勘記據蘇保衡傳、移剌窩斡傳及遼史地理志改作「天成」（五八三頁注〔四〇〕）。

⑤事力，王本、六經堪本作「勢力」。

## 注釋

〔一〕○勝案，元史卷一太祖紀八年癸酉（一二一三）條：「是秋，分兵三道。……皇弟哈撒兒及斡陳那顏、拙赤䚟、薄刹爲左軍，遵海而東，取薊州、平、灤、遼西諸郡而還。」（一七頁）親征録作：「哈撒兒及斡陳那顏、拙赤䚟、薄刹爲左軍，沿海破洙、沂等城而還。」王國維校注：「洙、沂疑爲平、灤之譌。」（三九七頁）

史集云：「成吉思汗派遣拙赤—合撒兒、弘吉剌惕部人阿勒赤那顏、自己的幼子朮兒赤台和弘吉剌惕部人薄察共四人分左右兩路去攻打沿海地區。他們出發後，攻佔并毀壞了薊州（Ki-jiu）和蠡州（li-jiu）城，還攻佔了沿途的所有堡寨，然後回來了。」（第一卷第二分册，二三四頁）蠡州，原譯爲易州。薊州、蠡州，俄譯者注據親征録以爲涿州、易州之訛。按史集所記分兵統帥所取州郡與親征録、元史太祖紀不盡相同。蠡州、沂州，太祖紀載爲成吉思汗與拖雷之中軍所取。

元史卷二太宗紀八年丙申條（一二三六）：「詔以真定民户奉太后湯沐，中原諸州民户分賜諸王、貴戚、斡魯朵。……斡陳那顏，平、灤州。」（三五頁）卷五十八地理志一：「永平路，下。唐平州。遼爲盧龍軍。金爲興平軍。元太祖十年，改興平府。中統元年，升平灤路，置總管府，設録事司。大德四年，以水患改永平路。户一萬三千五百一十九，口三萬五千三百。……灤州，下。在盧龍塞南。金領義豐、馬城、石城、樂亭四縣。」（五/一三五二—一三五三頁）

〔二〕〇勝案，聖武親征録：「庚辰（一二二〇），上至也兒的石河住夏。秋，進兵，所過城皆克，至斡脱羅兒城，上留二太子、三太子攻守，尋克之。辛巳（一二二一）……秋，分遣大太子、〔二太子〕、三太子率左軍攻玉龍傑赤城，以軍集奏聞，上有旨曰：軍既集，可聽三太子節制也。……上親克迭兒密城，又破班勒紇城。……壬午（一二二二）……上方攻塔里寒寨，朝覲畢，并兵克之。三太子克玉龍傑赤城，大太子還營所，寨破後，二太子、三太子始歸相覲。……癸未（一二二三）……夏，上避暑於八魯灣川，候八剌那顏，因討近敵，悉平之。八剌那顏軍至，遂行，至可温察，三太子亦至。時上既定西域，置達魯花赤於各城監治之。」（四一五—四二一頁）

元史卷一太祖紀：「十五年庚辰……秋，攻斡脱羅兒城，克之。十六年辛巳……秋，帝攻班勒紇等城，皇子朮赤、察合台、窩闊台分攻玉龍傑赤等城，下之。……十八年癸未……皇子朮赤、察合台、窩闊台及八剌之兵來會，遂定西域諸城，置達魯花赤監治之。」（二二一—二二二頁）

蒙古秘史第二五八—二六〇節云：「太祖自回回地面回，命拙赤、察阿歹、斡歌歹三子領右手軍，過阿梅河，至兀籠格赤城下營。命拖雷往亦魯等城下營。拙赤等至兀籠格赤下營了，差人來説：『如今俺三人内，聽誰調遣？』太祖教聽斡歌歹調遣。至是，太祖得了兀都剌兒等城，於回回王過夏的阿勒壇豁兒桓山嶺處過夏了，就等候巴剌。……拙赤、察阿歹、斡歌歹三人得了兀籠格赤城，將百姓分了，不曾留下太祖的分子。及回，太祖三日不許三子入見。」

察合台從攻玉龍傑赤城之戰，可參觀世界征服者史第一部XIX章花剌子模的命運（一四四—一四九頁）。又據拉施特記載，此役因朮赤與察合台不和，成吉思汗遂以窩闊台爲全軍統帥（參觀史集第一卷第二分册，二九五—二九八頁）。關於察合台鎮守西域情況，可參觀劉迎勝察合台汗國史研究第二章第四節。

〔三〕○勝案，孛秃傳云：「從征西夏，病薨。」（十/二九二二頁）參觀46節注〔九〕。

〔四〕〇王曰：云黑韃萬户八人者。按元朝秘史，太祖初即位時，孛斡兒出爲右手萬户，木合黎爲左手萬户，納牙爲中軍萬户，忽難於拙赤下做萬户，又豁兒赤亦爲萬户，凡五人。其餘五千汪古惕，四千兀魯兀，三千弘吉剌，二千亦乞列思，皆不滿萬。至庚寅年，汪古部增至萬騎，而兀魯兀、弘吉剌、亦乞列思則尚如故。並見親征録。至太宗九年丁酉，即徐氏疏記此書之年。賜弘吉剌以所俘獲軍民五千二百，仍授萬户以領之，以弘吉剌之貴彊，至此始爲萬户，則彭氏撰此書時，黑韃萬户似不能有八人也。元史木華黎傳：「太宗庚寅，帝親征，遣萬户因只吉台與塔思復取潞州。」此因只吉台，即太祖弟合出温子按只䚟，乃諸王，非萬户也。

〇勝案，王氏所舉蒙古萬户五人，分别見於秘史第二〇五節：「成吉思再對孛斡兒出説：『……如今你的坐次，坐在衆人之上。九次犯罪休罰。這西邊直至金山，你做萬户管者。』」第二〇六節：「成吉思再對木合黎説：『……如今教你做國王，坐次在衆人之上。東邊至合剌温山，你就做左手萬户，直至你子孫相傳管者。』」第二〇七節：「成吉思再對豁兒赤説：『我年少時，你曾説先兆的言語，與我辛苦作伴。……再將三千巴阿里種，又添塔該、阿失黑二人管的阿答兒乞種等百姓，湊成一萬，你做萬户管者。順額兒的失水林木内百姓地面，從你自在下營，就鎮守者。凡那裏百姓事務，皆禀命於你，違了的就處治者。』」（參觀第二一一節：「豁兒赤來著説：『……又有箇無角犍牛，拽著箇大帳房下樁，順帖木真行的車路吼著來，説道：『天地商量著，國土主人教帖木真做，我載著國送與他去。神明告於我，教眼裏見了帖木真。』我將這等言語告與你，你若做國的主人呵，怎生教我快活？」帖木真說：『我真箇做呵，教你做萬户。』」）第二一〇節：「成吉思再對孛斡兒出、木合黎等說：『這忽難夜間做雄狼，日裏做黑老鴉，依著我行，不曾肯隨歹人。您凡事可與這忽難、闊闊搠思二人商量著行。我子拙赤最長，教忽難領著格你格思，就於拙赤下做萬户者。』」（參觀第二四三節：「太祖於訶額侖母親并斡惕赤斤處，與了一萬百姓。……拙赤處，委付了忽難等三箇官人。」）第二二〇節：「成吉思再對納牙說：『……如今孛斡兒出做了右手萬户，木合黎做了左手萬户，你做中軍萬户者。』」

而拉施特所記蒙古萬户稍有不同，史集第一卷第二分册第二編萬夫長千夫長與成吉思汗的軍隊簡述云：「右翼（篾亦馬涅）也就是右手軍。其統帥爲孛斡兒出那顔，『孫古孫』（意爲副帥）爲孛羅忽勒那顔。共三萬八千人。……孛斡兒出是阿魯剌惕部人，是成吉思汗諸異密中地位最高者，最初他是成吉思汗的怯薛長，後來當了萬夫長，最後統轄了右手［軍］。在窩闊台合罕時代，他死去後，孛欒台襲職。……孛羅忽勒那顔千户。孛羅忽勒，千夫長，孛斡兒出那顔的副帥，［成吉思］汗的大異密和老友之一，許慎部人。他升到了孛斡兒出那顔的官級。在右翼軍中，再没有人高過他了。最初他是掌膳者（būkāūl），後來當了寶兒赤（司膳）和怯薛丹，後來又當了萬夫長。在窩闊台合罕時代，其子朮不忽兒—忽必來［擔任這個千户之長］。……巴阿里台—豁兒赤那顔諸千户。巴阿里台—豁兒赤是八鄰部人，是忙豁勒—秃兒堅的族人。［實質上］這些千户共十個千户，［因此］是一個萬户。諸千夫長之名不知，因爲這支軍隊大部分自古以來就是由八鄰部人組成的，因此照舊算作一個萬户。」（三六五、三六六、三六八頁）又云：「左翼（篾亦撒列）也即左手軍，蒙語爲準合兒。左翼統帥爲木華黎國王，副帥爲八鄰部納牙那顔。左翼共六萬二千人。」（三六九頁）又云：「四千人分給長子朮赤汗。……輕吉惕部人輕吉台忽丹那顔千户。其子忽蘭在寬撒大王處，是這個國家的大異密之一。」（三七五—三七六頁）史集此節明確記載爲萬户者僅孛斡兒出、孛羅忽勒、巴阿里台—豁兒赤（即秘史豁兒赤）三人，即使左翼正副統帥木華黎、納牙名下亦皆未記二人爲萬户。朮赤手下輕吉台忽丹那顔與秘史「忽難」或爲一人，然二者部族不同，則未敢遽定（忽丹之子忽蘭雖與忽難音近，然既云在寬撒大王處，則時代晚矣）。

又案，孛斡兒出即元史之「博爾朮」、長春真人西遊記之「萬户播魯只」。西遊記壬午（一二二二年）條記成吉思汗「敕萬户播魯只以甲士千人衛（真人）過鐵門關」（五三四—五三五頁）、「預傳聖旨令萬户播魯只領蒙古、回紇軍千人，護送過鐵門［關］」（五三六頁）元史卷一百一十九博爾朮傳云：「丙寅歲（一二〇六），太祖即皇帝位，君臣之分益密，嘗從容謂博爾朮及木華黎曰：『今國内平定，多汝等之力，我之與汝猶車之有轅，身之有臂，汝等宜體此勿替。』遂以博爾朮及木華黎爲左右萬户，各以其屬翊衛，位在諸將之上。皇子察哈歹出鎮西域，有旨從博爾朮受教。……未幾，賜廣平路户一萬七千三百有奇爲分地。以老病薨，太祖痛悼之。大德五年（一三○一），贈推忠協謀佐運功臣、太師、開府儀同三司，追封廣平王，謚武忠。子孛欒台，襲爵萬户。」（十/二九四六頁）博爾朮卒年不可確知，然據西遊記當在壬午（一二二二）之後（參觀蕭啓慶元代四大蒙古家族，二○○七，五二五—五二六頁），而其子孛欒台襲爵萬户當在此後，亦可推知矣。然上引史集記其博爾朮卒在窩闊台時代，則又當在一二二九年之後矣。

元史卷一百一十九木華黎傳云：「歲丙寅（一二○六），太祖即皇帝位，首命木華黎、博爾朮爲左右萬户。從容謂曰：『國内平定，汝等之力居多。我與汝猶車之有轅，身之有臂也。汝等切宜體此，勿替初心。』……癸未春（一二二三）……三月，渡河，還聞喜縣，疾篤。……薨，年五十四。……至治元年（一三二一），詔封……木華黎體仁開國輔世佐命功臣、太師、開府儀同三司、上柱國、魯國王，謚忠武。子孛魯嗣。孛魯，……年二十七，入朝行在所。……戊子（一二二八）夏五月薨，年三十二。至治元年，詔封純誠開濟保德輔運功臣、太師、開府儀同三司、上柱國、魯國王，謚忠定。子七人：長塔思……。塔思，一名查剌温。……年十八襲爵。……己亥（一二三九）春三月薨，年二十八。」（十/二九三○、二九三六—二九三八、二九四○頁）據孛魯卒年推算，其二十七歲入朝在一二二三年（即木華黎卒之當年），時孛魯當已襲爵爲萬户。而塔思十八歲襲爵萬户則在一二二九年（即孛魯卒後之翌年）。王氏舉木華黎傳太宗庚寅（一二三○年）

「帝親征，遣萬户因只吉台與塔思復取潞州」，以「因只吉台」爲諸王非萬户誠是，頗疑此爲史文譌倒，實當作「遣因只吉台與萬户塔思」耳。如是，則彭大雅作此記時孛魯、塔思及博爾朮子孛欒台皆有萬户之名，合計前揭五人恰爲八人。至於史集載孛羅忽勒（即元史博爾忽）曾升至博爾朮同等官階即萬户，則不見於他史，姑置勿論。

〔五〕○勝案，關於此時蒙古所授漢地萬户，參觀唐長孺、李涵（一九八一）、黄時鑑（一九八三）、王頲（一九九二）、趙文坦（二〇〇〇）。

〔六〕○李曰：金史地理志山東西路：「東平府，上，天平軍節度。宋東平郡，舊鄆州。」元志：「東平路，［下］。唐鄆州，又改東平郡，又號天平軍。宋改東平府，隸河南道。金隸山東路。元太祖十五年，嚴實以彰德、大名、磁、洺、恩、博、濬、滑等户三十萬來歸，以實行臺東平，領州縣五十四。實没，子忠濟爲東平路管軍萬户總管，［行總管府事，州縣如舊。］至元五年，［以東平］爲散府。」

○勝案，問影樓本「子忠濟」之「子」誤作「於」（蓋「子」與「于」形近而訛），「至元五年」脱「五」字。元好問全集卷二十六東平行臺嚴公神道碑：「又四年（即宋端平元年甲午，一二三四），朝于和林城，授東平路行軍萬户。」（五四九頁）。參觀國朝名臣事略卷六萬户嚴武惠公，九三頁；元史卷一百四十八嚴實傳，十二／三五〇六頁。

〔七〕○王曰：史天翼當作天澤，元史史天倪傳：「父秉直。……三子，長天倪，次天安，次天澤。」故稱史三。

○勝案，元史卷一百一十九木華黎傳：「癸酉（一二一三），攻居庸關，壁堅，不得入，遣別將闍別統兵趨紫荆口，金左監軍高琪引兵來拒，不戰而潰，遂拔涿州。因分兵攻下益都、濱、棣諸城，遂次霸州，史天倪、蕭勃迭率衆來降，並奏爲萬户。」（十／二九三〇頁）卷一百四十七史天倪傳：「父秉直，讀書尚氣義。癸酉（一二一三），太師、國王木華黎統兵南伐，所向殘破，秉直聚族謀曰：『方今國家喪亂，吾家百口，何以自保！』既而知降者皆得免，乃率里中老稚數千人，詣涿州軍門降。木華黎欲用秉直，秉直辭而薦其子，乃以天倪爲萬户，而命秉直管領降人家屬，屯霸州。」（十一／三四七八頁）卷一百二十二槊直腯魯華傳：「子撒吉思卜華，嗣將其軍。太宗元年己丑（一二二九），錫金符，安輯河北、山東諸州。先是真定同知武仙攻滅都元帥史天倪家，其弟天澤擊仙走，復真定。以天澤爲真定、河間、濟南、東平、大名五路萬户。」（十二／三〇一四頁）卷一百五十五史天澤傳：「從其兄天倪帥真定。乙酉（一二二五），天倪遣護送其母歸北京，既而天倪爲武仙所害。……己丑（一二二九），太宗即位，議立三萬户，分統漢兵。天澤適入覲，命爲真定、河間、大名、東平、濟南五路萬户。」（十二／三六五七—三六五八頁）案，史天倪未授萬户，錢大昕已辨之（參觀廿二史考異卷八十六，嘉定錢大昕全集第三册，一六 八頁）。

元史卷五十八地理志一：「真定路，唐恒山郡，又改鎮州。宋爲真定府。元初置總管府，領中山府、趙、邢、洺、磁、滑、相、濬、衛、祁、威、完十一州。後割磁、威隸廣平，濬、滑隸大名，祁、完隸保定，又以邢入順德，洺入廣平，相入彰德，衛入衛輝；又以冀、深、晉、蠡四州來屬。」（五／一三五六頁）

〔八〕○勝案，元史卷一百四十七張柔傳：「戊寅（一二一八），國兵出紫荆口，柔率所部逆戰於狼牙嶺，馬蹶被執，遂以衆降，太祖還其舊職，得以便宜行事。柔招集部曲，下雄、易、安、保諸州，攻破賈瑀於孔山，誅瑀，剖其心祭道潤。瑀黨郭收亦降，盡有其衆，徙治滿城。……壬辰（一二三二），從睿宗伐金。……入朝，太宗歷數其戰功，班諸帥上，賜金虎符，升軍民萬户。……庚子（一二四〇），詔柔等八萬户伐宋。……辛亥（一二五一），憲宗即位，换授金虎符，仍軍民萬户。」（十一／三四七二、三四七五頁）國朝名臣事略卷六萬户張忠武王引王鶚撰墓誌：「甲午（一二三四），入覲，上勞之，歷數戰勳……乃論功行賞，陞萬户，易金虎符。」（九八—九九頁）

元史卷五十八地理志一：「保定路，上。本清苑縣，唐隸鄚州。宋升保州。金改順天軍。元太宗十（一）〔三〕年，升順天路，置總管府。至元十二年，改保定路，設録事司。……縣八：清苑，滿城，唐縣，慶都，行唐，曲陽，新安，博野。」（五／一三五四頁）

〔九〕○李曰：按此略作於亡金之後，而金制未改。金史地理志西京路大同府：「天（城）〔成〕，遼析雲中置。」今案，遼史西京大同府下作「天成縣……遼析雲中置，在京北一百八十里。」

○勝案，元史卷一百四十九劉柏林傳：「太祖北還，留伯林屯天成，遏金兵，前後數十載。進攻西京，録功，賜金虎符，以本職充西京留守，兼兵馬副元帥。……子黑馬……歲壬午（一二二二），襲父職，爲萬户，佩虎符，兼都元帥。……歲己丑（一二二九），太宗即位，始立三萬户，以黑馬爲首，重喜、史天澤次之，授金虎符，充管把平陽、宣德等路管軍萬户，仍僉太傅府事，總管漢軍。……庚寅（一二三〇），睿宗入自大散關，假道于宋以伐金。命黑馬先由興元、金、房東下。至三峰山，遇金大將合達，與戰，大破之，虜合達，斬首數萬級，乘勝攻破香山寨及鈞州，賜西錦、良馬、貂鼠衣，以旌其功。會增立七萬户，仍以黑馬爲首，重喜、史天澤、嚴實等次之。……辛丑（一二四一），改授都總管萬户，統西京、河東、陝西諸軍萬户，夾谷忙古歹、田雄等並聽節制。」（十二／三五一六—三五一七頁）

元史卷五十八地理志一：「興和路，上。唐屬新州。金置柔遠鎮，後升爲縣，又升撫州，屬西京。元中統三年，以郡爲内輔，升隆興路總管府，建行宮。……縣四：……大成。下。元初隸宣德府，中統三年來屬。」（五／一三五二頁）

〔一〇〕○勝案，事力，猶言武力、實力、勢力。後山談叢卷一：「姚東之曰：『宋之事力、契丹之士馬皆盛，然北軍用於阻隘，不能敵南；平原馳突，南軍亦不能支也。』」（二二頁）容齋三筆卷二國家府庫：「今之事力，與昔者不可同日而語，所謂緡錢之入，殆過十倍。」（容齋隨筆，四四〇頁）桂海

虞衡志志蠻三獠：「一村中惟有事力者曰郎火，餘但稱火。」（一四五頁）

47.1 霆在草地，見其頭目、民户，車載輜重及老小畜産，盡室而行，數日不絕。亦多有十三四歲者，問之，則云：「此皆韃人調往征回回國，三年在道，今之年十三四歲者，到彼則十七八歲，皆已勝兵。」回回諸種盡已臣服，獨此一種回回〔一〕，正在西川後門相對，其國之城三百里，出産甚富，地煖，産五穀、果木，瓜之大合抱，至今不肯臣服，茶合䚮征之數年矣，故此更增兵也。」

## 注釋

〔一〕○李曰：此所云「一種回回」，當即尋斯干所統之碣石城，今之克什米爾也。云「國城三百里出産甚富」者，即尋思干也。

○勝案，尋斯干即撒馬爾干（Samarkand），其故址在今烏兹别克斯坦撒馬爾罕城東。碣石城爲西遼城名，在今烏兹别克斯坦沙赫里夏勃兹（Shahrisabz）一帶，李注與克什米爾勘同，不確。此種回回，蓋指欽察，參觀Olbricht und Pinks, 1981, p. 207.

## 48 其殘虜諸國

其殘虜諸國〔一〕，已破而無争者①，東南曰白韃、金虜。女真②〔二〕。西北曰奈蠻，或曰乃滿〔三〕。曰烏鴿③〔四〕，曰速里〔五〕，曰撒里達④〔六〕，曰抗里。回回國名〔七〕。正北曰達塔，即兀魯速之種〔八〕。曰蔑里乞〔九〕。正南曰西夏〔一〇〕。已争而未竟者，東曰高麗〔一一〕，曰遼東萬奴，即女真大真國⑤〔一二〕。厥相王賢佐〔一三〕，年餘九十，有知來之明。東北曰妮叔〔一四〕，曰那海益律干⑥，即狗國也。男子面目拳塊而乳有毛，走可及奔馬，女子姝麗，韃攻之而不能勝〔一五〕。曰斛速益律干⑦。水韃靼也〔一六〕。西南曰木波。西蕃部領，不立君〔一七〕。西北曰克鼻梢⑧。回回國，即回紇之種〔一八〕。初順韃，後叛去，阻水相抗。忒没真生前常曰：「非十年工夫，不可了手，若待了手，則殘金種類又繁盛矣。不如留茶合斛鎮守，且把殘金絶了，然後理會。」癸巳年，茶合斛嘗爲其太子所劫⑨〔一九〕。曰脛篤。黑回回，其地不雨，賣水以爲國〔二〇〕。正北曰呷辣吸紿⑩。黑契丹，一名契丹，一名大丹，即大石林牙國⑪〔二一〕。或削其國⑫，或俘其衆，如高麗、萬奴、狗國、水韃靼、木波皆可置而不問，惟克鼻梢一國稍武⑬，餘燼不撲，則有燎原之憂，此韃人所必争者。

## 校記

①争，李本作「事」。

②曰，原無，據羅本、六經堪本、王本補。

③鴿，沈本、陳本、章本作「鴿」。

④達，問影樓本作「韃」。

⑤大真國，李本、陳本作「大金國」。

⑥益律干，原同王本、六經堪本作「益律于」，李本、沈本作「益律子」。今據王注改。

⑦曰，此上諸本皆有「西南」二字。案，水韃靼在東北，此二字當係誤植，應移至下文「曰木波」之前，參觀本節注〔一六〕。益律干，原同王本作「益律于」，李本、沈本、六經堪本作「益律子」。今據王注改。

⑧克鼻梢，沈本、羅本、六經堪本作「克鼻稍」。

⑨其太子，李本作「其子」，問影樓本、王本作「太子」。或將「所劫」二字與下文連屬，讀爲「所劫曰脛篤」，非是。

⑩呷辣吸紿，原同沈本、羅本、六經堪本、王本作「呷辣吸紹」，李本作「吸辣吸紿」（校改爲「呷辣吸紿」）、問影樓本作「辣吸紿」，茲據王注改。

⑪ 大石林牙國，原同李本、王本作「大石林國」，羅本、六經堪本作「大名林國」，章本作「大石林牙」，據沈本、陳本改。

⑫ 國，章本作「地」。

⑬ 克鼻梢，沈本、羅本、六經堪本作「克鼻稍」。

## 注　釋

〔一〕○勝案，柏朗嘉賓亦嘗記爲蒙古征服及尚未征服之民族與地區，可與本節參觀。柏朗嘉賓蒙古行紀第七章第九—一〇節：「下面就是韃靼人所征服地區的名字：契丹（Kitai）、乃蠻（Naiman）、肅良合（Solangi）、哈喇契丹（Kara Kitai）或黑契丹（Kitai Noirs）、庫蠻尼亞（Coumanie）、禿馬惕（Tumat）、斡亦剌（Voyrat）、哈剌尼惕（Karanit）、畏吾兒（Huiur）、速蒙古（Sumoal）、蔑兒乞（Merkit）、蔑克里（Mecrit）、撒里畏吾兒（Sarihuiur）、巴失乞耳（Bascart，即大匈牙利 Grande Hongrie）、乞兒吉思（Kergis）、怯失米兒（Cosmir）、薩拉森（Sarrasins）、木速蠻（Bisermin）、突厥蠻（Turcomans，土庫曼）、必列兒（Byler，即大不里阿耳 Grande Bulgarie）、火羅剌（Catora）、火木黑（Comici）、波黎吐蕃（Buritabet）、巴羅昔惕（Parossit）、合思（Cassi）、阿蘭（Alan）或阿速（As）、斡別思（Obesi）或谷兒只（Géorgie）、景教徒（Nestoriens）、阿蠻（Ameniens，亞美尼亞人）、康里（Kangit）、庫蠻（Coman）、不兒塔思（Brutach，猶太人）、莫爾多瓦（Morduan）、脱魯黑（Torc）、可薩(Gazar)、薩莫耶德(Samoged)、波斯(Perses)、塔特(Tat)、小印度(Inde Mineur)或埃塞俄比亞(Ethiopie)、薛兒客速(Circassiens)、羅塞尼亞(Ruthènes)、報達(Baldach)、撒兒塔(Sart)。此外還有許多地區，但我們不知道其名。然而我們卻遇到過上述各地區的男男女女。下面是曾經英勇地抵抗過韃靼人和至今尚未被他們征服的地區名稱：大印度(Grande Inde)、阿蘭人的一部分、契丹人的一部分、撒哈辛(Saxi)。」(七三—七四頁)

〔二〕○勝案，蒙韃備録立國條：「韃靼始起，地處契丹之西北，族出於沙陀別種，故於歷代無聞焉。其種有三，曰黑、曰白、曰生。所謂白韃靼者，顔貌稍細，爲人恭謹而孝，遇父母之喪，則剺其面而哭。嘗與之聯轡，每見貌不醜惡、其腮有刀痕者，問曰：『白韃靼否？』曰：『然。』凡掠中國子女，教成，卻使之與人交，言有情。今彼部族之後其國，乃韃主成吉思之公主必姬權管國事。」白韃靼即生活於漠南之汪古部(參觀周清澍汪古的族源，元蒙史札，九三—一〇二頁)。

〔三〕○李曰：奈蠻，元史本紀作乃蠻。

○王曰：案西北諸國中奈蠻即乃蠻。

○勝案，奈蠻，又譯爲乃滿(元史卷六十三地理志六西北地附録吉利吉思條注，五/一五七四頁；卷一百四十九郭寶玉傳作乃滿國，十二/三五二二頁)、乃馬(元史卷一百二十三月里麻思傳，十/三〇三六頁)、迺蠻(國朝文類卷二十三元明善太師淇陽忠武王(月赤察兒)碑，九葉下）。cf. Pelliot et Hambis, 1951, pp. 215—216.

〔四〕○沈曰：烏鵠者，畏吾兒也。曰回回者，二字皆開口音；曰畏吾者，上開下合；曰烏鵠者，二字皆合口也。

○王曰：烏鵠即回鶻。

○勝案，烏鵠在高昌北庭，古籍又稱之爲畏兀兒、畏吾兒、偉吾兒、畏兀、畏吾、偉兀、委吾、瑰古、外五、輝和爾、衛郭爾等（參觀王日蔚維吾爾（纏回）民族名稱演變考，禹貢第七卷第四期一九三七，二七—四五頁）。韓儒林考烏鵠與柏朗嘉賓（Plano Karpini）書之 Huiur 音相近（參觀韓儒林西北地理劄記之五烏鵠、Huiur 及 Hor，一九八二，九一—九二頁；一九九〇，七五八—七五九頁）。

元史卷一太祖紀：「四年己巳（一二〇九）春，畏吾兒國來歸。……六年辛未（一二一一）春，帝居怯緑連河。……畏吾兒國主亦都護來覲。」（一四—一五頁）卷一百二十二巴而朮阿而忒的斤傳：「歲己巳，聞太祖興朔方，遂殺契丹所置監國等官，欲來附。未行，帝遣使使其國。亦都護大喜，即遣使入奏曰：『臣聞皇帝威德，即棄契丹舊好，方將通誠，不自意天使降臨下國，自今而後，願率部衆爲臣僕。』是時帝征大陽可汗，射其子脱脱殺之。脱脱之子火都、赤刺温、馬札兒、秃薛干四人，以不能歸全屍，遂取其頭涉也兒的石河，將奔亦都護，先遣使往，亦都護殺之。

四人者至，與大戰於襜河。亦都護遣其國相來報，帝復遣使還諭亦都護，遂以金寶入貢。辛未，朝帝于怯緑連河，奏曰：『陛下若恩顧臣，使臣得與陛下四子之末，庶幾竭其犬馬之力。』帝感其言，使尚公主也立安敦，且得序于諸子。與者必那演征罕勉力、鎖潭回回諸國，將部曲萬人以先。紀律嚴明，所向克捷。又從帝征你沙卜里，征河西，皆有大功。」（十／三〇〇〇頁）

卷一百二十四岳璘帖穆爾傳：「岳璘帖穆爾，回鶻人，畏兀國相暾欲谷之裔也。其兄仳理伽普華，年十六，襲國相、答剌罕。時西契丹方强，威制畏兀，命太師僧少監來臨其國，驕恣用權，奢淫自奉。畏兀王患之，謀於仳理伽普華曰：「計將安出？」對曰：「能殺少監，挈吾衆歸大蒙古國，彼且震駭矣。」遂率衆圍少監，斬之。」（十／三〇四九—三〇五〇頁）參觀聖武親征録己巳、辛未條（三八二—三八五、三八七—三八八頁）；虞集道園類稿卷三十九高昌王世勳碑（虞集全集一〇一五—一〇一六頁）；耿世民回鶻文亦都護高昌王世勛碑研究；歐陽玄圭齋文集卷十一高昌偰氏家傳（歐陽玄集一五〇—一五一頁）；世界征服者史第一部〈畏吾兒地的征服和亦都護的歸順（四九—五四頁）；史集第一卷第二分册（二一一—二一三、二二六頁）。

〔五〕○沈曰：「速」當作「遺」，遺里諸回紇部名，見烏古孫仲端北使記。○速里者，撒里畏吾兒也。其後爲明之阿端四衛。

○勝案，沈氏兩條注前後有所不同，王國維僅見前一條注。

○王曰：速里無考，沈乙庵先生曰：「速里當作遺里，見烏古孫仲端北使記。」案此書列速里於烏鴿之後、撒里達之前，蓋指回鶻別部也。元史速不台傳：「從征河西，帝命度大磧以往。丙戌，攻下撒里畏吾、特(勒)〔勤〕、赤閔等部，及德順、鎮戎、蘭、會、洮、河諸州。」雪不台傳作騪里。蒙古源流六歲次癸酉，阿勒坦汗行兵薩哈連圖伯特地方，將上下沙喇衛郭兒二部等盡行收服。又卷八鄂爾多斯之博碩克圖濟農行兵西圖伯特地方，招服古嚕索納穆札勒之沙喇衛郭爾。沙喇衛郭爾即速不台傳之撒里畏吾也。由此觀之，則撒里畏吾當指西夏以西土蕃以北各部落，當時或略稱速里也。卷三青吉斯汗殺札里雅特之蘇勒德汗，據有五部之沙喇、薩爾塔郭勒人衆，沙喇即此速里，薩爾塔郭勒即此撒里達。

○明史西域傳：「安定衛，距甘州西南一千五百里……其地本名撒里畏兀兒。廣袤千里，東近罕東，北邇沙州，南接西番。居無城郭，以氈帳爲廬舍，多駝馬牛羊。」

○續資治通鑑長編三百三十五：「(元豐六年五月)丙子朔，于闐國貢方物，見於延和殿，上問經涉何國？曰：道由黄頭回紇、草頭達靼、董氈諸國。」案董氈者，唃厮羅之子。宋史唃厮羅傳：「唃厮羅居鄯州。今西寧。西有臨谷城通青海，高昌諸國皆趨鄯州貿賣，以故富强。于闐使來，即由此道。」然則黄頭回紇即元史速不台傳之撒里畏吾，蒙古源流之沙喇衛郭兒，明史西域傳之撒里畏兀兒也。蒙古語「撒里」爲黄，黄頭回紇即撒里畏兀兒無疑。

〔六〕○沈曰：撒里達即回回也。秘史蒙文凡回回皆作撒兒塔兀惕，元史本紀西域諸國木乃奚、素丹來朝，素丹者，撒兒塔兀惕之簡言撒里達也。○撒里達，即秘史蒙文之撒兒塔兀惕，即回回之在西域者，西遊記所謂算端，史憲宗紀來朝之素丹國，蒙古源流之薩爾塔〔郭〕勒、之札里雅特蘇勒德汗也。

○王曰：撒里達即回回。元朝秘史蒙文撒兒塔黑惕，譯文作回回，蒙古源流作薩爾塔郭勒。

○勝案，沈注、王注引秘史「撒兒塔兀惕」、「撒兒塔黑惕」實皆作「撒兒塔兀勒」。王注撒里達參觀注〔五〕。

又，湯開建考「撒里達」意即「黃韃靼」，西夏二號皇陵漢文殘石（M2D：393）有「黃怛怛部」（參觀西夏陵墓出土殘碑粹編圖版伍肆）。而續資治通鑑長編卷三百三十五「草頭韃靼」當爲「黃頭韃靼」之訛，亦即黃韃靼，其活動區域在河西走廊之北（參觀湯開建二〇〇七，三二〇—三二七頁。原文西夏殘石編號有誤）。

〔七〕○沈曰：抗里即康里，北使記作航里。

○王曰：抗里即康里。

○勝案，抗里爲突厥一部，居烏拉爾河東、鹹海之北。通作康里（見元史、秘史、金史等），又作康禮（元史卷九十九兵志二，八/二五二八頁）、杭斤（元史卷一百二十一速不台傳，十/二九七六頁）、杭里（元史卷一百三十一奧魯赤傳）、康鄰（秘史二六二、二七〇、二七四節原文）。康里，突厥語意爲車（參觀史集第一卷第一分册，一三七頁），元史卷一百三十不忽木傳云：「康里，即漢高車國也。」（十／三一六三頁）cf. Pilliot et Hambis, 1951, pp. 112—116.

秘史二六二節：「再命速別額台勇士征迤北康鄰等十一部落，度亦的勒（今伏爾加河）、札牙黑（今烏拉爾河）二水，直至乞瓦綿客兒綿（今烏克蘭首都基輔）。」二七〇節：「再有康里（原文作康鄰）、乞卜察等十一種城池百姓，曾命速別額台征進去了。在那裏城池難攻拔的上頭，如今再命各王長子巴禿、不里、古余克、蒙格等，做後援征去。」二七四節：「速別額台的後援巴禿大王等，降其康里（原文作康鄰）、乞卜察等三種，破其斡魯思種城，悉殺虜其人。」元史卷一百二十曷思麥里傳：「尋征康里，至孛子八里城，與其主霍脱思罕戰，又敗其軍。」（十／二九七〇頁）卷一百三十一奧魯赤傳：「父忒木台，從太宗征杭里部，俘部長以獻。」（十一／三一九〇頁）可參觀。

〔八〕○李曰：達塔，元秘史作塔塔兒。

○沈曰：達塔即秘史塔塔兒。

○王曰：達塔謂塔塔兒。云「即兀魯速之種」者，兀魯速謂秘史之兀兒速惕、親征録之烏思。此又闕塔塔兒種族之一異説，與五代史謂韃靼出於靺鞨，蒙韃備録謂出於沙陀者不同。

○勝案，兀魯速，元史作兀兒速（卷二十七英宗紀至治元年八月條，三／六一三頁）、兀速（卷一百六十九劉哈剌八都魯傳，十三／三九七五頁）、烏斯（卷六十三地理志六西北地附録，五／一五七四頁）。兀兒速惕見秘史二三九節。親征録戊寅（一二一八）條：「先吐麻部叛，上遣徵兵於乞兒乞思部，不從，亦叛。遂命大太子往討之，以不花爲前鋒，追乞兒乞思，至亦馬兒河而還。大太子領兵涉謙河水，順下招降之，因克烏思、憾哈納思、帖良兀、克失的迷、火因亦兒干諸部。」（四一三—四一五頁）王國維校注：「元史西北地附録：烏（思）〔斯〕在謙河之北。」參觀史集第一卷第一分册第二編兀剌速惕、帖良古惕和客思的迷部落（二〇一—二〇二頁），陳得芝元嶺北行省諸驛道考，二〇〇五，一五—一七頁；韓儒林元代的吉利吉思及其鄰近諸部，一九八二，三四一頁；一九九〇，三一〇頁。

〔九〕○李曰：蔑里乞，秘史作篾里乞。

○勝案，滅蔑里乞參觀第46節注〔一八〕。

〔一〇〕○勝案，元史卷一太祖紀：「歲癸亥（一二〇三），……亦剌哈走西夏，日剽掠以自資。既而亦爲西夏所攻走，至龜茲國，龜茲國主以兵討殺之。」（九—一二頁）卷一百五十耶律阿海傳：「癸亥冬，進攻西夏諸國，累有功。」（十二／三五四九頁）

元史太祖紀：「歲乙丑（一二〇五），帝征西夏，拔力吉里寨，經落思城，大掠人民及其槖駝

而還。」（一二三頁）參觀聖武親征録乙丑條（三七九頁）、史集第一卷第二分册（二〇七頁）

元史太祖紀：「二年丁卯（一二〇七）秋，再征西夏，克斡羅孩城。……三年戊辰（一二〇八）春，帝至自西夏。……四年己巳（一二〇九）春，畏吾兒國來歸。帝入河西，夏主李安全遣其世子率師來戰，敗之，獲其副元帥高令公。克兀剌海城，俘其太傅西壁氏。進至克夷門，復敗夏師，獲其將嵬名令公。薄中興府，引河水灌之，堤決，水外潰，遂撤圍還。遣太傅訛答入中興，招諭夏主，夏主納女請和。」（一四頁。參觀親征録庚午條三八六—三八七頁、秘史二四九節、史集第一卷第二分册，二一三頁）卷一百二十九李恒傳：「李恒，字德卿，其先姓於彌氏，唐末賜姓李，世爲西夏國主。太祖經略河西，有守兀納剌城者，夏主之子也，城陷不屈而死。子惟忠，方七歲，求從父死，主將異之，執以獻宗王合撒兒，王留養之。及嗣王移相哥立，惟忠從經略中原，有功。淄川王分地，以惟忠爲達魯花赤，佩金符。惟忠生恒，恒生有異質，王妃撫之猶己子。」（十/三一五五—三一五六頁）卷一百六十九謝仲温傳：「謝仲温，字君玉，豐州豐縣人。父睦歡，以貲雄鄉曲間，大兵南下，轉客兀剌城。太祖攻西夏，過其城，睦歡與其帥迎降。」（十二/三九七七頁）案，元史卷六十地理志三：「兀剌海路。闕。太祖四年，由黑水城北兀剌海西關口入河西，獲西夏將高令公，克兀剌海城。」（五/一四五二頁）斡羅孩城即兀剌海城，兀納剌城、兀剌城疑皆爲兀剌海城之訛。

元史太祖紀：「十一年丙子（一二一六）……秋，撒里知兀觪三摸合—拔都魯率師由西夏趨關中。……十三年戊寅（一二一八）……伐西夏，圍其王城，夏主李遵頊出走西涼。」（一九一二〇頁）金史卷十五宣宗紀中興定二年（一二一八）正月條：「乙酉，陝西行省獲歸國人，言大元兵圍夏王城，李遵頊命其子居守而出走西涼。」（三三四頁）。

元史卷一百一十九木華黎傳附子孛魯傳：「癸未（一二二三）……薨，年五十四。……子孛魯嗣。……時太祖在西域，夏國主李王陰結外援，蓄異圖，密詔孛魯討之。甲申（一二二四）秋九月，攻銀州，克之，斬首數萬級，獲生口馬駝牛羊數十萬，俘監府塔海，命都元帥蒙古不華將兵守其要害而還。」（十/二九三六頁）卷一百四十七史天祥傳：「癸未……冬，徇西夏，破賀蘭山。」（十一/三四八八頁）卷一百四十九劉柏林傳附劉黑馬傳：「癸未……從孛（羅）〔魯〕攻西夏唐兀。」（十二/三五一六頁）卷一百五十何實傳作：「甲申，孛魯征西夏。」（十二/三五五二頁）

元史太祖紀：「二十一年〔丙戌〕（一二二六）春正月，帝以西夏納仇人亦臘喝翔昆（即亦剌合）及不遣質子，自將伐之。二月，取黑水等城。夏，避暑於渾垂山。取甘、肅等州。秋，取西涼府搠羅、河羅等縣，遂逾沙陀，至黃河九渡，取應里等縣。……冬十一月庚申，帝攻靈州，夏遣嵬名令公來援。丙寅，帝渡河擊夏師，敗之。丁丑，五星聚見於西南。駐蹕鹽州川。」（二三—二四頁。參觀秘史二六五、二六六、二六七節；史集第一卷第二分册，三一七—三一八頁）卷一百二十察罕傳：「察罕，初名益德，唐兀烏密氏。父曲也怯律，爲夏臣。其妾方懷察罕，不容於嫡母，以配掌羊群者及里木。察罕稍長，其母以告，且曰：『嫡母已有弟矣。』……從攻西夏，破肅州。師次甘州，察罕父曲也怯律居守城中，察罕射書招之，且求見其弟。時弟年十三，命登城於高處見之。且遣使諭城中，使早降。其副阿綽等三十六人合謀，殺曲也怯律父子，并殺使者，併力拒守。城破，帝欲盡坑之，察罕言百姓無辜，止罪三十六人。進攻靈州，夏人以十萬衆赴援，帝親與戰，大敗之。」（十／二九五五—二九五六頁）卷一百二十二昔里鈐部傳：「昔里鈐部，唐兀人，昔里氏。鈐部亦云甘卜，音相近而互用也。太祖時，西夏既臣服，大軍西征，復懷貳心。帝聞之，旋師致討。命鈐部同忽都鐵穆兒招諭沙州，州將僞降，以牛酒犒師，而設伏兵以待之。首帥至，伏發馬蹶，鈐部以所乘馬與首帥使奔，自乘所蹶馬而殿後，擊敗之。……進兵圍肅州，守者乃鈐部之兄，懼城破害及其家，先以爲請。帝怒城久不下，有旨盡屠之，惟聽鈐部求其親族家人於死所，於是得免死者百有六户，歸其田業。」（十／三〇一一頁）卷一百四十六耶律楚材傳：「丙戌冬，從下靈武，諸將爭取子女金帛，楚材獨收遺書及大黄藥材。既而士卒病疫，得大黄輒愈。」（十一／三四五六頁）卷一百五十三王檝傳：「丙戌（一二二六），從征西夏。及秦州，夏人盡撤橋樑爲備，軍阻不得前，帝問諸將，皆不知計所出。檝夜督士卒運木石，比曉，橋成，軍乃得進。」（十二／三六一二頁）

元史太祖紀：「二十二年丁亥（一二二七）春，帝留兵攻夏王城，自率師渡河攻積石州。二月，破臨洮府。三月，破洮、河、西寧(二)〔三〕州。……閏月，避暑六盤山。六月，……夏主李晛降。……帝深沉有大略，用兵如神，故能滅國四十，遂平西夏。」(二四—二五頁，參觀秘史二六八節、史集第一卷第二分册，三一九—三二一頁)卷一百二十一按竺邇傳：「丁亥，從征積石州，先登，拔其城。」(十/二九八二頁)卷一百二十三阿朮魯傳：「(太祖)命總兵征西夏，與敵兵大戰於合剌合察兒之地。西夏勢蹙，其主懼，乞降，執之以獻，太宗殺之，賜以所籍貲産。」(十/三〇二四頁)卷一百三十一懷都傳：「祖父阿朮魯，……帥師討西夏，大戰於合剌合察兒，擒夏主，太(祖)〔宗〕命盡賜以夏主遺物。」(十一/三一九六頁)卷一百五十二楊傑只哥傳：「從元帥阿朮魯定西夏諸部，有功。」(十二/三五九二頁)卷一百二十察罕傳：「還次六盤，夏主堅守中興，帝遣察罕入城，諭以禍福。衆方議降，會帝崩，諸將擒夏主殺之，復議屠中興，察罕力諫止之，馳入，安集遺民。」(十/二九五六頁)參觀余大鈞(二〇〇二，二一一—二一九頁、三一三—三一九頁)。

〔一二〕○勝案，元史卷一百十九木華黎傳附孫塔思傳：「甲午(一二三四)秋七月，朝行在所。時諸王大會，帝顧塔思曰：『先皇帝肇開大業，垂四十年。今中原、西夏、高麗、回鶻諸國皆已臣附，惟東南一隅，尚阻聲教。朕欲躬行天討，卿等以爲何如？』」(十/二九三八頁)其實蒙古初期，高麗時降時叛，并未徹底臣服。

元史卷一太祖紀：「十三年戊寅（一二一八）……契丹六哥據高麗江東城，命哈真、札剌率師平之；高麗王㬚遂降，請歲貢方物。」（二〇頁）卷二太宗紀：「三年辛卯（一二三一）……秋八月……以高麗殺使者，命撒禮塔率師討之，取四十餘城。高麗王㬚遣其弟懷安公請降，撒禮塔承制設官分鎮其地，乃還。……四年壬辰（一二三二）……夏四月……高麗叛，殺所置官吏，徙居江華島。……八月，撒禮塔復征高麗，中矢卒。……七年乙未（一二三五）春……唐古征高麗。……十三年辛丑（一二四一）……秋，高麗國王王㬚以族子綧入質。」（三一—三二、三四、三七頁）

卷二百八高麗傳：「入元，太祖十一年（一二一六），契丹人金山、元帥六哥等領衆九萬餘竄入其國。十二年（一二一八）九月，攻拔江東城據之。十三年（一二一九），帝遣哈只吉、劄剌等領兵征之。國人洪大宣詣軍中降，與哈只吉等同攻圍之。高麗王名缺奉牛酒出迎王師，且遣其樞密院使、吏部尚書、上將軍、翰林學士承旨趙沖共討滅六哥。劄剌與沖約爲兄弟。沖請歲輸貢賦，劄剌曰：『爾國道遠，難於往來，每歲可遣使十人入貢。』十二月，劄剌移文取兵糧，送米一千斛。十四年（一二一九）正月，遣其權知閤門祇候尹公就、中書注書崔逸以結和牒文送劄剌行營，劄剌遣使報之。高麗王以其侍御史朴時允爲接伴使迎之。帝又遣蒲里帒（也）〔完〕持詔往諭之，高麗王迎拜設宴。九月，皇太弟、國王及元帥合臣、副元帥劄剌等各以書遣宣差大使慶都忽思等十人趣其入貢，尋以方物進。十五年（一二二〇）九月，大頭領官堪古苦、著古歟等復以皇太弟、國王書趣之，仍進方物。十六年（一二二一）七月，有旨，諭以伐女直事，始奉表陳賀。八月，著古歟使其國。十七年（一二二二）十月，詔遣著古歟等十二人至其國，察其納款之實。十月，喜速不瓜等繼使焉。十八年（一二二三）八月，宣差山朮觮等十二人復以皇太弟、國王書趣其貢獻。十九年（一二二四）二月，著古歟等復使其國；十二月，又使焉，盜殺之於途，自是連七歲絶信使矣。太宗三年（一二三一）八月，命撒禮塔征其國，國人洪福源迎降於軍，得福源所率編民千五百户，旁近州郡亦有來師者。撒禮塔即與福源攻未附州郡，又使阿兒禿與福源抵王京，招其主王皞，皞遣其弟懷安公王侹請和，許之。置京、府、縣達魯花赤七十二人監之，遂班師。十一月，元帥蒲桃、迪巨、唐古等領兵至其王京，皞遣使奉牛酒迎之。十二月一日，復遣使勞元帥于行營。明日，其使人與元帥所遣人四十餘輩入王城，付文牒。又明日，皞遣王侹等詣撒禮塔屯所犒師。四年（一二三二）正月，帝遣使以璽書諭皞。三月，皞遣中郎將池義源，録事洪巨源、金謙等賫國贐牒文送撒禮塔屯所。四月，皞遣其將軍趙叔昌、御史薛慎等奉表入朝。五月，復下詔諭之。六月，皞盡殺朝廷所置達魯花赤七十二人以叛，遂率王京及諸州縣民竄海島。洪福源集餘民保聚，以俟大兵。八月，復遣撒禮塔領兵討之，至王京南，攻其處仁城，中流矢卒。別將鐵哥以軍還。其已降之人，令福源領之。十月，皞遣其將軍金寶鼎、郎中趙瑞章上表陳情。五年（一二三三）四月，詔諭𠇗悔過來朝，且數其五罪：『自平契丹賊、殺劄剌之後，未嘗遣一介赴闕，罪一也。命使齎訓言省諭，輒敢射回，罪二也。爾等謀害著古歟，乃稱萬奴民户殺之，罪三也。命汝進軍，仍令汝弼入朝，爾敢抗拒，竄諸海島，罪四也。汝等民户不拘集見數，輒敢妄奏，罪五也。』十月，𠇗復遣兵攻陷已附西京等處降民，劫洪福源家。六年（一二三四），福源得請，領其降民遷居東京，賜佩金符。七年（一二三五），命唐古與洪福源領兵征之。九年（一二三七），拔其龍岡、咸從等十餘城。十年（一二三八）五月，其國人趙玄習、李元祐等率二千人迎降，命居東京，受洪福源節制，且賜御前銀符，使玄習等佩之，以招未降民户。又李君式等十二人來降，待之如玄習焉。十二月，𠇗遣其將軍金寶鼎、御史宋彦琦等奉表入朝。十一年（一二三九）五月，詔征𠇗入朝，𠇗以母喪辭。六月，乃遣其禮賓卿盧演、禮賓少卿金謙充進奉使、副，奉表入朝。十月，有旨諭𠇗，征其親朝于明年。十二月，𠇗遣其新安公王佺與寶鼎、彦琦等百四十八人奉表入貢。十二年（一二四〇）三月，又遣其右諫議大夫趙修、閤門祇候金成寶等奉表入貢。五月，復下詔諭之。十二月，𠇗遣其禮賓少卿宋彦琦、侍御史權韙充行李使入貢。是歲，攻拔昌、朔等州。十三年（一二四一）秋，𠇗以族子綧爲己子入質。當定宗、憲宗之世，歲貢不入，故自定宗二年（一二四七）至憲宗八年（一二五八），凡四命將征之，凡拔其城十有四。憲宗末，𠇗遣其世子倎入朝。」（十五／四六〇七—四六一〇頁）參觀高麗史卷二十二至二十四高宗世家。

元史卷一百二十吾也而傳：「（太宗）三年（一二三一），又與撒里答征高麗，下（受）〔安〕、開、龍、宣、泰、（葭）〔嘉〕等十餘城。高麗懼，請和。吾也而諭之曰：『若能以子爲質，當休兵。』十三年（一二四一），遣其子綧從吾也而來朝。帝大悦，厚加賜予。」（十／二九六八頁）

卷一百四十九耶律留哥傳：「庚寅（一二三〇），帝命與撒兒台東征，收其父遺民，移鎮廣寧府，行廣寧路都元帥府事。自庚寅至丁酉（一二三七），連征高麗、東夏萬奴國，復户六千有奇。戊戌（一二三八），薛闍卒，年四十六。子收國奴襲爵，行廣寧府路總管軍民萬户府事，易名石剌，征高麗，有功。辛亥（一二五一），睿宗以石剌爲國宣力者三代，命益金更造所佩虎符賜之，佐諸王也苦及札剌台控制高麗。己未（一二五九）卒，年四十五。」（十二／三五一四—三五一五頁）

同上卷移剌捏兒傳附子移剌買奴傳：「庚寅（一二三〇），命攻高麗花涼城，監軍張翼、劉霸都殞於敵，買奴怒曰：「兩將陷賊，義不獨生！」趨出戰，破之，誅首將，撫安其民。進攻開州，州將金沙密逆戰，擒之。城中人出童男女及金玉器以獻，卻不受。遂下龍、宣、雲、泰等十四城。……乙未（一二三五），從征高麗，入王京，取其西京而還，賜金鎖甲，加鎮國上將軍、征東大元帥，佩金符。覆命出師高麗，將行，以疾卒，年四十。」（十二／三五三〇—三五三一頁）

同上卷王珣傳附子王榮祖傳：「己丑（一二二九），授北京等路征行萬户，換金虎符。伐高麗，圍其王京，高麗王力屈，遣其兄淮安公奉表納貢。進討萬奴，擒之。趙祁以興州叛，從諸王按只台平之。祁黨猶剽掠景、薊間，復從大將唐兀台討之，將行，榮祖曰：『承詔討逆人耳，豈可戮及無辜，宜惟抗我者誅。』大將然之，由是免死者衆。再從征高麗，破十餘城，高麗遣子綒入質。帝賜錦衣，旌其功。又從諸王也忽略地三韓，降天龍諸堡，皆禁暴掠，民悦服之。破五里山城，請於主將，全其民，遂下甕子城、竹林寨、苦苦數島。帝嘉其功，賜以金幣，官其子興千户，仍賞其部曲。移鎮高麗平壤，帝遣使諭之曰：『彼小國負險自守，釜中之魚，非久自死，緩急可否，卿當熟思。』榮祖乃募民屯戍，辟地千里，盡得諸島嶼城壘。高麗遣其世子倎出降，遂以倎入朝。」（十二／三五三六—三五三七頁）

卷一百五十四洪福源傳：「洪福源，其先中國人，唐遣才子八人往教高麗，洪其一也。子孫世貴于三韓，名所居曰唐城。父大宣，以都領鎮麟州，福源爲神騎都領，因家焉。歲丙子（一二一六），金源、契丹九萬餘衆竄入高麗。丁丑（一二一七）九月，奪江東城池據之。戊寅（一二一八）冬十二月，太祖命哈赤吉、扎剌將兵追討，大宣迎降，與哈赤吉等共擊之，降其元帥趙沖。壬午（一二二二）冬十月，又遣著古與等十二人窺覘納款虛實，還，遇害。辛卯（一二三一）秋九月，太宗命將撒里答討之，福源率先附州縣之民，與撒禮塔併力攻未附者，又與阿兒禿等進至王京。高麗王瞮乃遣其弟懷安公請降，遂置王京及州縣達魯花赤七十二人以鎮之，師還。壬辰（一二三二）夏六月，高麗復叛，殺所置達魯花赤，悉驅國人入據江華島，福源招集北界四十餘城遺民以待。秋八月，太宗復遣撒禮塔將兵來討，福源盡率所部合攻之，至王京處仁城，撒禮塔中流矢卒，其副帖哥引兵還，唯福源留屯。癸巳（一二三三）冬十月，高麗悉衆來攻西京，屠其民，劫大宣以東。福源遂盡以所招集北界之衆來歸，處於遼陽、瀋陽之間，帝嘉其忠。甲午（一二三四）夏五月，特賜金符，爲管領歸附高麗軍民長官，仍令招討本國未附人民。又降旨諭高麗之民，有執王瞮及元搆難之人來朝者，與洪福源同於東京居之，優加恩禮擢用，若大兵既加，拒者死，降者生，其降民令福源統之。乙未（一二三五），帝命唐古拔都兒與福源進討，攻拔龍岡、咸從二縣，鳳、海、洞三州山城及慈州，又拔金山、歸、信、昌、朔州。己亥（一二三九）春二月，入朝，賜以鎧甲弓矢，及金織文段、金銀器、金鞍勒等。乙巳（一二四五），定宗命阿母罕將兵與福源共拔威州平虜城。辛亥（一二五一），憲宗即位，改授虎符，仍爲前後歸附高麗軍民長官。癸丑（一二五三），從諸王耶虎攻禾山、東州、春州、三角山、楊根、天龍等城，拔之。甲寅（一二五四），與札剌台合兵攻光州、安城、忠州、玄（鳳）〔風〕、珍原、甲向、玉果等城，又拔之。戊午（一二五八），福源遣其子茶丘從扎剌台軍。會高麗族子王綧入質，陰欲併統本國歸順人民，譖福源於帝，遂見殺，年五十三。」（十二/三六二七—三六二八頁）並可參觀。

〔三〕○李曰：元史地理志開元路：「金末，其將蒲鮮萬奴據遼東。〔元初〕癸巳歲，出師伐之，生禽萬奴。」○勝案，問影樓本脱「金末」之「末」字。

○王曰：彭氏於「已爭未竟」諸部中列遼東萬奴。案元史太宗紀，萬奴之禽在五年癸巳，正彭氏北使之歲。蓋彭氏尚未知此事實也。然鄭麟趾高麗史，多紀東真即大真與高麗交涉事。自太宗癸巳以後，至世祖至元之末，凡二十見。意萬奴既擒之後，蒙古仍用之以鎮撫其地，其後子孫承襲，如藩國然，故尚有東真之稱。此書所云，或反得其實也。

○勝案，元史太祖紀：「十年乙亥（一二一五）……冬十月，金宣撫蒲鮮萬奴據遼東，僭稱天王，國號大真，改元天泰。十一月，耶律留哥來朝，以其子斜闍入侍。……十一年丙子（一二一六）……冬十月，蒲鮮萬奴降，以其子帖哥入侍。既而復叛，僭稱東夏。」（一九頁）元史太宗紀：「五年癸巳（一二三三）……二月，……詔諸王議伐萬奴，遂命皇子貴由及諸王按赤帶將左翼軍討之。……九月，禽萬奴。」（三二頁）

卷一百一十九木華黎傳附孫塔思傳：「癸巳（一二三三）秋九月，從定宗于潛邸東征，擒金咸平宣撫完顏萬奴於遼東。萬奴自乙亥歲（一二一五）率衆保東海，至是平之。」（十/二九三八頁）卷一百二十一速不台傳附子兀良合台傳：「歲（乙）〔癸〕巳，領兵從定宗征女真國，破萬奴於遼東。」（十/二九七九頁）

卷一百四十九耶律留哥傳：「自庚寅（一二三〇）至丁酉（一二三七），連征高麗、東夏萬奴國。」（十二/三五一五頁）同卷移剌捏兒傳附子移剌買奴傳：「癸巳，從諸王按赤台征女直萬奴部，有功。」（十二／三五三〇頁）同卷王珣傳附子王榮祖傳：「從嗣國王孛魯入朝，帝聞其勇，選力士三人迭與之搏，皆應手而倒。欲留置宿衛，會金平章政事葛不哥行省於遼東，咸平路宣撫使蒲鮮萬奴僭號於開元，遂命榮祖還，副撒里台進討之。……進討萬奴，擒之。」（十二／三五三六頁）

卷一百五十石抹也先傳附子石抹查剌傳：「癸巳，從國王塔思征金帥宣撫萬奴於遼東之南京，先登，衆軍乘之而進，遂克之，王解錦衣以賜。」（十二／三五四三頁）卷一百五十二石抹阿辛（即也先）傳附子石抹查剌傳：「從國王軍征萬奴，圍南京，城堅如立鐵，查剌命偏將先警其東北，親奮長槊大呼，登西南角，擢其飛櫓，手斬陴卒數十人，大軍乘之，遂克南京。詰旦，木華黎（案，當作塔思）解錦衣賞之。」（三六〇三頁）卷一百五十一石抹孛迭兒傳：「辛卯（一二三一），從國王塔思征河南。癸巳，從討萬奴於遼東，平之。」（十二／三五七六頁）

〔一三〕○沈曰：影元本中州樂府王元佐小傳：「賢佐，一（名）〔字〕元佐，名澮，咸平人。爲人沈默寡欲，邃于易學，若有神授之。又通星曆讖緯之學。明昌初，〔以〕德行才能召至京師，命以官，不拜。朝廷重其人，授信州教授。未幾，自免去。至授博州教授，郡守以下皆師尊之。一日，守客澮，適中使至，中使漠然少年，重賢佐名，强之酒，守從旁救之，曰：『王先生不茹葷酒，勿苦之也。』中使乃止。是夕，賢佐棄官，遁歸鄉里。宣宗即位，聞其名，議驛召之，以道梗不果。車駕南渡，人有自咸平來者，説賢佐年六十餘，起居如少壯人。宣宗重其人，常以字呼。遣王曼卿授遼東宣撫使，不拜。又詔宰相以書招之，有『道尊德重，名動天朝，推其緒餘，足利天下』、『聖上明發不寐，軫念元元，屈己下賢，尊師重道』、『豈先生建策於明昌之初，獨無一言於貞祐之日乎？想惠然而來，審定大計』之語。書達，竟不至。遼東破時，年餘九十矣。」按〔金〕史宣宗本紀貞祐二年正月：「乙酉，徵處士王澮，不至。」四年三月：「己卯，處士王澮以右諫議大夫復還中奉大夫、翰林學士，仍賜詔褒諭。」

○王曰：王賢佐者，中州集十二云：「賢佐，一字玄佐，名澮，咸平人。爲人沈默寡欲，邃于易學，若有（人）〔神〕授之。又通星曆讖緯之學。明昌初，以德行才能召至京師。命以官，不拜。授信州教授。再授博州教授，棄官遁歸。宣宗即位，議驛召之，以道梗不果。車駕南渡，人有自咸平來者，説賢佐年六十餘，起居如少壯人。宣宗重其人，常以字呼遣王曼卿。授遼東宣撫使，不拜。又詔宰相以書招之云云。書達，竟不至。遼東破時，年餘九十矣。」案金史宣宗本紀貞祐二年正月：「徵處士王澮，不至。」三年九月：「詔授隱士王澮太中大夫、右諫議大夫，充遼東宣撫使〔司〕參謀官。」四年三月：「處士王澮以右諫議大夫復還中奉大夫、翰林學士，仍賜詔褒諭。」屠敬山作蒲鮮萬奴傳，已疑此書之王賢佐即金史之王澮，今據中州集乃得定之。

○勝案，沈、王箋注引元好問中州樂府詞人小傳王賢佐傳，皆有節略。參觀元好問全集卷四十一，九六九—九七一頁。

〔一四〕○勝案，妮叔，中古音可構擬爲*ni-čĭuk（>*nĭuk），與尼夫赫（nivkh）音頗近。尼夫赫人（Nivkhs）爲蒙古人種，操尼夫赫語，從事漁獵。分佈於黑龍江下游、庫頁島（即今俄羅斯哈巴羅夫斯克邊疆區與薩哈林州），即唐黑水靺鞨之郡利部、窟説部（新唐書卷二百一十九黑水靺鞨傳，六一七八頁）、遼之阿里眉（契丹國志卷二十二，二一三頁）、金之吉里迷（金史卷二十四地理志上，五四九頁）、元之吉里迷與骨嵬（元史卷五世祖紀二，一〇〇頁。世祖紀三作吉里迷部、骨嵬國，一〇六頁。吉里迷，元史卷九十八兵志一作乞烈賓，八／二五一二頁；黄溍金華黄先生文集卷二十五別里哥帖穆爾神道碑作吉烈滅，黄溍全集六六九頁）之境（參觀維基百科網尼夫赫人條；馬一虹二〇一一，七七頁）。

元史卷五世祖紀二至元元年（一二六四）十一月條：「辛巳，征骨嵬。先是，吉里迷内附，言其國東有骨嵬、亦里（于）〔干〕兩部，歲來侵疆，故往征之。」（一〇〇頁）亦里干在吉里迷東，疑即奴兒干，在黑龍江入海口一帶（參觀曹廷傑東三省輿地圖説）。奴兒干，一作弩兒哥（見國朝文類卷四十一招捕遼陽嵬骨條，嵬骨蓋骨嵬之倒文），亦即元史卷十七世祖紀十四「出征女直納里哥」之「納里哥」（二／三六〇頁）。永寧寺碑銘蒙古語作nurgel（鍾民巖、那森柏、金啓孮一九七五，四〇頁），女真語作nu-ru-(g)e（參觀金啓孮女真文辭典二一一、一〇〇、二二六頁）。奴兒干

（＊nurgan）、弩兒哥（＊nurg）、納里哥（＊narg）與亦里干（＊yargan）音近，弩兒哥（＊nurg）與妮叔（＊nĭuk）、尼夫赫（nivkh）音亦近。亦里干之「歲來侵疆」，與妮叔之「已爭而未盡」亦相符。至忽必烈時，始設征東招討司於奴兒干之地，管理東北部女真諸部（參觀程妮娜二〇一一，三八五—三八九頁）。然則，妮叔殆即奴兒干歟？

〔一五〕○李曰：那海即奴兒干三字之合音，見元史地理志合蘭府。

○沈曰：元秘史蒙語：「那孩，狗也。」至元譯語：「狗曰訥（合）〔和〕。」史本紀五：「至元元年，吉里迷來言，其國東有骨嵬、亦里干兩部，歲來侵，故征之。」亦里干即益律子，「亦里」、「益律」與今言「烏拉」、「鄂倫」同，日本所謂「愛農」，寔皆古「挹婁」音轉也。

○勝案，華夷譯語、韃靼譯語鳥獸門：「狗曰那孩。」（三一一、一〇〇頁）與秘史蒙語同。登壇必究卷二十二譯語走獸門：「狗曰奴害。」（一三八頁）盧龍塞略譯部獸畜類：「狗曰奴孩。」（一八〇頁）新刻校正買賣蒙古同文雜字：「犬曰諾海（nogay）。」（二〇八頁）譯語：「虜謂犬曰那讀作上聲。害。」（二三〇頁）

○王曰：沈乙庵先生曰：「『益律于』疑『益律干』之誤。元史本紀五：『至元元年，吉里迷來言，其國東有骨（廆）〔嵬〕、亦里干兩部，歲來侵，故征之。』『亦里』、『益律』與今言『烏拉』、『鄂倫』同，皆古『挹婁』音轉也。」案沈先生以「益律于」爲「益律干」之訛是也。謂「益律干」爲之挹婁音轉則非。益律干，秘史作「亦兒堅」，親征録作「亦兒干」，乃蒙古語「百姓」之義。「那海益律干」、「斛速益律干」，謂「狗國民」、「水國民」，猶「林木中百姓」之「槐因亦兒堅」，或「火因亦兒干」也。日本箭内博士所見本，「益律于」作「益律子」，以「益律子」爲蒙古語「奥魯思」之對音，不如讀爲「益律干」之善也。

○勝案，今所見沈本亦作「益律子」。王箋引沈注當别有所本。伯希和不同意沈曾植、王國維改「益律子（或于）」爲「益律干」，嘗疑「益律子」爲「耶律」或「亦剌」之複數，然亦未能自信（參觀Pelliot: *Notes on Marco Polo II*, 230. FEMELES (ISLAND OF WOWEN), 1963, p. 685.）。

新五代史四夷附録二引胡嶠陷虜記略云：「其國三面皆室韋，一曰室韋，二曰黄頭室韋，三曰獸室韋。其地多銅、鐵、金、銀，其人工巧，銅鐵諸器皆精好，善織毛錦。地尤寒，馬溺至地成冰堆。又北，狗國，人身狗首，長毛不衣，手搏猛獸，語爲犬嘷。其妻皆人，能漢語，生男爲狗，女爲人，自相婚嫁，穴居食生，而妻女人食。云嘗有中國人至其國，其妻憐之使逃歸，與其筯十餘隻，教其每走十餘里遺一筯，狗夫追之，見其家物，必銜而歸，則不能追矣。」（三／九〇七頁。參觀契丹國志卷二十五胡嶠陷北記，二三九頁）元史世祖本紀至元二十一年（一二八四）四月：「命開元等路宣慰司造船百艘，付狗國戍軍。」（二六五頁）

柏朗嘉賓蒙古行紀第五章一三節：「當我們在皇宫時，據一些長期生活在韃靼人中的羅塞尼亞人(Ruthènes)神甫和其他人向我們證實,當韃靼軍隊橫穿大漠歸國途中,他們曾經過一個地區,在那裏發現了一些奇形怪狀的人,外貌都如同婦女一般。經過十分費力地翻譯,韃靼兵卒詢問她們,當地的男子到哪裏去了。她們回答説:在這一地區,女性生下來之後具有人形,而男性生下來之後則呈犬狀。然而,正當他們在該地停留的時候,大群狗從江河的彼岸聚攏過來。雖然正值隆冬寒天,狗卻舉身赴水,然後又立即在塵埃中打滚,以至於使變成泥濘的塵土凍在了它們身上。多次重複這種動作之後,在它們身上形成了厚厚的一層堅冰,它們便兇猛地撲上前去與韃靼人搏鬥。但當韃靼人向它們射出了幾支箭之後,箭像射到頑石上一般而反彈了回來,其它武器也不能命中它們。狗群撲向韃靼人,咬傷或咬死了許多人,這樣一來狗群便把外來人從自己的領土上驅逐了出去。所以在韃靼人中還有這樣一句俗語:『爾父或爾兄是被狗咬死的。』然而,韃靼人所俘虜的女子卻被裏脇到自己地區,一直在那裏居住到死爲止。」(五〇頁)

海屯行紀:「他告訴我們他耳聞目睹的有關蠻族的奇事,他説:『在契丹那邊有個國家,其中女的是人形,天賦理智,但男人卻是狗形,缺乏理智,大而有毛。狗不許人進入他們的國土。他們狩獵,他們和婦女就靠此爲生。狗和婦女交配,生男爲狗形,生女爲女形。』」(二三頁)或疑狗國即今北極之愛斯基摩人,參觀何高濟海屯行紀前言。

〔一六〕○李曰:斛速,疑即阿速,元史西[北地]附録作烏斯,其地在吉利吉思東,以水爲名。地理志肇州下又作兀速。

○沈曰：「斛速」今書作「烏蘇」。

○勝案，此處「斛速」意爲水。至元譯語地理門：「水曰沃速。」（一頁）華夷譯語、韃靼譯語地理門：「水曰兀孫。」（二六、九六頁）登壇必究卷二十二譯語地理門：「水曰五速。」（一三二頁）盧龍塞略譯部地理門：「水曰兀孫，一曰五素。」（一七一頁）新刻校正買賣蒙古同文雜字：「水曰烏素。usu。」（二一六頁）又「水閣曰兀孫忒拉其隔勒。usu dehere-higer。」（一九六頁）

水韃靼，元史作「水達達」。卷五十九地理志二：「合蘭府水達達等路，土地曠闊，人民散居。元初設軍民萬户府五，撫鎮北邊。……其居民皆水達達、女直之人，各仍舊俗，無市井城郭，逐水草爲居，以射獵爲業。故設官牧民，隨俗而治，有合蘭府水達達等路，以相統攝焉。有俊禽曰海東青，由海外飛來，至奴兒干，土人羅之，以爲土貢。」（五／一四〇〇頁）

魯布魯克東行紀第二十九章在蒙哥宫廷的見聞：「從我見到蒙哥汗的地方到契丹，南和東之間是二十天路程，而到蒙古人的老家、成吉思斡耳朵所在的斡難、怯緑連，正東行有十天旅程。往東一路上没有城鎮。不過據説有叫做速（Su）蒙古的人，就是『水蒙古』，因爲 Su 的意思是『水』。他們靠捕魚和狩獵爲生，因他們没有牛群和羊群。北面同樣没有城鎮，只有一支牧羊的民族，叫乞兒乞思。還有兀良海，他們足底縛著磨光的骨頭，在凍結的冰雪上行走，速度之快可及飛禽走獸。」（二七九頁）水蒙古又見世界征服者史（二二九頁、二三一頁注一九）。元代對水達達地區之統轄，參觀譚其驤（一九八七，三〇九—三一四頁）；李治安、薛磊（二〇〇九，九五—九九頁）；程妮娜（二〇一一，三七七—三九四頁）。

〔一七〕○王曰：金史宣宗紀貞祐二年：「十月甲午，詔遣官市木波、西羌馬。」又興定元年：「八月戊申，陝西行省報，木波賊犯洮州，敗績遁去。」又移剌成傳：「喬家族首領播逋與鄰族木波隴逋、厖拜、丙離四族耆老大僧等，立結什角董氈之曾孫。爲木波四族長，號『王子』。其地北接洮州、積石軍。其南隴逋族，南限大山，八百餘里不通人行。東南與疊州羌接。其西丙離族，西與盧甘羌接。其北厖拜族，與西夏容魯族接。地高寒，無絲枲五穀，惟産青稞，與野菜合酥酪食之。其疆境共八千里，合四萬餘户。其居隨水草畜牧，遷徙不常。……大定九年……詔以結什角姪趙師古爲木波喬家、丙離、隴逋、厖拜四族都鈐轄，加宣武將軍。」

〔一八〕○沈曰：克鼻稍即乞卜察。

○王曰：克鼻稍，耶律文正西游録謂之可弗叉，皆乞卜察克之對音，通稱欽察。

○勝案，王本作「克鼻梢」，與箋證所云「克鼻稍」不符，蓋趙萬里據天一閣本校改。欽察，爲突厥部落之一，遊牧於烏拉爾河至黑海以北。秘史二六二節作「乞卜察兀惕」，元史卷六十三地理志西北地附録欽察條注又作「欽叉」（五／一五七〇頁）。

卷一百四十九郭寶玉傳作「可弗叉」：「辛巳（一二二一年），可弗叉國唯算端罕破乃滿國，引兵據挦思干，聞帝將至，棄城南走，入鐵門，屯大雪山，寶玉追之，遂奔印度。」（十二／三五二二頁）。卷一百二十二雪不台傳：「十八年（一二二二），討定欽察。」（十／三〇〇八頁）卷一百二十一速不台傳：「己卯（一二一九），大軍至蟾河，與滅里吉遇，一戰而獲其二將，盡降其衆。其部主霍都奔欽察，速不台追之，與欽察戰於玉峪，敗之。……癸未（一二二三），速不台上奏，請討欽察。許之。遂引兵繞寬定吉思海，輾轉至太和嶺，鑿石開道，出其不意。至則遇其酋長玉里吉及塔塔哈兒方聚於不租河，縱兵奮擊，其衆潰走。矢及玉里吉之子，逃於林間，其奴來告而執之，餘衆悉降，遂收其境。……乙未（一二三五），太宗命諸王拔都西征八赤蠻，且曰：『聞八赤蠻有膽勇，速不台亦有膽勇，可以勝之。』遂命爲先鋒，與八赤蠻戰。繼又令統大軍，遂虜八赤蠻妻子於寬田吉思海。八赤蠻聞速不台至，大懼，逃入海中。」（十／二九七六—二九七七頁）。

卷二太宗紀：「九年丁酉（一二三七）……蒙哥征欽察部，破之，擒其酋八赤蠻。」（三五頁）卷三憲宗紀：「憲宗桓肅皇帝，諱蒙哥，睿宗拖雷之長子也。……嘗攻欽察部，其酋八赤蠻逃於海島。帝聞，亟進師，至其地，適大風刮海水去，其淺可渡。帝喜曰：『此天開道與我也。』遂進屠其衆，擒八赤蠻，命之跪，八赤蠻曰：『我爲一國主，豈苟求生？且身非駝，何以跪人爲？』乃命囚之。八赤蠻謂守者曰：『我之竄入於海，與魚何異，然終見擒，天也。今水回期且至，軍宜早還。』

帝聞之，即班師，而水已至，後軍有浮渡者。」（四三—四四頁）參觀世界征服者史第三部Ⅱ八赤鑾及其滅亡（六五九—六六〇頁）。

卷一百二十八土土哈傳：「土土哈，其先本武平北折連川按答罕山部族，自曲出徙居西北玉里伯里山，因以爲氏，號其國曰欽察。其地去中國三萬餘里，夏夜極短，日暫没即出。曲出生唆末納，唆末納生亦納思，世爲欽察國王。太祖征蔑里乞，其主火都奔欽察，亦納思納之。太祖遣使諭之曰：『汝奚匿吾負箭之麋？亟以相還，不然禍且及汝。』亦納思答曰：『逃鸇之雀，叢薄猶能生之，吾顧不如草木耶？』太祖乃命將討之。亦納思已老，國中大亂，亦納思之子忽魯速蠻遣使自歸於太（祖）〔宗〕。而憲宗受命帥師，已扣其境，忽魯速蠻之子班都察舉族迎降。從征麥怯斯有功。率欽察百人從世祖征大理，伐宋，以强勇稱。嘗侍左右，掌尚方馬畜，歲時挏馬乳以進，色清而味美，號黑馬乳，因目其屬曰哈剌赤。」（十／三一三一—三一三二頁）國朝名臣事略卷三樞密句容武毅王條引閻復土土哈紀績碑略云：「其先本武平北折連川按答罕山部族，後徙居西北絶域，有山曰玉理伯里，襟帶二河，左曰押亦（案，即烏拉爾河），右曰也的里（案，突厥人稱伏爾加河爲 Etil），遂定居焉，自號欽察。其地去中國三萬餘里，夏夜極短，日暫没輒出。川原平衍，草木盛茂，土産宜馬，富者有馬至萬計。俗衽金革，勇猛剛烈，蓋風土使然。公之始祖曲年，高祖唆末納，曾祖亦訥思，世爲欽察國王。」（四七頁）虞集道園類稿卷三十八句容郡王世績碑略云：

「欽察之先，武平北折連川按答山部族也。後遷西北，即玉黎北里之山居焉。土風剛悍，其人勇而善戰。曲年生唆末納，唆末納生亦納思。……歲丁酉（一二三七），亦納思之（子）〔孫〕忽魯速蠻自歸於太宗。」（虞集全集一〇一八頁）cf. Pelliot et Hambis，1951，pp. 96—97.

〔一九〕○勝案，癸巳（一二三三年）察合台爲其太子所劫事未詳。Olbricht und Pinks 譯注本亦已質疑（見二一八頁注一八）。

〔二〇〕○李曰：脛篤即印毒。

○沈曰：脛篤者，印度也。

○勝案，印度不在西北，而在西南。疑抄寫有誤，「曰脛篤」或當在「曰木波」下。印度，漢書西域傳作「天篤」、「捐毒」。印度之漢譯名稱甚夥，可參觀P. C. Bagchi（師覺月），Ancient Chinese Names of India，*India and China*，2011，pp. 3—11. 錢文忠印度的古代漢語譯名及其來源，二〇〇七，四九—六一頁。

一二二一年，成吉思汗追擊花剌子模國王札闌丁至印度河流域［親征録、元史所載在一二二二年，不確。參觀世界征服者史第一部（一五六—一六八頁）、第二部（四七一—五〇一頁）。又史集第一卷第二分册（三〇六—三一〇頁）；王國維長春真人西遊記校注（五一三—五一四頁，見本節注〔三〕）；巴托爾德蒙古入侵時期的突厥斯坦第四章（二〇〇七，四九五—五一四頁）。

印度河，秘史二五七節作「申河」、親征録作「辛目連河」。

聖武親征録：「辛巳（一二二一）……夏，上駐軍於西域速里壇避暑之地，命忽都忽那顔爲前鋒。……壬午（一二二二）……夏，避暑於塔里寒寨高原。時西域速里壇札蘭丁遁去，遂命哲別爲先鋒追之，再遣速不台拔都爲繼，又遣脱忽察兒殿其後。哲別至蔑里可汗城，不犯而過，速不台拔都亦如之，脱忽察兒至，與其外軍戰，蔑里可汗懼，棄城走。忽都忽那顔聞知，率兵進襲。時滅里可汗與札蘭丁合，既戰，我不利，遂遣使以聞。上自塔里寒寨率精衛親擊之，追及辛目連河，獲蔑里可汗，屠其衆。札蘭丁脱身入河，泳水而遁，遂遣八剌那顔將兵急追之，不獲，因大擄忻都人民之半而還。癸未（一二二三）春，上兵循辛目連河而上，命三太子循河而下，至昔思丹城，欲攻之，遣使來禀命，上曰：『隆暑將及，宜別遣將攻之。』夏，上避暑於八魯灣川，候八剌那顔，因討近敵，悉平之。八剌那顔軍至，遂行，至可温寨，三太子亦至。時上既定西域，置達魯花赤於各城，監治之。甲申（一二二四），旋師，住冬避暑，且止且行。」（四一五—四二一頁）

元史卷一太祖紀：「十七年壬午（一二二二）……夏，避暑塔里寒寨。西域主札闌丁出奔，與滅里可汗合，忽都忽與戰不利。帝自將擊之，擒滅里可汗。札闌丁遁去，遣八剌追之，不獲。……十八年癸未（一二二三）……夏，避暑八魯彎川。……十九年甲申（一二二四）……帝至東印度國，角端見，班師。」（二二—二三頁）

〔二一〕○李曰：吸辣吸（台）〔紿〕，蓋即元史西北地附録之吉利吉思也。蒙古多以種類稱「歹」，「紿」即「歹」之對聲。西域多以種類稱「斯」，「思」又「斯」之對聲也。注中大石林國當作大石林牙國。

○王曰：呷辣吸紹，「紹」當作「紿」，乃哈剌契丹之對音。注中「大名林國」當作「大石林牙」。

○勝案，今王本作「大石林國」，與箋證所云「大名林國」不符，蓋趙萬里據天一閣本校改。

黑契丹即西遼。大丹，疑爲大契丹之省，猶東丹國亦名大東丹國（遼史卷四十五百官志一：「大東丹國中書臺。太祖天顯元年置，乾亨四年聖宗省。」七一○頁）。東丹國爲遼初所立屬國，以其在契丹之東，故名東丹，是「契丹」亦可省作「丹」也。

大石林牙即耶律大石（一○九四—一一四三），大石林牙國即西遼。遼史卷三十天祚帝本紀四：「耶律大石者，世號爲西遼。大石字重德，太祖八代孫也。通遼、漢字，善騎射，登天慶五年進士第，擢翰林應奉，尋陞承旨。遼以翰林爲林牙，故稱大石林牙。……西至起兒漫，文武百官册立大石爲帝，以甲辰歲二月五日即位，年三十八，號葛兒罕。……延慶三年，班師東歸，馬行二十日，得善地，遂建都城，號虎思斡耳朵，改延慶爲康國元年。……仁宗次子直古魯即位，改元天禧，在位三十四年。時秋出獵，乃蠻王屈出律以伏兵八千擒之，而據其位。遂襲遼衣冠，尊直古魯爲太上皇，皇后爲皇太后，朝夕問起居，以侍終焉。直古魯死，遼絶。」（三五五—三五八頁）卷四十五百官志一：「大林牙院，掌文翰之事。」（六九五頁）參觀孫伯君、聶鴻音契丹語研究（七六頁）。

蒙古秘史二三七節：「初命者別追古出魯克，追至撒里黑崑地面，將古出魯克窮絶了回來。」親征録戊寅（一二一八）條：「別遣哲別攻曲出律可汗，至撒里桓地，克之。」（四一二頁）參觀世界征服者史第一部VIII屈出律和脱黑脱罕（七一—八〇頁）、史集第一卷第二分册，二四七—二五三頁。

長春真人西遊記：「［辛巳（一二二一）］十月二日，乘舟以濟，南下至一大山，山北有一小城。又西行五日，宣使以師奉詔來，去行在漸邇，先往馳奏，獨鎮海公從師。西行七日，度西南一山，逢東夏使回，禮師於帳前，因問來自何時。使者曰：『自七月十二日辭朝，帝將兵追算端汗至印度。』明日遇大雪，至回紇小城。雪盈尺，日出即消。十有六日，西南過板橋渡河，晚至南山下，即大石林牙。大石學士，林牙小名。其國王遼後也，自金師破遼，大石林牙領衆數千走西北，移徙十餘年，方至此地。其風土氣候與金山以北不同，平地頗多，以農桑爲務。釀蒲萄爲酒，果實與中國同，惟經夏秋無雨，皆疏河灌溉，百穀用成。東北西南，左山右川，延袤萬里，傳國幾百年。乃滿失國，依大石士馬復振，盜據其土。繼而算端西削其地。天兵至，乃滿尋滅，算端亦亡。」（五一二—五二二頁）可參觀。

48.1 霆見王檝云：「某向隨成吉思攻西夏〔一〕。西夏國俗，自其主以下皆敬事國師①〔二〕。凡有女子，必先以薦國師，而後敢適人。成吉思既滅其國②，先臠國師。國師者，比丘僧也③〔三〕。某後隨成吉思攻金國鳳翔府④，城未破而成吉思死⑤〔四〕。嗣主兀窟䚟含哀⑥，云：『金國牢守潼關、黄河，卒未可破，我思量鳳翔通西川，西川投南⑦，必有路可通黄河。』後來，遂自西川迤邐入金房、出浮光〔五〕，徑造黄河之裏，竟滅金國⑧。」蓋韃人專求馬蹄實路，又使命臨發草地，楚材説與大使：「你聽只恃着大江〔六〕，我朝馬蹄所至，天上天上去，海裏海裏去。」

## 校記

① 敬事，李本作「敬」。

② 既，李本無此字。

③ 丘，沈本、羅本、六經堪本、王本避諱作「邱」。

④ 某，陳本作「其」。

⑤ 城未破，原同李本、沈本、羅本作「城破」。按成吉思汗軍實未破鳳翔（参觀注〔四〕），兹據王本、六經堪本改。

⑥ 含哀，沈本、羅本、六經堪本作「合寰」。○沈曰：李本作「含哀」。「合寰」二字蓋「令衆」之誤。○勝案，「含哀」自可通，沈説不確。

⑦ 西川，李本無此二字。

⑧ 金國，李本作「金」。

## 注釋

〔一〕○李曰：王檝，西遊記稱曰「宣撫王巨川檝」，其官銜自稱曰「宣撫使御史大夫」，又云：「宣撫王公，關右人也。因話咸陽，終南竹木之盛云。」○勝案，長春真人西遊記卷下云：「權省宣撫王公巨川，咸陽巨族也。」（參觀第31.1節注〔五〕）王檝從征西夏見元史本傳（參觀第48節注〔一〇〕）。

〔二〕○勝案，西夏高僧有帝師、上師、國師、德師、仁師、大師、法師、禪師等封號。皇帝之師曰國師，天盛改舊新定律令第十司序行文門：「皇帝國院、皇太子、諸王等之師名。皇帝之師監承處：上師、國師、德師。皇太子之師：仁師。諸王之師，忠師。」（三六五頁）西夏國師見於西夏文、漢文文獻記載者目前考得二十八人，國師像則有甘肅安西榆林窟第二十九窟壁畫真義國師（西壁）〔鮮卑〕智海像（參觀中國石窟安西榆林窟，圖一一七，説明二四一頁），俄藏黑水城西夏文鮮卑國師勸世集、鮮卑國師賢智集卷前各半幅木版畫綴合而成之鮮卑國師説法圖。參觀史金波一九八八，一三七—一五〇頁；二〇〇七，五七九—五九〇頁，三一頁圖版一一、五八八頁圖版二〇五。

〔三〕〇勝案，此類國師當爲吐蕃僧，以女子薦國師則爲藏傳佛教修行密法，如所謂「演揲兒法」、「秘密大喜樂法」等。成吉思汗所臠國師乃西夏末代國師，其姓氏今無考，或當於藏文文獻中求之。參觀元史卷二百五哈麻傳（十五/四五八三頁）、羅振玉演揲兒法殘卷三種跋（羅振玉學術論著第十集松翁近稿，三八—三九頁）、沈衛榮（二〇一〇，三四七—四〇六頁、四四〇—四五九頁）。

馬祖常石田集河西歌效長吉體：「賀蘭山下河西地，女郎十八梳高髻，茜根染衣光如霞，卻召瞿曇作夫壻。」（元詩選初集，七一六頁）蓋西夏國俗之孑遺。

〔四〕〇李曰：輟耕録：「宋寶慶三年丁亥己丑，太祖成吉思崩於薩里川。此略所云撒里達疑即薩里川。」

〇勝案，李注「此略所云撒里達疑即薩里川」一句不見於問影樓本。所謂「撒里達疑即薩里川」亦不確（參觀第48節注〔六〕）。

此節所記有誤。成吉思汗攻鳳翔在攻西夏之前，成吉思汗卒於一二二七年攻西夏時，而王檝實於一二三〇年從太宗攻鳳翔（見元史王檝本傳，三六一三頁。參觀第31.1節注〔五〕）。

元史卷一太祖紀：「十七年壬午（一二二二）……木華黎軍克乾、涇、邠、原等州，攻鳳翔，不下。」（二二頁）卷二太宗紀：「二年庚寅（一二三〇）……秋七月，帝自將南伐，皇弟拖雷、皇侄蒙哥率師從，拔天成等堡，遂渡河攻鳳翔。……三年辛卯（一二三一）春二月，克鳳翔。」（三〇頁）

【補訂】元史卷一百十九木華黎傳：「（壬午，一二二二）冬十月，……渡河拔同州，下蒲城，徑趨長安。金京兆行省完顏合達擁兵二十萬固守，不下。乃分麾下兀胡乃、太不花兵六千屯守之。遣按赤將兵三千斷潼關，遂西擊鳳翔，月餘不下。……（癸未，一二二三）三月，渡河還聞喜縣，疾篤。……薨，年五十四。厥後太祖親攻鳳翔，謂諸將曰：『使木華黎在，朕不親至此矣。』」（十／二九三五—二九三六頁）

陝西鳳翔屈家山出土蒙古紀事磚云：「馬年壬午（一二二二）秋月、狗年丙戌（一二二六）春月，清吉思罕忒木津、太師國王木忽里，統那顏（撒）〔探〕馬赤騎軍數十萬，雄征金朝都邑鳳翔城，敗之。王罕駕崩，天命父罕兀歌歹合罕。牛年乙丑（一二二九），臨吉蒜河源頭大兀耳朵，嗣大罕位。兔年（辛卯，一二三一）春月，統那顏（撒）〔探〕馬赤騎軍三十萬，渡黄河、越京兆，猛攻鳳翔守城金軍，泣血屠城三月餘。金朝守城都帥完顏〔合達〕棄城，遁京兆、潼關，逃河南，鳳翔重邑重歸大合罕兀露思。」據此成吉思汗親攻鳳翔當在丙戌年（一二二六）。而金史哀宗紀上云：「正大四年（一二二七）秋七月，大元兵自鳳翔徇京兆，關中大震。」乞石烈牙吾塔傳云：「正大四年，大兵既滅夏國，進攻陝西德順、秦州、清水等城，遂自鳳翔入京兆，關中大震。」當以金史爲是，但鳳翔未攻破，至太宗窩闊台三年辛卯始克之。（參觀楊富學鳳翔屈家山蒙古紀事磚與屈朮墓碑考釋，載北國石刻與華夷史跡，光明日報出版社二〇二〇年，二〇二—二〇九頁）

金史卷二十六地理志下鳳翔路條：「鳳翔府，中。宋扶風郡鳳翔軍節度。皇統二年（一一四二）升爲府，軍名天興，大定十九年（一一七九）更軍名爲鳳翔。大定二十七年（一一八七）升總管府。」（六四四頁）元史卷六十地理志三陝西等處行中書省條：「鳳翔府，唐爲扶風郡，又爲鳳翔府，號西京。宋、金因其名。元初割平涼府、秦、隴、德順、西寧、鎮原州隸鞏昌路，廢恒州，以所領盩厔縣隸安西府路，尋立鳳翔路總管府。至元九年，更爲散府。」（五／一四二七頁）

〔五〕○李曰：貴耳集下：「浮光未破以前，開城濠得一鐵佛。端平四年，韃（園）〔圍〕城，砲聲震天。後韃攻定城，以砲坐罩鐵佛于其下，光州遂失。」又俞（炎）〔琰〕席上（輔）〔腐〕談：「紹興間，淮堧鐵牛道人在浮光數月。」云云。

○勝案，李注此節僅見於上圖鈔本，問影樓本無。所注皆節引，席上腐談卷下：「紹興間，淮堧有一道人求乞，手持一鐵牛，高呼鐵牛道人，在浮光數月。」（三四頁）貴耳集卷下：「均州武當山，真武上昇之地，其靈應如響。均州未變之前，韃至，聖降筆曰：『北方黑煞來，吾當避之。』繼而真武在大松頂現身三日，民皆見之。次年，有范用吉之變。韃犯武當，宫殿爲之一空，有一百單五歲道人首殺之，則知神示人有去意矣。浮光未破以前，開城濠得一鐵佛，佛高三丈。城東元有鐵佛寺，其僧請歸本寺，百餘軍輿之不動。軍帥禱之，許以草創小寺安奉，只用二五十輩小兒輿之即行。後差老巫媪奉事，凡有病告者，飲佛水即安。端平四年（一二三七），韃圍城，砲聲震天，鐵佛爲之撼戰。後韃攻定城，以砲坐罩鐵佛于其下，光州遂失。」（五六頁）

元史卷二太宗紀：「八年丙申（一二三六）……冬十月，闊端入成都。詔諭秦、鞏等二十餘州，皆降。張柔等攻郢州，拔之。襄陽府來附，以游顯領襄陽、樊城事。九年丁酉（一二三七）……是冬，口温不花等圍光州，命張柔、鞏彦暉、史天澤攻下之。遂别攻蘄州，降隨州，略地至黄州。宋懼請和，乃還。……十一年己亥（一二三九）春……皇子闊端軍至自西川。」（三四—三六頁）。金、房二州疑在降闊端之二十餘州中。

浮光當爲光州之别名。貴耳集所記蒙古破浮光（光州）事，可與元史參觀。卷一百一十九木華黎傳附塔思傳：「丁酉……冬十月，復與口温不花攻光州，主將黄舜卿降。」（十/二九三九頁）卷一百二十察罕傳：「歲乙未（一二三五），克棗陽及光化軍。未幾，召口温不花赴行在，以全軍付察罕。丁酉，復與口温不花進克光州。」（十/二九五六頁）卷一百二十三苫徹拔都兒傳：「帝嘉其能，命從皇子攻棗陽。繼從宗王口温不花攻光州，一日五戰，光州下。」（十/三〇三一頁）卷一百四十七張柔傳：「乙未，從皇子闊出拔棗陽……丁酉，……會諸軍取光州。」（十一/三四七四頁）卷一百五十五史天澤傳：「乙未，從皇子曲出攻棗陽，天澤先登，拔之。……丁西，從宗王口温不花圍光州，天澤先破其外城，攻子城，又破之。」（十二／三六五九—三六四〇頁）卷一百六十三張德輝傳：「歲乙未，從（史）天澤南征，籌畫調發，多出德輝。天澤將誅逃兵，德輝救止，配令穴城。光州華山農民爲寨以自固，天澤議攻之，德輝請招之降，全活甚衆。」（十三／三八二三頁）卷一百六十六鞏彦暉傳：「戰光州，（張）柔軍于東北，夜二鼓，命彦暉率勁卒二百伏西南，五鼓，東北聲振天地，彦暉植梯先登，衆繼之，破其外城，遂急攻，并其子城破之。」（十三／三八九八頁）。

宋史卷八十五地理志一：「金州，上，安康郡，乾德五年，改昭化軍節度。……房州，下，房陵郡，保康軍節度。開寶中，廢上庸、永清二縣。雍熙三年并爲軍。」（二一一三頁）卷八十八地理志四：「光州，上，弋陽郡，光山軍節度。本軍事州。宣和元年，賜軍額。紹興二十八年，避金太子光瑛諱，改蔣州。嘉熙元年，兵亂，徙治金剛臺，尋復故。」（二一八四頁）卷八十九地理志五：「成都府，次府，本益州，蜀郡，劍南西川節度。太平興國六年，降爲州。端拱元年，復爲劍南西川成都府。……金州，上，安康郡，昭化軍節度。前宋隸京西南路，惟此一州未没于金。建炎四年，屬利州。紹興元年，置金、均、房州鎮撫使。六年，復隸京西南路。九年，隸西川宣撫司。十年，置金、房、開、達安撫使。十三年，隸利州路，又以商州上津、豐陽兩縣來屬。乾道四年，兼管内安撫。」（二二一〇、二二一四頁）

元史卷六十地理志三：「金州，下。唐改西城郡爲金州。宋升爲金房開達四州路。元爲散州。」（五／一四二七頁）卷五十九地理志二：「光州，下。唐初爲光州，後改弋陽郡，又復爲光州。宋升光山軍。元至元十二年歸附，屬蘄黄宣慰司。二十二年，同蘄、黄等州，直隸行省。三十年，隸汝寧府。領三縣：定城，固始，下。宋末兵亂，徙治無常。至元十一年復舊治。光山。下。兵亂地荒，至元十二年復立舊治。」（五／一四〇六—一四〇七頁）

【補訂】浮光亦見於後唐馮贄雲仙散録：「雲林異景志云：『浮光多美鴨。太原少尹樊千里買百隻置後池，載數車浮萍入池，使爲鴨作茵褥。』」（中華書局一九九八年版，五一頁一六〇條）按光山縣有浮光山（參觀宋樂史太平寰宇記卷一百二十七），宋人有以浮光代指光山者，如邢子政撰美固堂記：「落成之日，淳祐庚戌（一二五〇）六月癸未二十六日庚申。浮光邢子政并書以記。」（宋常棠海鹽澉浦志卷七碑記門）子政光州人，淳祐七年（一二四七）任澉浦鎮統軍。

〔六〕〇勝案，你𢙆，又寫作「你懣」或「你瞞」，即你們。們，宋人或作懣、瞞。此處𢙆爲俗字，殆合瞞與懣而成者。愛日齋叢鈔卷五上梁文條略云：「樓大防參政又考『兒郎偉』始於方言，其説云：『上梁文必言兒郎偉，或以爲唯諾之唯，或以爲奇偉之偉，皆未安。在敕局時，見元豐中獲盜推賞，刑部例皆即元案，不改俗語。有陳棘云：『我部領你懣厮逐去深州。』邊吉云：『我隨你懣去。』懣，本音悶，俗音門，猶言輩也。獨秦州李德一案云『自家偉不如今夜云』，余啞然笑曰：

『得之矣。』所謂兒郎偉者，猶言兒郎懣，蓋呼而告之，此關中方言也。』」（一一五頁）齊東野語卷五端平襄州本末條：「朝廷遣鎮江都統李虎，號無敵軍，偕光州都統王福所部軍，至襄策應，而克敵軍不能自安矣。……無敵軍即宣言欲剿除克敵，云：『不是你瞞番人在此，如何我瞞四千里路來。』」（八二頁）參觀龍潛庵宋元語言詞典「們」字條（二四六頁）、袁賓等宋語言詞典「懣」字條（一九八頁）。

## 49 其從軍而死

其從軍而死也，䮾其屍以歸①，否則罄其資橐而瘞之。

### 校記

① 䮾，王本作「馳」，當爲「䮾」之訛。

49.1 霆見其死於軍中者，若奴婢能自䮾其主屍首以歸①，則止給以畜產；他人致之，則全有其妻奴畜產。

## 校記

①駞，王本作「馳」，當爲「駞」之訛。

②妻奴，李本作「妻子」。

# 50 其墓

其墓無塜，以馬踐蹂，使如平地〔一〕。若忒没真之墓，則插矢以爲垣，闊踰三十里①。邏騎以爲衛。

## 校記

①闊踰，李本誤作「闊餘」，沈本、羅本誤作「闊綸」。

## 注釋

〔一〕○王曰：草木子：「歷代送終之禮……元朝宮裏，用梡木二片，鑿空其中，類人形大小合爲棺，置遺體其中。加髹漆畢，則以黃金爲圈。三圈定，送至其直北園寢之地深埋之，則用萬馬蹴平。俟草青方解嚴，則已漫同平坡，無復考誌遺跡。」

○勝案，明蕭大亨北虜風俗葬埋條：「初虜王與台吉之死也，亦略有棺木之具，併其生平衣服、甲冑之類，俱埋於深僻莽蒼之野。死之日，盡殺其所愛僕妾良馬，如秦穆殉葬之意。若有盜及塚中所埋衣甲，及塚外馬肉併一草一木者，獲即置之死，子女盡入爲奴，而資財無論矣。即盜散夷之塚者，亦罰九九之數。故每於他所，别立一帳，令人守之，且揚言曰『此某王某台吉之塚也』，儻亦效曹瞞之餘智乎？·俗無三年之喪，唯於七日内，自妻子至所部諸夷，皆去其姑姑帽頂而已。七日外復如故也。」（四庫存目二五五册，三二八頁）可參觀。

50.1 霆見忒没真墓在瀘溝河之側①〔一〕，山水環繞。相傳云，忒没真生於此，故死葬於此②，未知果否③。

## 校記

① 瀘溝河，沈本作「瀘渚河」，羅本、六經堪本作「瀘清河」（「清」字蓋「渚」或「溝」之訛），陳本作「瀘局河」。

② 兩處「此」，問影樓本均作「斯」。

③ 原此處另起一行，有「黑韃事略終」五字。

## 注釋

〔一〕○李曰：此所云瀘溝河者，指漠南之驢駒河也。元史：「太祖諱鐵木真，葬起輦谷。」今案，「起輦」二字即「祁連」之對音，漢書所云祁連山者也。以明永樂北征録考之，古梵場有山，類江南諸山，元氏諸王葬其下，云歷長清塞、順安鎮，即驢朐河也。張鵬翮俄羅斯行程録：「葉不孫郭兒有九十九泉，其水發源官山，云是蒙古祖塚。」

○勝案，問影樓本「梵場」誤作「梵陽」，「即驢朐河也」作「即其地也」，無「張鵬翮俄羅斯行程録」以下文字。金幼孜北征録：「（永樂八年四月）二十八日早，發古梵場。行數十里，東北有山甚高廣，峰巒聳拔，蒼翠奇秀，類江南諸山。山之下孤峰高起，上多白石，元氏諸王葬其下。晚至長清塞。……三十日早，發長清塞，至順安鎮。……五月初一早，微雨，發順安鎮。行十餘里，山多白雲。……又行數里，……度一岡，遥見臚朐河。又過一岡，上攬巒登其頂，四望而下。又行數里，臨臚朐河。」張氏書全稱奉使俄羅斯行程録（見滿蒙叢書第二卷），又名奉使俄羅斯日記（見小方壺齋輿地叢鈔第三帙）。

○沈曰：瀘渚河，即臚朐河也。起輦谷所在，惟此書著之。

○勝案，沈曾植蒙古源流箋證卷四云：「太祖葬地所謂起輦谷者，必在漠北刱業之地。張石州指爲鄂爾多斯地，誤無疑也。起輦亦怯緑連之合音。」

史集第一卷第一分册第四編：「成吉思汗［死］後，他的子孫們帶著自己的一個千户，在稱爲不兒罕合勒敦的地方，守衛著成吉思汗偉大遺骸所在的他們的森嚴禁地（ġuruq），不參加軍隊，並且直到今天，他們還固定受命［守衛著］遺骸。在成吉思汗的子孫中，拖雷汗、蒙哥汗以及忽必烈合罕的子孫和他的氏族的偉大遺骨，也安置於上述地方。據説，有一次成吉思汗來到了這個地方，在平原上長著一棵很緑的樹。他十分喜歡這棵樹的翠緑清新。［成吉思汗］在樹下消磨了一個時辰，他産生了一種内心的喜悦。在這種情況下，他對衆異密和近侍們説道：『我們的最後歸宿應當在這裏！』因爲他們［曾經］聽他説過這些話，所以在他逝世後，在那裏，在那棵樹下，營建了他的宏大禁地。據説，就在那年，這片平原由於大量生長的樹木而變成了一座大森林，以致完全不可能辨認出那頭一棵樹，任何人也不知道［它］究竟是哪一棵了。成吉思汗其他子孫的偉大遺骨則在别的地方。」（二六〇頁）第一卷第二分册第一編：「蒙古有一座名叫不兒罕合勒敦的大山。從這座山的一個坡面流出許多河流。這些河流沿岸有無數樹木和森林。泰亦赤兀惕部就住在這些森林裏。成吉思汗將那裏選做自己的墳葬地，他降旨道：『我和我的兀魯黑的墳葬地就在這裏！』成吉思汗的駐夏和駐冬地就在那一帶；他出生在斡難河下游的不魯克孛勒答黑地方，距不兒罕合勒敦有六天路程。那裏住著兀孩合剌朮氏族的一千名斡亦剌惕人，守護著那片土地。兹將［從不兒罕合勒敦山坡下流出的］那些河流詳舉如下：［山］南中部—怯緑連，東—斡難，大東北—乞列克秃，大北—乞兒合出，大北—赤苦，大西北—合剌忽，西南居中—哈剌，西南居中—不剌赤秃，大西南—土剌。有這樣一件事情：有一次成吉思汗出去打獵，有個地方長著一棵孤樹。他在樹下下了馬，在那裏心情喜悦。他遂説道：『這個地方做我的墓地倒挺合適！在這裏做上個記號吧！』舉哀時，當時聽他説過這話的人，重複了他所説的話。諸王和異密們遂按照他的命令選定了那個地方。據説，在他下葬的那年，野地上長起了無數樹木和青草。如今那裏森林茂密，已無法通過；最初那棵樹和他的埋葬地已經辨認不出了。甚至守護那個地方的老守林人，也找不到通到那裏去的路了。在成吉思汗諸子之中，幼子拖雷就葬在那裏，拖雷的兒子蒙哥合罕、忽必烈合罕、阿里—不哥及死在那邊的其他後裔們的埋葬地也在那裏。成吉思汗的其他後裔，如朮赤、察合台、窩闊台和他們的兒子們及兀魯黑，則葬在其他地方。這塊偉大的禁地（gurūq）由兀良合惕部的異密們擔任守護。」（三二一—三二三頁）第二卷：「〔蒙哥合罕〕去世以後，阿速帶斡忽勒把軍隊交給渾答海那顔統率，〔親自〕帶著父親的靈柩，把他運送到了斡耳朵。……然後，他們把他葬在被稱爲也可—忽魯黑（即大禁地）的不勒罕合勒敦地方的成吉思汗和拖雷汗〔的陵寢〕的旁邊。」（二七一頁）

馬可波羅行紀第一卷第六八章：「君等并應知一切大汗及彼等第一君主之一切後裔，皆應葬於一名阿勒台（Altai）之山中。無論君主死於何地，皆須運葬於其中，雖地遠在百日程外，亦須

運其遺骸葬於此山。」（二〇〇四，一三七頁）

漢譯蒙古黃金史綱：「於是輀車轔轔徐動，衆庶歡欣，運往汗山大地，在那裏營建了萬世的陵寢，作了大宰相們的佑護支柱，成了全體人民的奉祀之神，修築了永世堅固的八白室。因爲主聖途經此地之時，表示過讚美和欣賞，所以輀車深没輪轂。據説，向衆臣庶降下了疑似之詔，把身穿的衫子、居住的房子和一隻襪子，留在那裏。而其真身，有人講，葬於不峏罕哈里敦；有人説，葬在阿爾泰山之陰、肯特山之陽名爲大鄂托克的地方。」（三五頁。cf. Bawden：*The Mongol Chronicle Altan Tobči*, pp. 145—146.）

亦鄰真考證起輦谷（ki-lien-gu）與蒙古秘史古連勒古（kürelgü，即聖武親征録曲鄰居山）爲對音，位於今蒙古人民共和國肯特省曾克爾滿達勒一帶（參觀起輦谷和古連勒古，亦鄰真蒙古學文集七四七—七五三頁）。

【補訂】參觀陳得芝成吉思汗墓葬所在與蒙古早期歷史地理，中華文史論叢二〇一〇年第一期，載蒙古史與中華多元文化論集（上海古籍出版社二〇一三年，一五五—一八二頁）。

## 徐霆跋

霆初歸自草地，嘗編敘其土風習俗①，及至鄂渚，與前綱書狀官彭大雅解后（一），各出所編，以相參考，亦無大遼絶，遂用彭所編者爲定本，間有不同，則霆復疏於卜方，然此亦止述大略②，其詳則見之北征日記云。嘉熙丁酉孟夏朔〔二〕，永嘉徐霆長孺〔三〕書。

**校記**

①習，李本無此字。

②止，沈本、陳本作「只」。

**注釋**

〔一〕○勝案，解后，不期而遇，亦作「邂逅」、「解逅」、「邂遘」、「邂覯」，今通作「邂逅」。詩鄭風野有蔓草：「有美一人，清揚婉兮，邂逅相遇，適我願兮。」毛傳：「邂逅，不期而會。」（三二一頁）宋魏了翁念奴嬌劉左史光祖夫人生日：「解后相逢同一笑，此會幾年難覓。」（全宋詞，二三八〇頁）

〔二〕○李曰：嘉熙爲南宋理宗第（五）〔四〕號。丁酉者，理宗嘉熙元年也，是年元太宗九年。

〔三〕○勝案，明凌迪知萬姓統譜卷七：「徐霆，字長孺。永嘉人。少爲母舅陳埴所鞠，勵以講學，由是得聞性理之要。長游四方，所見益廣，連中漕舉。紹定中，李全亂淮楚。霆從趙善（相）〔湘〕於制幕，軍謀檄筆，實參其事。全斃，以功補官。端平初，軺車初通，霆以選介信使奉幣入行闕。又歲餘，覆命授江東路兵馬鈐轄。移江西，再移廣。歷守欽、復州、漢陽軍，以武功大夫致仕卒。」（一八一頁）

# 附録一

## 題跋

### 一、明姚咨跋 二篇

是編爲翏生借王太史家藏宋刻本抄寄。嘉靖壬寅（一五四二）秋八月上旬。

是編爲故太史王懋中氏家藏，余近於其弟上舍君處借録，秋日苦短，繼之焚膏始訖，同志者當諒余衷云。嘉靖丁巳（一五五七）秋九月望夜，句吴茶夢道人姚咨識於華秋館之寒緑軒。

【案】姚咨跋第一篇僅見於底本，爲姚氏手書，并鈐有「姚舜咨圖書」白文印。第二篇諸本後皆有，而底本無。「余裒」之「裒」，李本作「苦裒」。

## 二、清李文田題記

黑韃事略一卷，宋彭大雅撰、徐霆疏證而成此書。霆南宋理宗時人，嘗奉使蒙古，歸而編其風土爲此書。據其自跋，尚有北征日記一書，今已久佚，即此書亦爲藏家所罕有矣。姚咨跋稱嘉靖丁巳鈔自大夫王懋中家云。光緒庚寅（一八九〇）見此於廠肆，亟收之，以慰物聚之好爾。順德李文田記。

## 三、清沈曾植跋

此本借抄於繆小山編修，編修歸自江南，新得書也。李詹事春間從廠肆得一舊抄本，復借之校一過。繆本勝李本，然所出之源不同。繆本誤脱而李本是者，亦若干條，此書大略可讀矣。乙盦識。

【案】沈曾植此跋當作於光緒十六年庚寅（一八九〇），參觀許全勝二〇〇九。

四、清熙元跋

丁酉正月（一八九七年二月），達甫弟得鈔本於廠肆，余愛其敍事詳實，命書僕翟浦録副藏之。此書惟述古堂、持静齋二目著録，他不多見，誠秘笈也。太初記。

五、日本内藤湖南跋

此書壬寅歲游清國時得之羅叔藴，歸後借那珂先輩藏本對校一過。那珂本得之清國陳士可，所以稱陳本。癸卯（一九〇三）四月念九，炳卿。

茅元儀武備志引此書牧馬一節，書名黑韃遺事。癸卯六月初二，取而一校。

六、清胡思敬跋

右書自元以來展轉傳抄，罕見刻本。明人號搜輯古今佚乘，考諸家叢目，亦未著録。唯吴縣曹中翰注蒙韃備録，徵引十餘條，未知所據何本，就其所引者兩相校對，各有脱誤。曹注没去彭大雅之名，竟以此書爲徐霆所著。度其所見，亦非校刻精本可知。此本熙太初祭酒家故物。祭酒殉難後，余遊曉市得之。其李侍郎所跋原書，則不知流落何所，侍郎攻西北輿地學最專，書眉評語，考證精博，足與徐疏互相發明，疑即侍郎之筆，存而不削，異時當與元秘史、西遊録注並傳。末附校勘記，多係以意懸度，不敢徑改，用存古書之舊。讀者審之。光緒戊申（一九〇八）秋九月，新昌胡思敬跋。

## 七、民國王國維跋

此書後有嘉熙丁酉永嘉徐霆長孺跋云：「霆初歸自草地，嘗編敘其土風習俗，及至鄂渚，與前綱書狀官彭大雅解后，各出所編，以相參考，亦無大遼絶，遂用彭所編者爲定本，間有不同，則霆復疏於下方」云云。今書中頂格書者大雅原書，其低一字者長孺所疏也。長孺隨使蒙古在宋理宗端平初年，當蒙古窩闊台汗之七八年。本書云：「霆至草地時立金帳，想是以本朝皇帝親遣使臣來，故立之以示壯觀。前綱鄒奉使至不曾立，後綱程大使、更後綱周奉使至皆不立。」考宋史理宗紀紹定五年壬辰十二月：「大元再遣使議攻金，史嵩之以鄒伸之報謝。」端平元年甲午：「十二月己卯，大元遣王檝來。……辛卯，遣鄒伸之、李復禮、喬仕安、劉溥報謝。」二年乙未正月：「以御前寧淮軍統制、借和州防禦使程苐爲大元通好使，從義郎王全副之。」嘉熙二年戊戌：「三月己丑，命將作監周次説爲大元通好使。」本書所謂鄒奉使即鄒伸之，程大使即程苐，周奉使即周次説。是長孺隨使當在鄒伸之之後，程苐之前，而鄒、程奉命使北，相距才一月，中間未必更遣他使。本書所謂前綱鄒奉使至時不立金帳者，疑謂伸之壬辰初使時事，而長孺則與於伸之之再使之役。蓋伸之初使實銜史嵩之之命，而再使則奉朝命，故曰「霆至草地時立金帳，想是以本朝皇帝親遣使臣來」，可互證也。

顧伸之再使雖奉命於甲午十二月，然其至草地已在丙申之夏，本書云「霆在燕京見差胡丞相來黷貨更可畏，下至教學行及乞兒行，亦出銀作差發」云云。考皇元聖武親征録：「甲午太宗（七）〔六〕年，遣忽都忽主治漢民。乙未夏，忽都忽籍到漢民一百一十一萬有奇。」元史耶律楚材傳亦紀其事，則云「丙申七月，忽都虎以民籍至」云云。視親征録差後一年，案「忽都忽」、「忽都虎」，元史太宗紀亦作「胡土虎」，本書「胡丞相」即謂此人。其至燕京定差發，當在乙未、丙申間，而長孺適以是時留燕，則亦當在乙丙間矣。後至草地住月餘，其回程宿野狐嶺在七月十五日，則其至草地時正當盛夏。

又跋中稱彭大雅爲前綱書狀官，則大雅當在鄒伸之壬辰一行中，大雅後爲四川制置副使，以貪黷獲咎。宋季三朝政要二：「嘉熙四年，彭大雅使北。」是大雅於此書成後，又膺專對之命。又宋史多記大雅獲罪事，而政要則頗稱大雅守蜀之功，云：「彭大雅守重慶時，蜀已殘破，大雅披荆棘，冒矢石，竟築重慶城以禦利閬、蔽夔峽，爲蜀之根柢，自此支吾二十年，大雅之功也。然取辦迫促，人多怨之。其築重慶也，委幕僚爲記，不愜意乃自作之，曰：『某年月日，守臣彭大雅築此，爲國西門。』謁武侯廟，自爲祝文云云。其文老成簡健，聞者莫不服之。後不幸遭敗而卒，蜀人懷其思，爲之立廟。」故其爲此書，敘述簡該，足徵覘國之識。長孺所補亦頗得事實。蒙古開創時史料最少，此書所貢獻，當不在秘史、親征録之下也。乙丑十二月海寧王國維。

【案】此據王國維黑韃事略箋證附録。又王跋手稿本今藏中國國家圖書館，乃此跋初稿，文字有較多不同。王國維全集（浙江教育出版社二〇〇九年版）卷十一卷首有此手稿本照片，而該書所收黑韃事略箋證跋未以此稿作校記，兹將手稿全文照録於下，以便參觀。

此書後有嘉熙丁酉永嘉徐霆長孺跋云：「霆初歸自草地，嘗編敘其土風習俗，及至鄂渚，與前綱書狀官彭大雅解后，各出所編，以相參考，亦無大遼絶，遂用彭所編者爲定本，間有不同，則霆復疏於下方」云云。今書中頂格書者大雅原書，其低一字者長孺所補也。

長孺隨使蒙古在宋理宗端平初年，當蒙古窩闊台汗之七八年。本書云：「霆至草地時立金帳，想是以本朝皇帝親遣使臣來，故立之以示壯觀。前綱鄒奉使至不曾立，後綱程大使、更後綱周奉使至皆不立。」考宋史理宗紀紹定五年壬辰：「大元再遣使議攻金，史嵩之以鄒伸之報謝。」端平元年甲午：「十二月己卯，大元遣王檝來。戊子，王檝辭于後殿。辛卯，遣鄒伸之、李復禮、喬仕安、劉溥報謝。」二年乙未正月：「以御前寧淮軍統制、借和州防禦使程芾爲大元通好使，從義郎王全副之。」嘉熙二年戊戌：「三月己丑，命將作監周次説爲大元通好使。」本書所謂鄒奉使即鄒(之伸)〔伸之〕，程大使即程芾，周奉使即周次説也。是長孺隨行，當在鄒伸之之後、程芾之前，而鄒程奉命使北，相距才一月，中間未必更遣他使。疑伸之再使時，長孺實從之，所謂前綱鄒奉使者，乃謂壬辰之役也。

然伸之再使，雖奉命於甲午十二月，而丙申夏始至艸地，書中云：「霆在燕京見差胡丞相來黷貨更可畏，下至教學行及乞行，亦出銀作差發。」案，元史太宗紀(七)〔八〕年丙申：「夏六月，復括中州户口，得續户一百一十餘萬。」耶律楚材傳亦紀其事，云「丙申七月，忽都虎以民籍至」云云，殆「忽都虎」，太宗紀作「胡土虎」，是「胡丞相」即謂「忽都虎」。其至燕京定差發，事當在丙申春間，長孺至草地住月餘，其回程宿野狐嶺在七月十五日，則在草地時正當盛夏矣。

長孺跋中稱彭大雅爲前綱書狀官，則大雅當在鄒（之伸）〔伸之〕壬辰一行中，大雅後爲四川制置副使，以貪殘獲咎。然爲此書，敘述簡該，頗能盡覘國之能。長孺所補亦頗得事實。蒙古初期史料最乏，此書所貢獻，實不在秘史、親征録之下也。乙丑十二月海寧王國維。

## 八、民國章鈺題記

上虞羅氏重印黑韃事略，鈺有傳録本與之略同，鈺本曾由吴縣曹君直舍人元忠以舊寫本校過，多可取者。因得校記若干條，附羅本之後，曹校列上，羅本列下。丙寅（一九二七）正月，長洲章鈺。

## 九、民國趙萬里王國維黑韃事略箋證題記

甲戌（一九三四）冬日，門人趙萬里以天一閣舊藏姚舜咨校本覆勘訖。

# 附録二

## 宋四川安撫制置副使知重慶府彭大雅事輯

張政烺

有宋鄱陽彭大雅，英雄豪傑之士也，智周兵略，洞察韃情，剛毅堅忍，果敢有爲。而事業不諒於生前，聲名無聞於後世，豈不惜哉！往者余讀王國維黑韃事略箋證，始識其姓名。檢宋史，載其事殊疏闊，編年雜史所記益復不同。特就所見者輯而録之。一九三八年春至重慶，履彭公之故治，發思古之幽情，尋拾遺跡，若修城碑記若摹刻漢碑四十種者，俱無可得。惟見江干山半城垣斷續，而多歷興廢，何者爲當日手創，莫可究詰。退乃考之四川通志、重慶府志、巴縣志，若潼川府志，則或載或否，其記述寥寥不過二十言，年代不合，又多存疑之詞。是知彭氏之澤蜀人懷之者蓋尠矣。遂欲就所輯者草具事略，質諸方雅，以期博文之士進而爲之傳。徒以播遷未已，見書不廣，思得國立北平圖書館、江蘇省立國學圖書館所藏宋季雜史、明代方志考之，庶無遺憾。今苒荏三載，再入西蜀，觀書之願，卒不可期，爰出所輯先以問世，揜陋之誚，知所未免，辭繁不殺，甄抉在人。

一九四一年七月五日記於南溪板栗坳

## 一 家世

宋史無彭大雅傳（檢哈佛燕京學社引得編纂處近年出版之四十七種宋代傳記綜合引得亦無彭傳）。史籍記其事者率爲編年體，皆不詳其籍貫。往年余編本所方志目，始無意中於鄱陽縣志得之。大雅傳記今所知最早者殆推郭子章豫章書中之列傳，約作於明萬曆間，爲後來江西通志、饒州府志、鄱陽縣志等之所本，原書當有傳本，而余惜未見，僅從上舉諸方志中見其轉引者。各志辭句微異，宜有竄易，蓋踵事增華，方志之纂修例多如此也。今以雍正江西通志時代較早，同治鄱陽縣志文字稍繁，分録如下：

雍正江西通志卷八十八人物：

彭大雅字子文，鄱陽人，進士，官朝請郎，出爲四川制置副使，甚有威名。嘉熙四年使北。淳祐三年守重慶。時蜀地殘破,大雅披荆棘,冒矢石,築重慶城,以禦利閬,蔽夔峽,爲蜀根柢。人德之爲立廟。卒謚忠烈。孫克紹,博學能詩,有學餘稿。(豫章書)

同治鄱陽縣志卷十人物志勳業:

彭大雅字子文,祖汝執,汝礪從昆弟也。嘉定甲戌進士,官朝請郎,出爲四川制置副使,甚有威名。嘉熙四年使北。(純)〔淳〕祐三年守重慶。時蜀地殘破,大雅披荆棘,冒矢石,築重慶城,以禦利閬,蔽夔峽,爲蜀根柢,自此支吾二十年,大雅之功也。蜀人德之,爲立廟祀焉。(純)〔淳〕祐十二年追謚忠烈。孫克紹,博學能詩,有學餘稿。(豫章書)

兩傳皆注出豫章書,而字句頗有出入,如通志有「鄱陽人」三字,無「祖汝執,汝礪從昆弟也」句,縣志反是。蓋省縣志範圍不同,文字鍛鍊宜爾。其餘異同數事亦各有增删,皆非豫章書原文。何以言之？雍正江西通志實以康熙五十九年所修西江志爲底本（據序文，原書未見），而此傳亦仍其舊，非自豫章書中直接録出，故篇末猶附西江志「原跋」云：

按彭大雅集中有致仕得請七律二章，非卒官重慶者。又按大雅於嘉熙、淳祐中已入官矣，鄱陽縣志以爲寶祐進士者訛。

據此知原文記大雅卒官重慶，故特駁斥之。今兩志所引皆無此語，蓋已經修志者删削。又尋繹跋意，原文殆無大雅舉進士之年，而當時所見鄱陽縣志又以爲寶祐進士，則同治志「嘉定甲戌」四字自必後來修志之所增入無疑。豫章書本傳大體取材於宋季三朝政要，自「進士」至「爲立廟」六七十字全與政要雷同，如「嘉熙四年使北，淳祐三年守重慶」兩語繫年訛誤，其抄襲形迹尤顯。政要不記大雅何年進士，有守重慶不幸遭敗而卒云云，與前舉跋意亦合，可以互證。政要記「自此支吾二十年，大雅之功也」，及「淳祐十二年追録彭大雅創築渝城功」，則縣志此等處亦當是豫章書原文，而通志删之。觀豫章書此傳，最要者在首末數句，大雅家世非此不明，蓋據方志或譜牒爲之，他書不經見。若其餘事迹可據諸史鈎稽而得者，率較此爲詳，故文字繁簡亦無足深辨。所猶可注意者端在縣志增出之「嘉定甲戌」四字耳。

雍正江西通志選舉門無彭大雅名，蓋以舊説年代不合删之也。同治鄱陽縣志卷八選舉進士，嘉定七年甲戌科袁甫榜，凡三人，而大雅居末，似最後增入。同治饒州府志晚出，記載相同，注云「照邑志更正」，其舊本如何余今未見。嘉慶四川通志卷一一四職官政績，「彭大雅，嘉祐初進士」注：「舊通志不知本於何書，今姑仍之。」烺按大雅事迹別無可考，疑本江西舊志。蓋嘉定一訛爲嘉祐，乃北宋仁宗年號，時代不相及，再妄改訂爲寶祐，又時代差後，始訛下字，繼改上字，致誤之迹大抵如此。而非惟時代不合，且皆無「七年甲戌」，同治修志時，於大雅時代知之較詳，自明其非，見各志紛歧錯亂，悉爲元號一字之誤，遂據「七年」或「甲戌」之文而訂正之，其事亦至易。宋自孝宗以降至理宗淳祐，改元頻繁，有「七年」者僅一嘉定，有「甲戌」者亦僅一嘉定。然則舊志有一於此，自必可得而更正之矣。余爲此説推論過多，然其理至順，其道至易，宜可不遠於事實。如謂同治修志時曾有關於大雅之新史料發現，吾不信也。

大雅壯年事迹，宋季三朝政要卷二及重刊湖海新聞夷堅續志前集卷二彭帥報恩（澄江河東思善堂）皆有記載而以後者爲詳，節録如下：

宋寧宗朝，彭大雅最豪傑而極貧者也。……適其年科舉，州府監出大雅，入貢院就試，是秋發解，次春登科，榮授官職……後官至朝請郎，出爲四川制置，甚有威名。識者謂其義氣滿胸，前程遠大。

此書係小説家者流，其作約在元初。時代不遠，事迹未湮，故雖文辭鄙俚，而叙述特詳。考江西通志、饒州府志，嘉定中葉太守爲史定之。風塵識拔，於大雅宜有知己之感。定之與嵩之同祖，事迹見鄞縣志。則大雅後日爲史嵩之幕屬者非無故矣。

## 二　使北

宋季三朝政要卷二：

庚子嘉熙四年　彭大雅使北。

豫章書彭大雅傳因之，云：

嘉熙四年使北。

此外正史、雜史不見有記載此事者。按大雅隨使北韃事誠有之，然僅充書狀官，非膺奉使之命。各史不載，亦固其所。政要大書特書，已嫌非體，而繫年差後，尤屬不合。大雅至蒙古，嘗記所經歷土俗人情爲黑韃事略一書，文字簡略，不記年月，然孤本僅存，爲今日考證其使北之惟一根據。傳本每條下皆附徐霆疏記，末並有霆跋云：

霆初歸自草地，嘗編叙其土風習俗。及至鄂渚，與前綱書狀官彭大雅解后，各出所編，以相參考，亦無大遼絶。遂用彭所編者爲定本，間有不同，則霆復疏於下方。然此亦止述其大略，其詳則見之北征日記云。嘉熙丁酉孟夏朔，永嘉徐霆長孺書。

此跋作於嘉熙元年，已稱大雅爲前綱書狀官，則其北行必更在嘉熙以前可知。霆之赴北，

## 在宋理宗端平元年十二月，王静安先生考之甚詳，見黑韃事略箋證跋：

長孺隨使蒙古，在宋理宗端平初年，當蒙古窩闊台汗之七八年。本書云，「霆至草地時立金帳，想是以本朝皇帝親遣使臣來，故立之以示壯觀。前綱鄒奉使至不曾立，後綱程大使、更後綱周奉使至皆不立」。考宋史理宗紀，紹定五年（壬辰）十二月，大元再遣使議攻金，史嵩之以鄒伸之報謝。端平元年（甲午）十二月己卯，大元遣王檝來，辛卯遣鄒伸之、李復禮、喬士安、劉溥報謝。二年（乙未）正月，以御前寧淮軍統制、借和州防禦使程芾爲大元通好使，從義郎王全副之，嘉熙二年（戊戌）三月己丑，命將作監周次説爲大元通好使。本書所謂鄒奉使即鄒伸之，程大使即程芾，周奉使即周次説。是長孺隨使當在鄒伸之之後，程芾之前。而鄒、程奉命使北，相距才一月，中間未必更遣他使。本書所謂前綱鄒奉使至時不立金帳者，疑謂伸之壬辰初使時事，而長孺則與於伸之再使之役。蓋伸之初使，實銜史嵩之命，而再使時則奉朝命，故曰「霆至草地時立金帳，想是以本朝皇帝親遣使臣來」，可互證也。

經此考證，因推斷云：

又跋中稱彭大雅爲前綱書狀官，則大雅當在鄒伸之壬辰一行中。

今按王氏辨析精微，雖無顯證，而其説則確不可移也。

鄒伸之初使蒙古，嘗撰使韃日録一卷，今無傳本。明高(孺)〔儒〕百川書志卷五史部傳記：

使韃日録一卷。宋理宗端平改元甲午歲，朝奉大夫京湖制置大使司參議官鄒伸之同史嵩之六臣使元國報謝所紀也。載彼風俗、地理及使節行跡爲詳。

絳雲樓、千頃堂、傳是樓等家書目皆有此書。四庫全書總目入雜史類存目，以諱「韃」字，易名爲使北日録，蓋因内容改不勝改，擯不著録。然記載可供考史之處尚多，故提要叙之頗詳。總目此書據浙江巡撫採進本，而浙江採集遺書總録不載，亦猶總録有敦煌雜録一卷，記晚唐張義潮事，而誤以爲使金之作，四庫亦擯棄不載。韃虜專制，禁忌如毛，遂使此種祕笈已流傳數百年者竟亡於一旦，余每爲此二書惜也。向讀元白珽湛淵静語，卷二有引使燕日録一段，約二千五六百字，斷即出自鄒伸之使韃日録，其以「燕」爲「韃」，知不足齋叢書、武林往哲遺書兩本皆然，當亦由於忌諱，然全條未删，則亦未始非厚幸也。湛淵静語卷二所引，首數語係隱括其辭言之，非即原文，然與四庫提要參證，於使事始末年月歷程可以見梗概矣。今分録於下：

使燕日録載紹定癸巳北朝遣王檝來通好，朝廷劄京湖制司就差官鄒沖之等六員使北朝審實。於次年六月回抵汴。中途，崔丞相名立遣人下迎狀，以南京丞相繫銜。向者癸巳春，金主守緒親提兵自黄龍岡轉戰敗走歸德，汴圍不解，崔立以城降，守緒一家盡没。立自稱鄭王，又自稱丞相。是日立出城迎，酒數行，同入城，館人使於都堂。（湛淵静語。烺按：鮑、丁兩刻本皆作「沖之」，蓋出鈔本，行書潦草故爾。）

使北日録一卷（浙江巡撫採進本），宋鄒伸之撰。理宗紹定六年癸巳，史嵩之爲京湖制置使，與蒙古會兵攻金。（案是時尚未建大元之號，故史仍以國名爲稱。）會蒙古遣王檝來通好，因假伸之朝奉大夫京湖制置使參議官，往使。以是歲六月偕王檝自襄陽啓行，至明年甲午二月，始見蒙古主於行帳，尋即遣回，以七月抵襄陽。計在途者十三月。因取所聞見及往復問答，編次紀録，以爲此書。案宋史理宗本紀，宋與大元合圍汴京（案此大元爲史臣追書之辭）。金主奔蔡州，大元再遣使，議攻金，史嵩之以鄒伸之報謝。蓋即此事。特宋史稱王檝來議攻金，而此録祇言通好，又宋史載伸之出使在紹定五年十二月，而此録實以六年六月出疆，皆當以此録所紀爲得其實。時孟珙已會蒙古滅金，廷議遂欲出師取河南，蒙古復遣王檝來責敗盟，因再進伸之二秩，遣之報謝。史載同使爲李復禮、喬仕安、劉溥等，據此録皆先曾副行之人。復禮假京西路副總管，溥假京西兵馬都監，仕安以東南第七正將神勁馬軍統制充防護官，其官爵亦史所未詳云。（四庫全書總目卷五十二）

據此知鄒伸之初使時同行者凡六人，皆由史嵩之僚屬中遴選。李復禮、喬仕安、劉溥外尚有三人，惜提要未舉其姓名，度必有彭大雅厠於其中。宋史兩記鄒伸之使北，皆書其奉命之始，至實際行程則略後於此。徐霆一行「至草地已在丙申之夏」，王先生考之頗詳，而於初使時日則惜無説。今知其實以癸巳六月自襄陽北行,至甲午二月始見蒙古主於行帳,以六月返抵汴,七月歸襄陽。計在途者十三月。考之黑韃事略所記時政、人事、氣候、動植,無一與此不合,參見王氏箋證,不可殫舉。如云:

其殘虐諸國:已破而無争者,東南曰白韃金虜(女真)。……已争而未竟者,東曰……遼東萬奴(即女真大真國)。……西北曰克鼻稍(回回國,即回紇之種),初順韃,後叛去,阻水相抗。忒没真生前常曰:「非十年工夫不可了手,若待了手,則殘金種類又繁盛矣,不如留茶合觶鎮守,且把殘金絶了,然後理會。」癸巳年,茶合解嘗爲其太子所劫。……惟克鼻稍一國稍武,餘燼不撲,則有燎原之憂,此韃人所必争者。

破金事已見前舉使燕日録。遼東萬奴之平,據元史卷二太宗紀在癸巳九月,蓋是時尚無確報。至記茶合觶之劫於克鼻稍,則大雅聞當時國際情勢如此,以爲有機可窺者,故隨時筆之於書,而著其年爲癸巳也。

許應龍東澗集卷六有「彭大雅出疆籌略,多合事宜,補從事郎、淮西準備差遣制」(景印四庫全書珍本）云：

制垣任重而責專，有請必行，庶英豪樂爲之用。以爾名中賢書，智周兵略，出疆逾歲，洞察敵情。戎閫薦勛，特賜真命，文階幕屬，並爲爾榮。尚克欽承，毋忘報稱！

此係四庫館自永樂大典中輯出，是否原有「韃」字經館臣竄易，今不可知。要之即酬此次隨使蒙古之功，殆無疑問。東澗集卷五有「史嵩之除淮西制置使沿江制置副使兼知鄂州制」，在此制之前，疑是原來次第如此。而此云「淮西淮備差遣」，則「戎閫薦勛」必屬史嵩之無疑。考宋史嵩之以端平元年秋罷京湖安撫制置使知襄陽府，三年二月除淮西制置使兼沿江制置副使兼知鄂州（卷四一四本傳及卷四二理宗紀），當鄒伸之等返襄陽之日，正嵩之乞黜罷之時，中間奉祠歸養，未任制垣，蓋幕屬之酬賞久曠，及是起復，有所保薦，而大雅遂獲是制歟？自此至翌年嘉熙丁酉，大雅皆淹留鄂渚，故徐霆得於此邂逅之也。

宋季三朝政要今所見者皆出元建安陳氏餘慶堂刊本，不著撰人名氏，蓋麻沙肆估所爲。其書彭大雅使北於嘉熙庚子，誤後八年。割裂一史料以就編年體，錯誤往往而然。

王靜安先生黑韃事略跋據此謂「是大雅於此書成後又膺專對之命」，未免習於調停之論。其誤觀宋史大雅帥蜀獲罪年月自明，此不深辨。

## 三　帥蜀

大雅帥蜀及獲罪事，宋史卷四二、卷四三理宗紀凡五見，而史有闕文，始末不具。其仕歷及除授年月，皆無明文。然實録僅存可供考據之資，非憑傳聞及揣擬者比，今輯録之：

嘉熙四年三月辛未，詔四川安撫制置副使彭大雅削三秩。

夏四月壬寅，前潼川運判吴申進對，因論蜀事，爲上言：「鄭損棄邊郡不守，桂如淵啓潰卒爲亂，趙彦呐忌忠勇不救，彭大雅險譎變詐，殊費關防。宜進孟珙於夔門，夔事力固乏，東南能助之，則夔足以自立。」

淳祐元年，十二月丁丑，侍御史金淵言，彭大雅貪黷殘忍，蜀人銜怨，罪重罰輕，乞更竄責。詔除名，贛州居住。五年三月庚子，詔嚴贓吏法，仍命有司舉行彭大雅、程以升、吴淇、徐敏子納賄之罪。準淳熙故事。戒吏貪虐、預借、抑配、重催、取贏。

十二年十二月己未，詔追録彭大雅剏城渝州功，復承議郎，官其子。

據此知嘉熙四年三月已爲四川安撫制置副使。宋史卷四一二孟珙傳云：

四川制置使陳隆之與副使彭大雅不協，交章於朝。珙曰：「國事如此，合智并謀，猶懼弗克，而兩司方勇於鬬（勝案，原文「鬬」前有「私」字），豈不愧廉、藺之風乎？」馳書責之。隆之、大雅得書大慚。

珙以嘉熙四年一月除四川宣撫使，淳祐元年二月改京湖制置大使，其移書責讓大雅，正在此時。蓋陳隆之爲制置使，而大雅副之，與理宗紀合。十駕齋養新録卷八四川制置條，厠大雅名於孟珙與陳隆之間，云：

除制置使。未詳年月，或在孟珙之前。

以今考之，知其不然矣。宋史理宗紀記追録大雅創城渝州功，而不詳其知重慶府事。按宋季四川安撫制置副使例兼知重慶府（王應麟四明文獻集有賜張珏詔）。宋史卷四一三趙必愿傳云：

時邊事急，必愿應詔言，宜敕彭大雅自重慶領王青之兵東下以復夔。

足徵其駐重慶。宋季三朝政要卷二載之頗詳：

彭大雅守重慶。時蜀已殘破，大雅披荆棘，冒矢石，竟築重慶城，以禦利閬，蔽夔峽，爲蜀之根柢。自此支吾二十年，大雅之功也。然取辦促迫，人多怨之。

惟繫於淳祐三年則非。政要記大雅事皆差後數年，至不可解，按篇首云，「理宗國史載之過北，無復可考」，是作者未見國史，殆偶得一史料，年月不完，遂參伍書之，致與實際歲月不合。四庫提要卷四七謂「理宗以後國史，修宋史者實見之，故本紀所載反詳於是書。又是書得於傳聞，不無舛誤」。「然宋末軼事頗詳，多有史所不載者，存之亦可備參考也」。其論允矣。

嘉熙二年李遇龍以四川制置守重慶（詳吴廷燮南宋制撫年表）。大雅知重慶府事當在其後。薛應旂宋元通鑑：

嘉熙三年八月，蒙古塔海將兵入蜀，制置使丁黼聞之，……自誓死守。至是，塔海自新井入，……力戰而死。蒙古遂取漢、邛、簡、眉、閬、蓬州；遂寧、重慶、順慶府。尋引還。（此當本陳（經）〔桱〕通鑑續編。宋史忠義王翊、丁黼等傳略同。）

重慶殘破當在此時。説郛卷五七宋羅志仁姑蘇筆記：

彭大雅文子帥蜀，築重慶城。幕客門士各撰記頌功，俱不當其意。文子乃自記十七字云：「大宋嘉熙庚子，制臣彭大雅城渝，爲蜀根本。」大書深刻之。諸人嘆服。

是大雅城渝在嘉熙四年初。宋史全文續資治通鑑卷三十三：

淳祐元年二月甲子，詔忠順軍副統制孫（揀）〔棟〕陞都統制，仍賜金帶，賞重慶之功也。其餘將士第賞有差。當亦指此役言。

時大雅已被議削三秩，故恩賞不及，而未久且有遷謫之命矣。

吴潛許國公奏議卷三奏條畫上流守備數事（嘉熙三年）：

竊見韃爲不道，侵突蜀江，雖督府倍道進師，京湖制臣竭力赴援，峽口近已肅静，施黔似無疎虞，然臣竊觀此賊用兵，無不取，無必取，而無必取者乃所以行其無不取之計。安知其目前之謀不且并包巴蜀，占據江面上游，而遲至秋冬，方自瞿塘以下歸峽，道施黔以窺鼎澧，出黎雅以瞰交廣乎？使彭大雅、陳隆之尚能立脚，則此賊猶有後顧之虞，若二帥或音問中絶，或奔迸東下，則臣之所料恐將十中七八。今屈指日力，自一月以至七月，僅有半年，如救頭然，猶懼不濟，若復視以爲安，則天下之事自此恐有不可諱者矣。

此奏論當時情勢最詳，故全録之。大雅去蜀當在淳祐元年八月之後、十二月之前。其致仕時日約略可考。杜範清獻公集卷十二經筵已見奏劄（原注「辛丑八月」）：

時已東紅，邊遽正急。淮東西及襄蜀之報大非往歲比。而西帥不和，交惡互申，平時尚爾，一旦緩急，何以望其協謀敵愾！

云「交惡互申」與前引孟珙傳合，殆指彭大雅無疑，是當時猶未去職。宋季三朝政要卷二云：

後不幸遭敗而卒，蜀人懷其恩爲之立廟。

薛應旂宋元通鑑、郭子章豫章書等皆沿此説，雍正江西通志引舊志本傳原跋：

按彭大雅集中有致仕得請七律二章，非卒官重慶者。

即駁斥其誤。元吴存樂庵遺集卷一（豫章叢書鄱陽五家集本。此詩通志、縣志皆已收入）：

彭忠烈錦袍、鐵扇落他姓，公孫尹購得，有詩次韻：東歸幾日竟南遷，苔没渝城萬仞鐫。社稷已墟遺古廟，英雄不死作飛仙。空開鐵扇遮西日，忍見袍花麗晚天。猶有故家喬木在，年年春緑照番川。

云「東歸」即指致仕得請而言，云「南遷」即指贛州居住而言，是離蜀必在金淵劾奏之前可知。宋季三朝政要之非，可不待辨。云「社稷已墟遺古廟」蓋忠烈祠堂至元代猶有存者，則政要之言亦非全無根據。特欲籠統終言其事，未加深考，遂不免遺破綻耳。

同治鄱陽縣志卷四壇廟：

蜀三大神廟在禮遜坊西，一在月波門内。其神有三：一，清源，嘉州太守趙昱，隋時斬江蛟以捍民患。一，文昌，即梓潼。一，射洪，即蜀郡太守李冰，秦時作石犀以鎮水怪。皆蜀地神。鄱陽彭大雅宋時帥蜀，後歸，因建祠奉焉。明初總制宋炳、知府陶安重修，今廢。

鄱陽縣志中不應重出「鄱陽」字，此不知自何處抄入。大雅遺迹存於鄉里者僅此，附録於此，亦可以見其嘗致仕歸田里也。

## 四　藝文

大雅幼負才氣，嘗舉進士，帥蜀雖鹵莽，固非糾糾武夫者比。惜其文集不傳，「致仕得請七律二章」亦不可見。宋季三朝政要卷二云：

其築重慶也，委幕僚爲記，不愜意，乃自作之曰：某年某月某日，守臣彭大雅築此，爲國西門。

文與前引之姑蘇筆記及無名氏三朝野史、邵桂子雪舟脞語諸書所載俱不同，未知孰是。劉一清錢塘遺事卷三彭大雅條：

大雅入蜀，曾有祭諸葛武侯文云：「大國之臣不拜小國之卿，大雅今拜矣。拜公以八陣之神圖，拜公以出師之一表。尚饗。」其文甚偉。

惜著作今僅黑韃事略一種，王静安先生跋云「叙述簡該，足徵覘國之識」，洵無溢美。按鄒伸之使韃日録爲宋代使臣報命時例有之作，矧使韃爲創舉必不可無。鄒氏爲文吏爲武弁今不可考，然當其出疆日是否多暇能從容及之，則殊堪疑問。倘即書狀官彭大雅秉筆爲之，亦未可知。其書今不傳，僅見湛淵静語卷二所引記汴京宫殿二千五百餘言，文字狀畫周至，不勝麥秀黍離之感。容或有大雅手筆參與其間耶？今竟無可考矣。

元劉有定衍極注卷三云：

宋彭大雅以漢碑完者四十本作横卷，刻於渝州博古堂，雖功用精加，而筆法緩弱失真矣。

是彭氏講求漢隸，於書法尤有深好，宜其作修重慶城記古樸得碑版之體，而處渝城殘破之日，撫輯之餘，能從容及此若操勝算者，其識度尤不可及。此刻在元時當尚有傳本，故劉有定特言及之。惜不知毁於何時，今後重慶穿濠治舍，容有殘石可得，好事者宜留意焉。

摹勒古碑，翻雕法帖，爲宋人習氣，蜀中尤甚，然如此規模之大，亦所罕觀。況當喪亂之際，糾工，審材，鈎刻，察書，殆非倉猝可辦。嘗考宇文紹奕所刻博雅堂漢碑五十四卷，而疑大雅蓋有所本，今略述之，文獻不足徵，不敢斷定也。

宇文紹奕字衮臣，南宋初廣都人。初爲吏部郎，數月去官。晚復左承議郎，通判劍州，歷守資、臨邛、廣漢三州。好古博雅，敏於吏事。嘗撰原隸（陸游渭南文集卷二十八有跋）、臨邛志（見宋史藝文志）、石林燕語考異（見直齋書録解題）等書。今惟燕語考異十卷有琳瑯祕室叢書及郋園全書本。胡珽嘗輯宇文紹奕事實一篇，附刊於其後（兩本皆有之，又見葉廷琯吹網録卷六），而采録疏闊，大可增補，於翻刻漢碑事一字未及，尤爲遺憾。蜀中廣記卷八名勝記川西道資縣（景印四庫全書珍本）：

碑目云：聚書樓記李石文，博雅堂記張震文，俱乾道七年立碑。

博雅堂記略曰：宇文紹奕爲資守，風清事簡，則歎曰，自吾承先大父右丞相公餘烈，以詩書發身，凡二十年，聚書上自孔氏，下至歷代諸史、稗官小説，與夫國典名公之文，合萬餘卷，手所校録者幾半之，不爲不多矣。顧猶有遺恨者，嘗見前漢文字之奥，篆隸之工，鏤金石而傳後世，尚有可考。乃其在中原者淪於草澤（二字粤雅堂本蜀中名勝記作「夷狄」，此蓋四庫館臣妄改），後生不可復見。吾家故所貯，吾幸得之，不欲擅而有也，盍傳之是邦以與學士大夫共之？於是摹刻漢石經及他碑凡五十四卷，覆以石柱大廈，名其堂曰博雅。

紹奕此刻蓋與原隸相輔而行，原隸者「原而釋之」之意（學齋佔畢述紹奕語），當與隸釋略同，而資州之所刻亦猶洪氏之有隸纘、隸圖也。惜兩書自來金石家皆不著録，按洪氏隸釋、隸續等書草創雖久，其成書已在乾道、淳熙間，所收中原舊碑而稱得本於西川或汪聖錫者，疑不免有博雅堂翻刻本羼與其間。聖錫名應辰，乾道三年官四川制置使，其薦蜀中人才劄子曾舉紹奕（又嘗見之奏疏中，並見文定集）隸續卷二十尉府靈壁甎文後云：

資州重刻燕然銘，自竇憲之後，誰曾再登此山？若當時椎拓者無緣留到今日，兼東都之初石刻未如此整齊（勝案，原文作「齊整」），一見可知其僞。

則斷爲宇文紹奕所刻無疑矣。學齋佔畢卷三古聖賢名條：

余大父武陽府君好古博雅，生平精於篆隸行草，殘碑斷刻，靡不搜訪。自集隸格一册，以補洪景伯漢隸之缺，其中有一節云：「東州冢間得三碑，高廣各五六尺，皆就石室壁間刻古聖賢、義夫、節婦及車馬人物，其質樸可笑。然每事各有漢隸數字，字止五六分，筆法精隱，可爲楷式，生平所閲漢隸未有若是之小者，而完好如新，蓋不爲風日所剥泐，且模印者(常)〔尚〕寡故也。乾道丁亥五月子堅書。」余每閲之，恨不得見其碑石之正在何所。然甚愛其伏羲、神農、黄帝、帝堯之贊，及曾子、老萊、丁蘭之贊，文旨精嚴簡古，非後世所及。如祝誦氏不知其爲沮誦或祝融，帝嚳字作帝俈，殊可以證古辨今。後因護漕攝憲梓部，行部至資州，則此碑在州宅博雅堂下，經兵火之後，刓缺多矣。制梱又輦運寘之明新，士夫殊無識者。余奉祠歸過渝，爲學官言其事，且以祖父所隸模本付之，令補完，又未知其果否也。因惜其漢隸存者寡矣，一失其傳，湮没亡考，故録其碑而識其事，以資考古君子之訪焉。

此所述東州三碑即武梁祠畫像，向來學者未知有宇文紹奕翻刻本，今以前舉博雅堂記證之，當可不謬。

據此文知博雅堂石刻經兵火後，刓缺實多，云「制梱又運寘之明新」者，今以時代考之，此制梱可能爲彭大雅。明新爲何地今不可考，錢竹汀云「二字疑有譌脱」(十駕齋養新録卷十四)，余初疑即新明(今岳池)之倒文，然觀學齋佔畢卷三中庸心性條又云「余頃在明新口講中庸、大學篇義」云云，是二字固不誤。殆是學宫或書院之名，取大學明德新民之義，故史氏講學於此。其地當在重慶府屬，故史氏奉祠歸過渝爲學官言其事令補完也。如此反覆推覈，疑彭大雅博古堂刻漢碑四十本即淵源於此，蓋有補刊整理之勞，元人遂以爲彭氏所刻也。洪氏論資州重刻燕然銘云其「整齊」，劉有定論博古堂漢碑「雖功用精加，而筆法失真」，其失惟均，殆即一事歟？以推論過多，不敢確定，姑著其意於此，謹以質諸博雅君子。

博古堂刻漢碑自來搜藏金石法帖之家無著録者，孫承澤閒者軒帖考有博古堂帖，云：

宋人集諸家善本爲一帖，三代止周「穆王壇山」四字，漢止蔡中郎石經論語二段，……未集漢隸千文，皆精工勁秀。蓋宋去唐未遠，名刻俱在，故得以集其佳勝。

此帖不著彙刻者名氏，何義門集有跋定爲越州石氏本，則非彭大雅刻於渝州者矣。宋黎廷瑞芳洲集卷二（豫章叢書鄱陽五家集本）：

忠烈侯酷好山水，作葬書以行於世。……（原注：彭大雅號太極翁，封忠烈英衛侯。）英英太極翁，器明吴楚甲。馳軺使沙漠，杖鉞帥巴峽。南瞻嶺表縮，東睨溟漲狹。林居念環轍，簡脱卑藏筴。

據此知大雅精堪輿之術，並有葬書行世，惜今不可見矣。

## 五　論定

大雅帥蜀，屢登白簡，聲名狼藉，今以史料不具，不敢妄事平反，僅就其事迹彰明者論之。考其致身之迹，初受知於史定之，繼出史嵩之幕屬，所以後來罹禍之酷者，宜有黨争參與其間。史嵩之以家世專横爲國人所疾棄，其過惡亦不僅一端，然固將才也（宋史卷四一四本傳贊），遠勝道學迂腐之儒。屢遣使臣，偵察韃情。務邊功，圖恢復，既未嘗異人，延攬豪傑，汲引善類，出其門者非無有志之士，徒以席史彌遠、史彌堅之後，遂爲「道學家」攻擊之的。觀宋史及歷代名臣奏議理宗朝幾以排斥史嵩之黨爲惟一大政。朋比既興，是非漸泯，卒使賈似道得有機可乘，終歸利用，當時「道學家」之不情，可參考周密癸辛雜識下列各條：

三學之横（後集）

賈相制外戚抑北司戢學校（後集）

開慶六士（續集上）

道學（續集下）

徐霖（别集下）

腐儒奸相互相勾結，竟亡宋國，讀史至此，可爲太息。

黄震戊辰修史稿丞相杜範傳（四明叢書本）：

時襄蜀俱壞，江陵孤危，兩淮震恐。遂極論清之横挑强敵，幾危宗社。……併言簽書樞密院事李鳴復與史寅午、彭大雅以賄交結，曲爲之地，鳴復庇姦人以犯衆怒，既不恤父母之邦，亦何有於陛下之社稷。上以清之潛邸舊臣，鳴復未見大罪，未忍行。……鳴復俄抗疏自辯，言臺臣論臣未知所指何事，豈以臣嘗主和議，故爲陳韡地，欲扼史嵩之而奪其權耶？不知今日國勢，但當和而不當戰。又謂幸未斥退，則安國家，利社稷，死生以之，否則無家可歸，惟有扁舟五湖耳。範遂再極言其寡廉鮮恥。既而合臺劾其爲鄙夫患失，太學諸生亦上書交攻之，鳴復獨眷眷未肯去。詰旦會朝，入待漏院，範語閤門吏，李參政已被劾，今日不可使立班。閤門手扞去之，始出關。上遣中使召回，範遇諸塗，舊比臺諫行車避執政，執政被論則不避，至是範前趨呵殿中侍御史，鳴復謂其陵己，泣訴於上。範復合臺奏鳴復身爲宰執，所交惟史寅午、彭大雅，此輩相與陰謀，不過賂近習，蒙上聽，以陰圖相位。臣近得其自辨之章，見其交闢邊臣，以啓嫌隙，妄言和戰，以肆脇持，且以蜀既破蕩，而欲泛舟五湖，又以安國家利社稷自任，不知鳴復久居政府，有何安利之策？欺君罔上，無所不至，見者無不駭笑，其無識固位，一至於此，用是不免瀆干天聽？如臣等言是，乞即賜施行，如臣等言非，則是臣不識事體，上忤聖意，下觸大臣，乞早賜罷斥。……

李鳴復事迹宋史卷四一九本傳不詳，歷代名臣奏議載其奏疏數十篇，非無忠言讜論，以附史嵩之，竟爲當時「道學家」所彈擊。黨争之烈於此約略可見。李，瀘州人，嘉熙二年五月知樞密院事（本傳及卷四二理宗紀）。此云「庇姦人以犯衆怒，不恤父母之邦」，云「交鬬邊臣，以啓嫌隙」，當在彭大雅帥蜀與陳隆之不協之時，則是嘉熙三、四年事。黄震叙於端平之末，宋史本傳因之，宋史卷四一五程公許傳又以爲嘉熙元年，誤矣。

宋史卷四三理宗紀淳祐五年詔嚴贓吏法，記載不詳。宋史全文卷三四：

> 淳祐五年，三月庚子，以殿中侍御史鄭寀上進故事，施行温大雅等罪，仍降詔申警中外。詔曰：時方多事，念未能蠲租減賦，而吏之不良乃肆貪虐。或有前期預借，或抑配重催，或斛面取贏，或厚價抑納，朘毒害民，朕深憫焉。可令監司常切覺察，務蘇疾苦而消愁歎，倘隱而不聞，公論所指，必罰無赦。

詔書凡舉四事，大雅果犯何科，今不可曉。蜀自寶慶以還，虜騎蹂躪殆遍，焚殺劫掠，無所不至。而潰卒又復攘奪爲亂，城鎮既墟，倉儲如洗，則爲恢復之業者，籌軍饘、繕城守並爲急務。吴泳鶴林集卷二十論壞蜀四證及救蜀五策劄子（景印四庫全書珍本）：

三京之師，棄資糧如泥沙，至蜀餉科降則吝。北使之遣，捐金帛如糞土，至川閫奏請則嗇。……然聞敵兵之入利路，諸司樁積已蕩盡於廣都劫船之日，根本掃地，公私赤立，似未可以虛文救之也。臣欲乞朝廷捐撥金帛，多給官告。……又恐世之便文自營、不識時務者各持異論，土地之殘破不惜而惜金帛，人民之塗炭不恤而恤顏情，衣冠華族之污辱不校，而校爵之崇卑，忠臣義士之死亡不問，而問軍功之泛濫。撐虛駕漏，付之悠悠，將恐禍至無日，而唇齒俱寒矣。

吴，潼川人。此劄子約上於端平三年，其他奏疏論此者尚夥，可見當日蜀事艱棘情形。彭大雅苟惟足食足兵是圖，自爲當務之急，惜謀之不臧，民信未立，以至有「險譎變詐，殊費關防」之謗，則尤覺非其罪矣。宋代地方官吏幾無不貪污者，實一代制度使然，故「文官不愛錢，武官不怕死」竟成最高之準的。其攻詰懲治多由朋黨傾軋。理宗紀「準淳熙故事」云者，疑即「真決刺面」之謂（見宋史卷四三）。先是嘉熙二年賈似道嘗有是請，見宋史卷四二），則當時所以處大雅者亦酷矣。

重慶據嘉陵江與川江之會，爲全蜀樞鍵。自端平之末，蒙古大舉入寇，取利州、潼川兩路，并破成都，諸司退保夔門，四蜀汲汲不可終日。至彭大雅築重慶城爲蜀根本，制置始得進駐重慶，與合、瀘、嘉定等地互爲犄角。自此支持二十餘年，疆土不變。宋季三朝政要謂其「取辦促迫人多怨之」，三朝野史云：

彭大雅知重慶，大興城築，僚屬諫不從，彭曰：不把錢做錢看，不把人做人看，無不可築之理。既而城成，僚屬乃請立碑以紀之。大雅以爲不必，但立四大石於四門之上，大書曰：某年某月，彭大雅築此城，爲西蜀根本。其後蜀之流離者多歸焉。蜀亡，城猶亡恙，真西蜀根本也。

此云「不把人做人看」疑出反對派之宣傳，無從證明其然否，而築城之功則異代共覩。善爲國謀而不善自謀，遂遭悠悠之口，不免重爲大雅惜矣。

淳祐元二，蜀事日急，而成都備禦苟且，施夔蕩無關防，賴彭大雅於數年前早城重慶以爲支柱。其形勢之重，要朝廷非不知之，而卒從諸諫御之請，責罰至再者，其事至不可解。今節録宋史全文卷三三中淳祐二年朝廷關於蜀事議論，以見其概。

夏四月癸亥，倉部郎官趙希堅言，蜀自易帥之外，未有他策。上曰：今日捄蜀爲急，朕與二三大臣無一日不議蜀事，孟珙亦欲竭力向前。希堅奏：當擇威望素著之人，於夔峽要害建一大閫。上曰：重慶城堅，恐自可守。希堅奏：重慶在夔峽之上，虜若長驅南下，雖城堅如鐵，何捄東南之危。帝然之。（烺按：尋希堅語意，蓋求退保，不事恢圖，故其論如此。）

五月甲午，新知梧州趙時學陛辭，言吴玠守蜀三關，今胥失之，固宜成都難守。上曰：嘉定可守否？時學奏：若論形勢，當守重慶。上曰：若守重慶，成都一路便虚。時學奏：重慶亦重地，可以上接利閬，下應歸峽。

蒙古兵破遂寧、瀘州。乙巳，郎官龔基先入對，言上流事。上曰：上流可憂。基先言：施夔國之門户，蕩無關防，存亡所繫，豈不可慮？

丁未，右正言劉晉之言，蜀禍五六年間，歷三四制臣，無地屯駐，獨彭大雅城渝，爲蜀根本，不然蜀事去矣。今宜於重慶立閫，庶可運掉諸戍。願早定至計，料簡邊臣，俾就經理，則蜀可爲也。上然之。

六月甲寅，倉部郎官李鎔乞廣求備禦之方。上曰：去歲蜀事大壞，今當如何？

鎟奏：陳隆之因成都城故基增築，未爲非是，第功力苟且，識者逆知其難守。臣嘗問其方略，但云誓與城存亡而已。未幾爲田世顯所賣，城門夜開，隆之衄焉。上嚬蹙久之。陳隆之築成都城，識者逆知其難守，玩忽職責，視大雅之築重慶優劣自判。卒之蜀事因以大壞，是豈「誓與城存亡」即可了其責耶！

大雅廟食，封忠烈英衛侯。同治鄱陽縣志云淳祐十二年追謚，而不見於理宗紀及編年各書，疑未足據。究爲朝廷追卹，抑出鄉里公議，今不可考，要此五字大雅可以當之矣。

自來爲議論者，事愈近則感情愈重，愈不能得是非之真，其蔽在所見者短也。今觀各書稱述大雅功績者，宋季三朝政要、三朝野史，皆不著撰人名氏，以内容考之，並宋遺民所作。吴存樂庵遺稿、王逢梧溪集則皆元人。蓋易代之後，經國家破滅、種姓淩夷之痛，而後始識真正之民族英雄也。王逢一詩尤美，每喜誦之。今據本所藏清初查氏敬業堂鈔本梧溪集録出，後有修鄱陽志采集藝文者，宜録入也。

宋制置彭大雅瑪瑙酒椀歌，周伯温大參徵賦（有序）。

今大尉開藩之三月，命部將王左丞晟書使踵海上，招至吴中。以予無錫避地，説晟勸張楚公歸元，擢淮省都事，辭。江浙參政周公適涖公省，延飲齋閣，懽甚。出瑪瑙酒椀曰，此彭大雅燕饗舊物，子才器足當之，遂引滿酌之再。氣酣思涌，率爾走筆，紀清賞非求知他人焉。（一本，三月下即云適江浙參政周公分省江淮延飲齋閣懽甚。以余避地無錫，説王左丞晟勸張楚公歸元，特出瑪瑙云。「此」字下有「宋」字，「足」字下有「以」字，「酌」作「醻」，「紀」字上有「以」字，「焉」作「也」。）歌曰：

淮藩開吴豪傑滿，歌鍾地屬姑蘇館。相儒獨爲緩頰生，笑出彭公瑪瑙椀。血乾智伯髏不腥，黄玉瑩錯紅水精，妖蟇蝕月魄半死，虹光霞氣歕且盈。隱若陣偃邊將營。彭公彭公古烈士，重慶孤城亦勞止。天忘西顧二十年，畝盡東南數千里。武侯祝文何乃偉，敗由宋祚民今祀。太湖底寧魚米豐，官廨喜與閒門同。酒波盤面動峽影，想見制置師犒飄風中。再酌庶沃磥磊胸。君不見漢家將軍五郡封，班彪（一作氏）天與世史功。詩狂昭暕（一作諫）客吴越，存心唐室人憐忠。嗚呼尚友余豈敢，醉墨慘淡雲飛鴻。（梧溪集卷五）

一九四一年七月三十日晚録畢

## 補記

此文作於五年之前，嗣後所看雜書頗多，間有能補訂之者，因筆記不在行篋，而此文排版已成，又不能大事更改，爰就記憶所及，補著數事：

一、江西志書皆云彭大雅字子文，而羅志仁姑蘇筆記、劉一清錢塘遺事云字文子，未知孰是。

二、張端義貴耳集（卷中）云彭大雅「曾發解」，其言是也。蓋嘗舉嘉定七年進士不第，故許應龍東澗集云「以爾名中賢書」，羅志仁姑蘇筆記云「文子以布衣位至方伯連率」（宋代領舉猶布衣也）。宋季三朝政要及湖海新聞夷堅續志並謂大雅嘗登科，蓋傳聞之誤，不足信也。

三、元人多追思彭大雅城渝之功，如胡三省資治通鑑音注（卷一百四十六）云「我朝自紹定失蜀，彭大雅遂城渝爲制府，支持西蜀且四十年」。袁桷清容居士集（卷八）渝州老人歌、范椁范德機詩集（卷一）贈方永叔往教重慶路皆記念彭君，文辭甚美。黄溍金華黄先生文集（卷十八）彭克紹詩序：

鄱陽彭克紹來京師，示予以其詩曰學餘稿者若干卷……叩其家世，則故四川制置副使忠烈公其祖也。予竊觀宋之季年，疆圉雖日蹙，而文武材智之士足任方面之重者未爲乏人。公又傑出其間，而能以奇偉非常之功自奮者也。謀人之國者視此爲何時，而使全軀保妻子之臣得以媒孽其短，一斥而不復，廢興存亡固皆天運，抑有人事焉。凡公已試之效著於簡册、藏之史官者，世既莫得而見；其平生所藴未克究於設施者，史亦莫得而詳也。而克紹以異代事，頗諱言之。

此論頗公允，而亡國之餘，雖賢孫不敢言先祖功烈，斯彭君遺事所以湮而弗章矣。

（國學季刊第六卷第四號，北京大學，一九四六年）

# 參考文獻

## 古籍

春秋孫武撰、三國曹操等注、楊丙安校理：十一家注孫子校理，中華書局一九九九年版。
楊伯峻編著：春秋左傳注，中華書局一九九〇年版。
漢班固撰、唐顔師古注：漢書，中華書局一九六二年版。
漢韓嬰撰、許維遹校釋：韓詩外傳集釋，中華書局一九八〇年版。
漢劉安撰、民國劉文典集解，馮逸、喬華點校：淮南鴻烈集解，中華書局一九八九年版。
漢劉熙撰、清畢沅疏證：釋名疏證，上海古籍出版社一九八四年版。
漢史游撰、唐顔師古注：急就篇，四部叢刊續編本。
漢司馬遷撰、宋裴駰集解、唐司馬貞索隱、唐張守節正義：史記，中華書局一九八二年版。

漢許慎撰、清段玉裁注：説文解字注，上海古籍出版社一九八八年版。
漢鄭玄注、唐孔穎達疏：禮記正義，十三經注疏本，北京大學出版社一九九九年版。
北齊魏收撰：魏書，中華書局一九七四年版。
梁顧野王撰：大廣益會玉篇，中華書局一九八七年影印清澤存堂本。
梁釋慧皎撰、湯用彤校注、湯一玄整理：高僧傳，中華書局一九九二年版。
唐白居易撰、顧學頡校點：白居易集，中華書局一九七九年版。
唐陳藏器撰、尚志均輯釋：本草拾遺輯釋，安徽科學技術出版社二〇〇三年版。
唐杜甫撰、清楊倫箋注：杜詩鏡銓，上海古籍出版社一九八〇年版。
唐杜牧撰、清馮集梧注：樊川詩集注，上海古籍出版社一九七八年版。
唐杜牧撰、陳允吉點校：樊川文集，上海古籍出版社一九七八年版。
唐慧立、彦悰撰，孫毓棠、謝方點校：大慈恩寺三藏法師傳，中華書局一九八三年版。
唐李百藥撰：北齊書，中華書局一九七二年版。
唐李賀撰、清王琦、姚文燮、方扶南評注：三家評注李長吉歌詩，上海古籍出版社一九九八年版。

唐李吉甫撰：元和郡縣圖志，中華書局一九八三年版。

唐李林甫等撰、陳仲夫點校：唐六典，中華書局一九九二年版。

唐李筌撰：太白陰經，守山閣叢書本；又收入吴龍輝主編中華雜經集成第一卷，中國社會科學出版社一九九四年版。

唐李延壽撰：北史，中華書局一九七四年版。

唐李肇撰：唐國史補，上海古籍出版社一九七九年版。

唐令狐德棻等撰：周書，中華書局一九七一年版。

唐劉恂撰、魯迅校：嶺表録異，收入魯迅輯録古籍叢編第三册，人民文學出版社一九九九年版。

唐釋道世撰、周叔迦、蘇晉仁校注：法苑珠林校注，中華書局二〇〇三年版。

唐孫思邈撰、朱邦賢、陳文國等校注：千金翼方校注，上海古籍出版社一九九九年版。

唐顔師古撰：匡謬正俗，叢書集成初編一一七〇册。

唐姚汝能撰、曾貽芬點校：安禄山事蹟，中華書局二〇〇六年版。

唐姚思廉：梁書，中華書局一九七三年版。

後唐馮贄編、張力偉點校：雲仙散録，中華書局一九九八年版。

後晉劉昫等撰：舊唐書，中華書局一九七五年版。

五代孫光憲撰、賈二强點校：北夢瑣言，中華書局二〇〇二年版。

張璋、黄畬編：全唐五代詞，上海古籍出版社一九八六年版。

宋陳彭年撰：鉅宋廣韻，上海古籍出版社一九八三年版。

宋陳師道撰、李衛國點校：後山談叢，中華書局二〇〇七年版。

宋陳元靚等編：新編纂圖增類群書類要事林廣記（簡稱事林廣記），元至順（一三三〇—一三三二）建安椿莊書院刻本，收入續修四庫全書子部類書類第一二一八册。

宋陳準撰：北風揚沙録，説郛宛委山堂本卷五十五，見説郛三種，上海古籍出版社一九八九年版。

宋程大昌撰：演繁露，文淵閣四庫全書子部雜家類第八五二册，臺灣商務印書館一九八六年版；又許沛藻、劉宇整理本，全宋筆記第四編第八、九册，大象出版社二〇〇八年版。

宋程俱撰：北山小集，文淵閣四庫全書集部別集類第一一三〇册。

宋丁度等編：宋刻集韻，中華書局二〇〇五年版。

宋范成大撰、孔凡禮點校：桂海虞衡志，收入范成大筆記六種，中華書局二〇〇二年版。

宋費衮撰、金圓點校：梁谿漫志，上海古籍出版社一九八五年版。

宋洪皓撰、張劍光、劉麗點校：松漠紀聞，全宋筆記第三編第七册，大象出版社二〇〇八年版。

宋洪邁撰、孔凡禮點校：容齋隨筆，中華書局二〇〇五年版。

宋胡寅撰：斐然集，文淵閣四庫全書集部别集類第一一三七册。

宋華嶽撰：翠微先生北征録，貴池先哲遺書第十一種。

宋黄震撰：古今紀要逸編，見知不足齋叢書第二十一集、四明叢書第一集。

宋江少虞撰：宋朝事實類苑，上海古籍出版社一九八一年版。

宋孔平仲撰：孔氏雜説，古今説海説略部丁集，上海文藝出版社一九八九年影印本。

宋李綱撰、王瑞明點校：李綱全集，嶽麓書社二〇〇四年版。又參觀梁溪集，文淵閣四庫全書集部别集類第一一二五—一一二六册。

宋李燾撰：續資治通鑑長編，中華書局二〇〇四年版。

宋李心傳撰、徐規點校：建炎以來朝野雜記，中華書局二〇〇〇年版。

宋李心傳撰：建炎以來繫年要録，中華書局一九八八年版。

宋李廌撰：濟南集，文淵閣四庫全書集部别集類第一一一五册。

宋羅大經撰、王瑞來點校：鶴林玉露，中華書局一九八三年版。

宋孟元老撰、鄧之誠注：東京夢華録注，中華書局一九八二年版。

宋孟元老撰、伊永文箋注：東京夢華録箋注，中華書局二〇〇六年版。

宋歐陽修、宋祁撰：新唐書，中華書局一九七五年版。

宋歐陽修撰、宋徐無黨注：新五代史，中華書局一九七四年版。

宋歐陽修撰、李逸安點校：歐陽修全集，中華書局二〇〇一年版。

宋彭□撰、孔凡禮點校：墨客揮犀，中華書局二〇〇二年版。

宋沈括撰、胡道静校注：夢溪筆談校注，中華書局一九五九年版。

宋沈括撰：夢溪筆談，上海書店二〇〇九年版。

宋司馬光撰：資治通鑑，中華書局一九五六年版。

宋宋慈撰、楊奉琨校譯：洗冤集録校譯，群衆出版社一九八〇年版。

宋宋祁撰：宋景文公筆記，文淵閣四庫全書子部雜家類第八六二册。
宋蘇頌編撰、尚志均輯校：本草圖經，安徽科學技術出版社一九九四年版。
宋蘇轍撰、俞宗憲點校：龍川略志、龍川别志，中華書局一九八二年版。
宋唐慎微撰、郭君雙、金秀梅、趙益梅校注：證類本草，中國醫藥科技出版社二〇一一年版。
舊題宋陶穀撰：清異録，説郛宛委山堂本卷一百十九，見説郛三種，上海古籍出版社一九八九年版；又收入文淵閣四庫全書子部小説家類第一〇四七册。
宋汪元量撰、胡才甫校注：汪元量集校注，浙江古籍出版社一九九九年版。
宋王安石撰、李壁箋注、高克勤點校：王荆文公詩箋注，上海古籍出版社二〇一〇年版。
宋王明清撰：揮麈録，上海書店出版社二〇〇一年版。
宋王闢之撰、吕友仁點校：澠水燕談録，中華書局一九八一年版。
宋王易撰：燕北録，説郛宛委山堂本卷五十六，見説郛三種，上海古籍出版社一九八九年版。
宋文同撰、胡問濤、羅琴校注：文同全集編年校注，巴蜀書社一九九九年版。

宋吴自牧撰：夢粱録，文淵閣四庫全書史部地理類第五九〇册。
宋西湖老人撰：西湖老人繁勝録，涵芬樓秘笈第三集，民國六年（一九一七）上海商務印書館排印本。
宋徐夢莘撰：三朝北盟會編，上海古籍出版社二〇〇八年版。
宋葉隆禮撰，賈敬顔、林榮貴點校：契丹國志，上海古籍出版社一九八五年版。
宋葉夢得撰，侯忠義點校：石林燕語，中華書局一九八四年版。
宋葉適撰：水心先生文集，四部叢刊初編本；又見全宋文第二八五—二八七册，上海辭書出版社、安徽教育出版社二〇〇六年版。
宋葉寘撰，孔凡禮點校：愛日齋叢抄，中華書局二〇一〇年版。
宋佚名輯，中國社會科學院歷史研究所宋遼金元史研究室點校：名公書判清明集，中華書局一九八七年版。
宋佚名編，汝企和點校：續編兩朝綱目備要，中華書局一九九五年版。
宋俞德鄰撰：佩韋齋文集，天禄琳琅叢書第一集。
宋俞琰撰：席上腐談，叢書集成初編本第三二二册。

宋宇文懋昭撰、崔文印校證：大金國志校證，中華書局一九八六年版。

宋岳飛撰、郭光輯注：岳飛集輯注，中州古籍出版社一九九七年版。

宋岳珂撰、吴企明點校：桯史，中華書局一九八一年版。

宋岳珂編、王曾瑜校注：鄂國金佗稡編校注，中華書局一九八九年版。

宋曾公亮、丁度等編：武經總要，文淵閣四庫全書子部兵家類第七二六册。

宋曾敏行撰、朱傑人標校：獨醒雜志，上海古籍出版社一九八六年版。

宋張端義撰：貴耳集，叢書集成初編本二七八三册。又李保民點校，上海古籍出版社二〇一二年版。

宋趙珙撰、沈曾植箋注：蒙韃備録箋注，上海圖書館藏清鈔本。

宋趙珙撰、曹元忠校注：蒙韃備録校注，清光緒二十七年（一九〇一年）箋經室叢書本。又收入續修四庫全書史部雜史類第四二三册。

宋趙珙撰、王國維箋證：蒙韃備録箋證，民國十五年（一九二六）排印本；收入王國維遺書第八册，上海書店出版社一九八三年影印民國二十九年（一九四〇）石印本海寧王静安先生遺書。

宋趙善括撰：應齋雜著，文淵閣四庫全書集部别集類第一一五九册。

宋趙彦衛撰、傅根清點校：雲麓漫鈔，中華書局一九九六年版。

宋趙與衮撰：辛巳泣蘄録，見指海第十一集，清道光間刻本；又收入叢書集成初編第三八九五册。

宋鄭思肖撰：宋鄭所南先生心史，北京大學藏明崇禎十二年張國維刻本，見四庫全書存目叢書集部二一册，齊魯書社一九九七年版；又見四庫禁燬書叢刊集部第三〇册，北京出版社一九九七年版。

宋鄭思肖撰、陳福康點校：鄭思肖集，上海古籍出版社一九九一年版。

宋周煇撰、劉永翔校注：清波雜志校注，中華書局一九九四年版。

宋周密撰、張茂鵬點校：齊東野語，中華書局一九八三年版。

宋周密撰，鄧子勉點校：雲煙過眼録，遼寧教育出版社二〇〇〇年版。

宋周應合撰：景定建康志，文淵閣四庫全書史部地理類第四八八—四八九册。

宋朱熹撰：資治通鑑綱目，文淵閣四庫全書史部史評類第六八九—六九四册。

宋朱熹撰、宋黎靖德編、王星賢點校：朱子語類，中華書局一九八六年版。

宋朱熹撰、尹波、郭齊點校：朱熹集，四川教育出版社一九九六年版。

金董解元撰、凌景埏校注：董解元西廂記，人民文學出版社一九六二年版。

金丘處機撰、王國維校注：長春真人西遊記校注，見王國維遺書第八册。

金丘處機撰、趙衛東輯校：丘處機集，齊魯書社二〇〇五年版。

金元好問撰、姚奠中、李正民點校：元好問全集，山西古籍出版社二〇〇四年版。

元拜住、完顔納丹、曹伯啓等撰、方齡貴校注：通制條格校注，中華書局二〇〇一年版。

元陳桱撰：通鑑續編，文淵閣四庫全書史部編年類第三三二册。

元戴表元撰、李軍、辛夢霞校點：戴表元集，吉林文史出版社二〇〇八年版。

元關漢卿撰、王學奇、吴振清、王静竹校注：關漢卿全集校注，河北教育出版社一九八八年版。

元忽思慧撰：飲膳正要，四部叢刊續編本，商務印書館民國二十三年（一九三四）版。

元忽思慧撰、尚衍斌、孫立慧、林歡注釋：飲膳正要注釋，中央民族大學出版社二〇〇九年版。

元黄溍撰、王頲點校：黄溍全集，天津古籍出版社二〇〇八年版。

元李道謙輯：甘水仙源録，道藏第一九册，北京文物出版社、上海書店、天津古籍出版社一九八八年影印本。

元柳貫撰、柳遵傑點校：柳貫詩文集，浙江古籍出版社二〇〇四年版。

元歐陽玄撰、魏崇武、劉建立校點：歐陽玄集，吉林文史出版社二〇〇九年版。

元蒲道源撰：閒居叢稿，文淵閣四庫全書集部別集類第一二一〇册。

元釋梵琦撰：楚石北游詩，海鹽天寧永祚禪寺二〇〇七年影印臺灣「中央」圖書館藏舊鈔本。

元釋梵琦撰、吴定中、鮑翔麟校注：楚石北游詩，浙江古籍出版社二〇一〇年版。

元釋念常撰：佛祖歷代通載，元至正刊本；又收入文淵閣四庫全書子部釋家類第一〇五四册。

元蘇天爵編：元文類（即國朝文類），文淵閣四庫全書集部總集類第一三六七册；又見四部叢刊初編本國朝文類。

元蘇天爵輯撰、姚景安點校：元朝名臣事略（即國朝名臣事略），中華書局一九九六年版。

元陶宗儀撰：南村輟耕録，中華書局一九五九年版。

元陶宗儀撰，徐永明、楊光輝整理：陶宗儀集，浙江人民出版社二〇〇五年版。

元脱脱等撰：宋史，中華書局一九七七年版。

元脱脱等撰：遼史，中華書局一九七四年版。

元脱脱等撰：金史，中華書局一九七五年版。

元王惲撰：秋澗先生大全文集，收入元人文集珍本叢刊第一、第二册，臺灣新文豐出版公司一九八五年版。參觀全元文第六册王惲集，江蘇古籍出版社一九九九年版。

元王惲撰：中堂事記，見秋澗先生大全文集卷八十一、八十二，收入元人文集珍本叢刊第二册。

元王惲撰，王曉春點校：玉堂嘉話，中華書局二〇〇六年版。

元王士點、商企翁編，高榮盛點校：秘書監志，浙江古籍出版社一九九二年版。

元楊瑀撰，余大鈞點校：山居新語，中華書局二〇〇六年版。

元姚燧撰，查洪德編校：姚燧集（即牧菴集），人民文學出版社二〇一一年版。

元耶律楚材撰，向達校注：西遊録，中華書局一九八一年版。

元耶律楚材撰、謝方點校：湛然居士文集，中華書局一九八六年版。

元耶律鑄撰、清李文田箋：雙溪醉隱集，清光緒十八年（一八九二）順德龍氏知服齋刊本。

元佚名撰、秦嶺雲點校：元代畫塑記，人民美術出版社一九六四年版。

元佚名編、王瑞來箋證：宋季三朝政要箋證，中華書局二〇一〇年版。

元佚名撰：大元馬政記，廣倉學宭叢書甲類（即學術叢編）第一集，民國五年（一九一六）上海倉聖明智大學排印本。

元佚名撰：大元聖政國朝典章，中國廣播電視出版社一九九八年影印臺灣故宫博物院藏元刊本。

元佚名撰、祖生利、李崇興點校：大元聖政國朝典章刑部，山西古籍出版社二〇〇四年版。

元佚名撰、陳高華、張帆、劉曉、党寶海點校：元典章，天津古籍出版社二〇一一年版。

元佚名撰：經世大典站赤，見永樂大典卷一九四一六—一九四二三，中華書局一九八六年影印本。

元佚名撰：淨髮須知，見永樂大典卷一四一二五，中華書局一九八六年影印本。

元佚名撰：居家必用事類全集，續修四庫全書子部雜家類第一一八四册；又見四庫全書存目叢書子部雜家類第一一七册。

元佚名撰、李迺揚編、張興唐解題：元朝秘史三種，據四部叢刊三編本、葉德輝觀古堂刊本、韓泰華玉雨堂藏十五卷本影印，臺灣維新書局一九七五年版。

元佚名撰、道潤梯步譯注：新譯簡注蒙古秘史，内蒙古人民出版社一九七九年版。

元佚名撰、額爾登泰、烏雲達賚校勘：蒙古秘史校勘本，内蒙古人民出版社一九八〇年版。

元佚名撰、余大鈞譯注：蒙古秘史，河北人民出版社二〇〇一年版。

元佚名撰、李文田箋注、鮑思陶點校：元朝秘史，齊魯書社二〇〇五年版。

元佚名撰、阿爾達扎布譯注：新譯集注蒙古秘史，内蒙古大學出版社二〇〇五年版。

元佚名撰、王國維校注：聖武親征録校注，王國維遺書第八册。

元虞集撰、王頲點校：虞集全集，天津古籍出版社二〇〇七年版。

元俞希魯編纂、楊積慶、賈秀英、蔣文野、笪遠毅校點：至順鎮江志，江蘇古籍出版社一九九九年版。

元張德輝撰、賈敬顏疏證：張德輝嶺北紀行疏證稿，見五代宋金元人邊疆行記十三種疏證稿，中華書局二〇〇四年版。（嶺北紀行或稱邊堠紀行）

明陳誠撰、周連寬校注：西域行程記，中華書局一九九一年版。

明范景文撰：戰守全書，國家圖書館藏明崇禎刻本，收入四庫禁燬書叢刊子部兵家類第三六册。

明郭應聘撰：郭襄靖公遺集，續修四庫全書集部别集類第一三四九册。

明何汝賓撰：兵録，明崇禎刻本，收入四庫禁燬書叢刊子部兵家類第九册。

明火源潔撰：華夷譯語，北京圖書館古籍珍本叢刊六，書目文獻出版社一九八八年版。

明金幼孜撰：北征録，古今説海説選部甲集，上海文藝出版社一九八九年影印本；又收入薄音湖、王雄編輯點校明代蒙古漢籍史料匯編第一輯，内蒙古大學出版社二〇〇六年版。

明李昌祺撰、周楞伽校注：剪燈餘話，收入剪燈新話（外二種），上海古籍出版社一九八一年版。

明李呈芬：射經，説郛續卷三十六，見説郛三種，上海古籍出版社一九八六年版；又收入吴龍輝主編中華雜經集成第一卷，中國社會科學出版社一九九四年版。

明李時珍撰、王育傑整理：本草綱目，金陵版排印本，人民衛生出版社二〇一〇年版。

明凌迪知輯：萬姓統譜，文淵閣四庫全書子部類書類第九五六—九五七册。

明茅元儀撰：武備志，明天啓刻本，收入續修四庫全書子部兵家類第九三六—九六六册。

明岷峨山人撰：譯語，紀録彙編卷一百六十一；又見薄音湖、王雄編輯點校明代蒙古漢籍史料匯編第一輯，内蒙古大學出版社二〇〇六年版。

明丘濬補撰：大學衍義補，文淵閣四庫全書子部儒家類第七一二—七一三册。

明邵經邦撰：弘簡録，清康熙刻本，收入續修四庫全書第三〇四—三〇八册。

明沈德符撰：萬曆野獲編，中華書局一九五九年版。

明施耐庵、羅貫中撰，林峻點校：水滸傳，上海古籍出版社二〇〇九年版。

明釋幻輪撰：釋鑑稽古略續集（即釋氏稽古録續集），大正新修大藏經第四九册。

明宋濂等撰：元史，中華書局一九七六年版。

明唐順之輯：武編，上海圖書館藏明萬曆刻本，收入文淵閣四庫全書子部兵家類第七二七册。

明田藝蘅撰、朱碧蓮點校：留青日札，上海古籍出版社一九九二年版。又見瓜蒂庵藏明清掌故叢刊（上海古籍出版社一九八五年版）、續修四庫全書子部雜家類第一一二九册。

明蕭大亨撰：北虜風俗（即夷俗記），中國國家圖書館藏明萬曆二十二年（一五九四）自刻本，收入四庫全書存目叢書史部地理類第二五五册。

明楊寅秋撰：臨皋文集，文淵閣四庫全書集部别集類第一二九一册。

明葉子奇撰：草木子，中華書局一九五九年版。

明佚名撰、朱風、賈敬顔譯：漢譯蒙古黄金史綱，内蒙古人民出版社一九八五年版。

明余繼登撰：典故紀聞，中華書局一九八一年版。

清阿桂等撰：御製滿珠蒙古漢字三合切清文鑑，四庫全書經部第二三四册，臺灣商務印書館一九八六年影印本。

清曹廷傑撰、叢佩遠、趙鳴岐編：東三省輿地圖説，收入曹廷傑集，中華書局一九八五年版。

清方觀承撰：松漠草，見述本堂詩集，清乾隆刊本，收入四庫全書存目補編第三〇册。

清顧嗣立撰：元詩選初集，中華書局一九八七年版。
清郝懿行撰：爾雅義疏，上海古籍出版社一九八三年版。
清胡敬撰：南薰殿圖像考，胡氏書畫考三種，清嘉慶刻本。
清崑岡等修、劉啓端等纂：欽定大清會典圖，續修四庫全書史部政書類第七九五—七九七册。
清李文田撰：元史地名考，上海圖書館藏鈔本。
清錢大昕撰：十駕齋養新録，嘉定錢大昕全集第七册，江蘇古籍出版社一九九七年版。
清錢大昕撰：廿二史考異，嘉定錢大昕全集第二、三册，江蘇古籍出版社一九九七年版。
清薩囊徹辰撰、沈曾植箋證：蒙古源流箋證，民國二十一年（一九三二）嘉興姚家埭沈氏刊本。
清薩囊徹辰撰、道潤梯步譯注：新譯校注蒙古源流，内蒙古人民出版社一九八〇年版。
清孫星衍撰：平津館鑒藏記書籍，上海古籍出版社二〇〇八年版。
清屠寄撰：蒙兀兒史記，中國書店一九八四年影印本。
清汪輝祖撰：元史本證，中華書局二〇〇四年版。

清王夫之撰：四書稗疏，船山遺書本。

清文廷式撰：純常子枝語，民國三十二年（一九四三）刻本，收入續修四庫全書子部雜家類第一一六五册，上海古籍出版社二〇〇二年版。

清徐松輯：宋會要輯稿，中華書局一九九七年影印本。

清于敏中等編纂：日下舊聞考，北京古籍出版社一九八三年版。

清張澍撰：續黔書，粵雅堂叢書三編第二十五集；又收入叢書集成初編第三一八四册。

清張澍撰：養素堂文集，清道光十五年（一八三五）刻本，見續修四庫全書第一五〇六—一五〇七册。

清趙翼撰、欒保群、吕宗力點校：陔餘叢考，河北人民出版社一九九〇年版。

清朱彝尊撰：日下舊聞，附朱昆田補遺，康熙二十七年（一六八八）刻本。

賈敬顔、朱風合輯：蒙古譯語女真譯語滙編，天津古籍出版社一九九〇年版。案此書收至元譯語、華夷譯語、續增華夷譯語、韃靼譯語、登壇必究載譯語、武備志載譯語、盧龍塞略載蒙古譯語、新刻校正買賣蒙古同文雜字、女真譯語等，校注所引及所標頁碼均據此書。

麻赫默德·喀什噶里編著：突厥語大辭典，民族出版社二〇〇二年版。

高麗鄭麟趾撰：高麗史，韓國首爾大學奎章閣藏刻本。

（韓）鄭光主編、梁伍鎮、（韓）鄭丞惠編：原本老乞大，外語教學與研究出版社二〇〇二年版。

老乞大集覽，汪維輝編朝鮮時代漢語教科書叢刊，中華書局二〇〇五年版。

（意）柏朗嘉賓（Jean de Plan Carpin）著，（法）貝凱（J. Becquet）、韓百詩（L. Hambis）譯注、耿昇譯：柏朗嘉賓蒙古行紀，中華書局一九八五年版。

西蒙聖寬庭（Simon de Saint Quentin）著，（法）讓里夏爾（Jean Richard）譯注、張曉慧譯：韃靼史，西域文史第十一輯，二四一—二七七頁。

（法）威廉魯布魯克（William of Rubruk）著、（美）柔克義（W. W. Rockhill）譯注、何高濟譯：魯布魯克東行紀，中華書局一九八五年版。

（亞美尼亞）乞剌可思剛扎克賽（Kirakos Ganjakeci）著，（英）波伊勒（J. A. Boyle）英譯、何高濟漢譯：海屯行紀，中華書局二〇〇二年版。

（意）馬可波羅（Marco Polo）著，（法）沙海昂（A. J. H. Charigon）譯注、馮承鈞譯：馬可

波羅行紀，中華書局二〇〇四年版。

（意）鄂多立克（Friar Odoric）著，（英）亨利玉兒（Henri Yule）何高濟譯：鄂多立克東遊録，中華書局二〇〇二年版。

（波斯）志費尼（Juvaini）著，（英）波伊勒（J. A. Boyle）譯、何高濟譯、翁獨健校訂：世界征服者史，内蒙古人民出版社一九八〇年版。

（波斯）拉施特（Rashīd al-Dīn Fadl allāh）主编、余大鈞、周建奇譯：史集第一卷，商務印書館一九八三年版。

（波斯）剌失德丁原著、波義耳英譯、周良霄譯注：成吉思汗的繼承者（史集第二卷），天津古籍出版社一九九二年版。又上海古籍出版社二〇一八年版。

（瑞典）多桑（C. d' Ohsson）著、馮承鈞譯：多桑蒙古史，中華書局二〇〇四年版。

## 近人論著

安泳鍀主编：天驕遺寶——蒙元精品文物，文物出版社二〇一一年版。

北京石刻藝術博物館編：新日下訪碑録房山卷，北京燕山出版社二〇一三年版。

北京圖書館金石組編：北京圖書館藏中國歷代石刻拓本匯編，中州古籍出版社一九八九年版。
蔡美彪主編：中國歷史大辭典遼夏金元史卷，上海辭書出版社一九八六版。
蔡美彪：曳剌之由來及其演變，中國民族史研究，中國社會科學出版社一九八七年版。收入遼金元史十五講，中華書局二〇一一年版。
蔡美彪：明代蒙古與大元國號，南開大學學報（哲社版）一九九二年第一期。收入遼金元史十五講，中華書局二〇一一年版。
蔡美彪：説頭項、頭下與投下，文史二〇〇九年第二期。收入遼金元史十五講，中華書局二〇一一年版。
蔡美彪：罟罟冠一解，中華文史論叢二〇一〇年第二期。
蔡美彪：八思巴字碑刻文物集釋，中國社會科學出版社二〇一一年版。
陳得芝：元嶺北行省諸驛道考，元史與北方民族史研究集刊第一期（一九七七）。收入蒙元史研究叢稿，人民出版社二〇〇五年版。
陳得芝：元察罕腦兒行宫今地考，歷史研究一九八〇年第一期。收入蒙元史研究叢稿，人民出版社二〇〇五年版。
陳得芝：成吉思汗墓葬所在與蒙古早期歷史地理，中華文史論叢二〇一〇年第一期；又載蒙古史與中華多元文化論集，上海古籍出版社二〇一三年版。
陳高華、史衛民：中國風俗通史元代卷，上海文藝出版社二〇〇一年版。
陳高華：王檝使宋事實考略，元史研究新探，上海社會科學出版社二〇〇五年版。
陳乃乾著、虞坤林整理：陳乃乾日記，中華書局二〇一八年版。
陳曉偉：蒙元「大朝國師印」之商兑，考古與文物二〇一四年第三期。
陳曉偉：再論「大蒙古國」國號的創建年代問題，中華文史論叢二〇一六年第一期。
陳永志：羊群廟元代石雕人物像裝飾考，内蒙古大學學報一九九七年第五期。
程妮娜：古代中國東北民族地區建置史，中華書局二〇一一年版。
党寶海：蒙古帝國的牌符——以實物爲中心，歐亞學刊第四期，中華書局二〇〇四年版。
党寶海：蒙元驛站交通研究，崑崙出版社二〇〇六年版。
党寶海、楊玲：腰線袍與辮線襖，西域歷史語言研究集刊，科學出版社二〇〇九年版。
鄧廣銘：有關「拐子馬」的諸問題的考釋，岳飛傳增訂本附録，人民出版社一九八三年版；又收入鄧廣銘治史叢稿，北京大學出版社一九九七年版。
丁國範：釋「兀剌赤」，元史論叢第一集，中華書局一九八二年版。
丁和攝著：德藏新疆壁畫，上海中華商務聯合印刷有限公司二〇一五年版。
董新林、張鵬主編：中國墓室壁畫全集宋遼金元卷，河北教育出版社二〇一一年版。
段連勤：丁零、高車與鐵勒，上海人民出版社一九八八年版。
敦煌研究院編：敦煌莫高窟第五卷，文物出版社一九八七年版
敦煌研究院編：中國石窟安西榆林窟，文物出版社一九九七年版。
方齡貴：元朝秘史通檢，中華書局一九八六年版。
方齡貴：元明戲曲中的蒙古語，漢語大詞典出版社一九九一年版。
方齡貴：通制條格釋詞五例，内陸亞洲歷史文化研究——韓儒林先生紀念文集，南京大學出版社一九九六年版。收入方齡貴元史叢考，民族出版社二〇〇四年版。
方齡貴：古典戲曲外來語考釋詞典，漢語大詞典出版社、雲南大學出版社二〇〇一年版。
馮承鈞原編、陸峻嶺增訂：西域地名，中華書局一九八〇年版。
馮志文等編：西域地名詞典，新疆人民出版社二〇〇二年版。

付愛民：古代少數民族畫家胡瓌及「北方草原畫派」考略，付愛民民族藝術與人類學影像研究文集，中央民族大學出版社二〇〇九年版。
甘肅省博物館、漳縣文化館：甘肅漳縣元代汪世顯家族墓葬，文物一九八二年第二期。
高虎、蔡小莉：洛陽出土宋代珍珠地紋瓷枕，文物二〇一二年第十一期。
高榮盛：換盞醉飲與「蒙古式」宴飲禮，元史淺識，鳳凰出版社二〇一〇年版。
耿世民：回鶻文亦都護高昌王世勛碑研究，考古學報一九八〇年第四期。收入新疆文史論集，中央民族大學出版社二〇〇一年版。
顧廷龍撰、李軍、師元光整理：顧廷龍日記，中華書局二〇二二年版。
韓儒林：穹廬集——元史及西北民族史研究，上海人民出版社一九八二年版。
韓儒林：韓儒林文集，江蘇古籍出版社一九九〇年版。
郝蘇民：鮑培八思巴字蒙古語文獻研究入門，民族出版社二〇〇八年版。
河北省文物研究所編：河北古代墓葬壁畫，文物出版社二〇〇〇年版。
河北省文物研究所編：宣化遼墓，文物出版社二〇〇一年版。
賀夢瑩、周霄漢：羅振玉致法國漢學家沙畹未刊書劄十四通考釋，文獻二〇二三年五月第三期。

呼格吉勒圖、薩如拉編著：八思巴字蒙古語文獻匯編，内蒙古教育出版社二〇〇四年版。

黄惇：元代印風，重慶出版社一九九九年版。

黄時鑑：木華黎國王麾下諸軍考，元史論叢第一輯，中華書局一九八二年版。收入黄時鑑文集第一册，中西書局二〇一一年版。

黄時鑑：關於漢軍萬户設置的若干問題，元史論叢第二輯，中華書局一九八三年版。收入黄時鑑文集第一册。

黄時鑑：釋至正妓人行中的蒙古語及其他，文史第二十三輯，中華書局一九八四年版。收入黄時鑑文集第一册。

黄時鑑：阿剌吉與中國燒酒的起始，文史第三十一輯，中華書局一九八八年版。收入黄時鑑文集第二册。

黄時鑑：元代扎你别獻物考，文史第三十五輯，中華書局一九九二年版。收入黄時鑑文集第二册。

賈敬顔：探馬赤軍考，元史論叢第二輯，中華書局一九八三年版。

箭内亘著、陳捷、陳清泉譯：元朝符牌考，見元朝制度考，商務印書館民國二十三年（一九三四）版。
金啓孮：女真文辭典，文物出版社一九八四年版。
柯昌濟：金文分域續編，民國十九年（一九三〇）餘園叢刻刊本。
柯昌泗：釋站，中和月刊第一卷第二期；又見北京圖書館出版社二〇〇七年影印本第一册。
李思純：川大史學李思純卷，四川大學出版社二〇〇六年版。
李治安：元代政治制度研究，人民出版社二〇〇三年版。
李治安、薛磊：中國行政區劃通史元代卷，復旦大學出版社二〇〇九年版。
李致忠：萬壽潤公禪師語録小考，載北京榮寶二〇一二春季藝術品拍賣會圖録。
遼寧省博物館、凌源縣文化館：凌源富家屯元墓，文物一九八五年第六期。
林梅村：蒙古山水地圖，文物出版社二〇一一年版。
劉寶愛、張德文：陜西寶雞元墓，文物一九九二年第二期。
劉體智：善齋璽印録，民國十九年（一九三〇）鈐印本。

劉迎勝：有關元代回回人語言問題，元史論叢第十輯，中國廣播電視出版社二〇〇五年版。

劉迎勝：察合台汗國史研究，上海古籍出版社二〇〇六年版。

劉迎勝：回回館雜字與回回館譯語研究，中國人民大學出版社二〇〇八年版。

柳洪亮：吐魯番發現北涼武宣王沮渠蒙遜夫人彭氏墓，文物一九九四年第九期。收入新出吐魯番文書及其研究，新疆人民出版社一九九七年版。

龍潛庵：宋元語言詞典，上海辭書出版社一九八五年版。

羅常培、蔡美彪編著：八思巴字與元代漢語（增訂本），中國社會科學出版社二〇〇四年版。

羅福頤：古璽印考略，紫禁城出版社二〇一一年版。

羅振玉：貞松堂唐宋以來官印集存，收入七經堪叢刊，民國二十五年（一九三六）年墨緣堂石印本。

羅振玉：松翁近稿，民國十五年（一九二六）排印本。收入羅振玉學術論著集第十集，上海古籍出版社二〇一〇年版。

馬一虹：靺鞨、渤海與周邊國家、部族關係史研究，中國社會科學出版社二〇一一年版。
那木吉拉：早期探馬赤軍職司考辨，民族研究一九九二年第一期。
内蒙古自治區文物考古研究所、孫建華編著：内蒙古遼代壁畫，文物出版社二〇〇九年版。
内蒙古文物考古研究所、正藍旗文物管理所：正藍旗羊群廟元代祭祀遺址及墓葬，李逸友、魏堅主編内蒙古文物考古文集第一集，中國大百科全書出版社一九九四年版。
寧夏博物館發掘整理、李範文編釋：西夏陵墓出土殘碑粹編，文物出版社一九八四年版。
彭金章：敦煌吐魯番所出隨葬衣物疏中「腳靡」新探，敦煌研究二〇〇二年第六期。收入敦煌莫高窟北區石窟研究，甘肅教育出版社二〇一一年版。
錢文忠：印度的古代漢語譯名及其來源，天竺與佛陀，上海書店出版社二〇〇七年版。
裘錫圭：從殷墟甲骨卜辭看殷人對白馬的重視，古文字論集，中華書局一九九二年版。
仁青才讓：四川壤塘縣新發現的元代金虎符及金牌初探，中國藏學二〇一三年第三期。
榮新江、李肖、孟憲實主編：新獲吐魯番出土文獻，中華書局二〇〇八年四月第一版。
三門峽市文物考古研究所：河南三門峽發現元代早期墓葬，中國文物報二〇一四年六月六日。

山西大學科學技術哲學研究中心、山西省考古研究所、山西博物院：山西興縣紅峪村元至大二年壁畫墓，文物二〇一一年第二期。

山西省古建築保護研究所、柴澤俊編著山西寺觀壁畫，文物出版社一九九七年版。

陝西省考古研究所：陝西蒲城洞耳村元代壁畫墓，考古與文物二〇〇〇年第一期。

陝西省考古研究院編：壁上丹青——陝西出土壁畫集，科學出版社二〇〇九年版。

尚剛：古物新知，三聯書店二〇一二年版。

邵循正：語言與歷史——附論馬可波羅游記的史料價值，元史論叢第一輯，中華書局一九八二年。

邵循正：蒙古的名稱和淵源，邵循正歷史論文集，北京大學出版社一九八五年版。

沈從文：中國古代服飾研究，上海書店出版社二〇〇二年版。

沈衛榮：西藏歷史和佛教的語文學研究，上海古籍出版社二〇一〇年版。

史金波：西夏佛教史略，寧夏人民出版社一九八八年版。

史金波、聶鴻音、白濱譯注：天盛改舊新定律令，法律出版社二〇〇〇年版。

史金波：西夏社會，上海人民出版社二〇〇七年版。
史衛民：蒙古汗國時期的探馬赤軍，中國民族史研究第二輯，中央民族學院出版社一九八九年版。
宿白：永樂宫調查日記，文物一九六三年第八期。
宿白：魏晉南北朝唐宋考古文稿輯叢，文物出版社二〇一一年版。
孫伯君、聶鴻音：契丹語研究，中國社會科學出版社二〇〇八年版。
孫機：中國古代物質文化，中華書局二〇一四年版。
譚其驤：元代的水達達路和開元路，歷史地理創刊號（一九八一）。收入長水集（下），人民出版社一九八七年版。
湯開建：解開「黄頭回紇」及「草頭韃靼」之謎——兼談宋代的「青海路」，原載青海社會科學一九八五年第二期，收入宋金時期安多吐蕃部落史研究，上海古籍出版社二〇〇七年版。
唐圭璋編：全宋詞，中華書局一九六五年版。
唐長孺、李涵：金元之際漢地七萬户，文史第十一輯，中華書局一九八一年版。收入唐長孺文集山居存稿三編，中華書局二〇一一年版。
唐長孺主編：吐魯番出土文書，文物出版社一九九六年版。
天津市藝術博物館編：天津市藝術博物館藏古璽印選，文物出版社一九九七年版。
王國維：觀堂集林，中華書局一九五九年版。
王綿厚、郭守信主編：遼海印信圖録，遼海出版社二〇〇〇年版。
王啓濤：吐魯番出土文書詞語考釋，巴蜀書社二〇〇五年版。
王日蔚：維吾爾（纏回）民族名稱演變考，禹貢半月刊第七卷第四期總七十六期回教專號（一九三七），二七—四五頁。
王頲：蒙古國漢軍萬户問題管見，元史論叢第四輯，中華書局一九九二年版。
魏堅、陳永志：正藍旗羊群廟石雕研究，李逸友、魏堅主編内蒙古文物考古文集第一集，中國大百科全書出版社一九九四年版。
魏良弢：西遼史綱，人民出版社一九九一年版。
温玉成：輝縣白雲寺踏察記，中原文物一九八五年第三期。
翁萬戈編：美國顧洛阜藏中國歷代書畫名跡精選，上海人民美術出版社二〇〇九年版。

翁同文：中國坐椅習俗，海豚出版社二〇一一年版。
烏思：「探馬赤」詞源新釋，内蒙古社會科學一九八六年第六期。
烏雲畢力格：青海新發現的元代金虎符及其歷史意義，光明日報二〇二〇年十一月三十日第十四版。
烏雲畢力格、牛延庭：青海同德秀麻出土元八思巴文金牌符考，文物二〇二三年第五期。
吴雅芝：淺談東北樺樹皮文化，民族文物研究，中央民族大學出版社一九九八年版。
西安市文物保護考古所：西安南郊潘家莊元墓發掘簡報，文物二〇一〇年第九期。
項春松、王建國：内蒙古昭盟赤峰三眼井元代壁畫墓，文物一九八二年第一期。
項春松：内蒙古赤峰市元寶山元代壁畫墓，文物一九八三年第四期。
蕭啓慶：元代四大蒙古家族，臺灣大學歷史系學報第九期（一九八三年）。收入内北國與外中國下册，中華書局二〇〇七年版，五〇九—五七八頁。
蕭啓慶：説「大朝」：元朝建號前蒙古的漢文國號，漢學研究第三卷第一期（一九八五年）。收入内北國與外中國上册，中華書局二〇〇七年版。
蕭啓慶：元代的通事和譯史：多元民族國家中的溝通人物，慶祝扎奇斯欽教授八十壽辰學術論文集，臺北聯合報文化基金會國學文獻館一九九五年版。收入内北國與外中國下册，中華書局二〇〇七年版。
熊國堯：元代「漁關蘸提領印」淺證，敦煌學輯刊一九八三年（總第三期）。
徐邦達著、故宫博物院編：徐邦達集五，古書畫過眼要録元明清書法壹，紫禁城出版社二〇〇六年版。
許全勝：西遊録、黑韃事略的版本與研究——兼論中日典籍交流與新見沈曾植箋注本，復旦學報二〇〇九年第二期；又收入人大複印資料宋遼金元史二〇〇九年第三期。
薛磊：元世祖漢字官印新考，文物二〇一六年第二期。
楊富學：鳳翔屈家山蒙古紀事磚與屈朮墓碑考釋，載楊富學北國石刻與華夷史跡，光明日報出版社二〇二〇年版。
楊玲：元代的辮線襖，元史論叢第十輯，中國廣播電視出版社二〇〇五年版。
楊志玖：元史三論，人民出版社一九八五年版。
楊志玖：蒙元時代「回回砲」的東傳及作用，元代回族史稿，南開大學出版社二〇〇三年版。

姚從吾：黑韃事略中所説窩闊台汗時代胡丞相事跡考，見東北史論叢，臺北正中書局一九七六年版。

姚大力：北方民族史十論，廣西師範大學出版社二〇〇七年版。

姚大力：蒙元制度與政治文化，北京大學出版社二〇一一年版。

亦鄰真：亦鄰真蒙古學文集，内蒙古人民出版社二〇〇一年版。

于穎、王博：新疆鄯善耶特克孜瑪札墓地出土元代光腰線袍研究，文物二〇二一年第七期。

余輝主編：晉唐兩宋繪畫人物風俗卷，故宫博物院藏文物珍品大系，上海科學技術出版社、商務印書館（香港）有限公司二〇〇五年版。

余大鈞：一代天驕成吉思汗——傳記與研究，内蒙古人民出版社二〇〇二年版。

余嘉錫：四庫提要辯證，中華書局一九八〇年版。

余太山：兩漢魏晉南北朝正史西域傳要注，中華書局二〇〇五年版。

袁賓、段曉華、徐時儀、曹澂明：宋語言詞典，上海教育出版社一九九七年版。

張家口市宣化區文物保管所、劉文海主編：宣化下八里II區遼壁畫墓考古發掘報告，文物出版社二〇〇八年版。
張凌波：□□神清宫記校記，中國道教二〇〇五年第五期。
張政烺：宋四川安撫制置副使知重慶府彭大雅事輯，國學季刊第六卷第四號（一九四六年）。收入張政烺文史論集，中華書局二〇〇四年版；張政烺文集文史叢考，中華書局二〇一二年版。
趙叢蒼：金元明代印章五方，考古與文物一九八七年第一期。
趙文坦：元史劉黑馬傳「七萬户」蠡測，歷史研究二〇〇〇年第六期。
鍾民巖、那森柏、金啓孮：明代奴兒干永寧寺碑記校釋，考古學報一九七五年第二期。
鍾興麒：西域地名考録，國家圖書館出版社二〇〇八年版。
周積寅、王鳳珠編著：中國歷代畫目大典遼至元代卷，江蘇教育出版社二〇〇二年版。
周良霄、顧菊英著：元史，上海人民出版社二〇〇三年版。
周清澍：元蒙史札，内蒙古大學出版社二〇〇一年版。
（德）阿爾伯特格倫威德爾著、管平譯，新疆文物考古研究所、吐魯番研究院編著：高昌故城及其周邊地區的考古工作報告（一九〇二—一九〇三年冬季），文物出版社二〇一五年版。
（俄）巴托爾德著、張錫彤、張廣達譯：蒙古入侵時期的突厥斯坦，上海古籍出版社二〇〇七年版。
（法）伯希和：高麗史中之蒙古語，馮承鈞譯西域南海史地考證譯叢二編，商務印書館一九六二年版。
（法）伯希和：評長春真人西遊記譯文，馮承鈞譯西域南海史地考證譯叢五編，商務印書館一九六二年版。
（法）伯希和：評王國維遺書，馮承鈞譯西域南海史地考證譯叢五編，商務印書館一九六二年版。
（法）伯希和：突厥語與蒙古語中之驛站，馮承鈞譯西域南海史地考證譯叢五編，商務印書館一九六二年版。
（法）伯希和：斡耳朵，馮承鈞譯西域南海史地考證譯叢五編，商務印書館一九六二年版。
（法）伯希和：中亞史地叢考，馮承鈞譯西域南海史地考證譯叢五編，商務印書館一九六二年版。

(法)伯希和著、馮承鈞譯：蒙古與教廷，中華書局一九九四年版。
(法)費瑯編、耿昇、穆根來譯：阿拉伯波斯突厥人東方文獻輯注，中華書局二〇〇一年版。
(美)勞費爾(Berthold Laufer)著、林筠因譯：中國伊朗編，商務印書館一九六四年版。
(美)謝弗(即薛愛華，E. H. Schafer )著、吴玉貴譯：唐代的外來文明(即撒馬爾罕的金桃)，中國社會科學出版社一九九五年版。
(美)丹尼斯·塞諾(Denis Sinor)著、北京大學歷史系民族史教研室譯：丹尼斯·塞諾内亞研究文選，中華書局二〇〇六年版。
(日)白鳥庫吉著、方壯猷譯：東胡民族史，商務印書館民國二十三年(一九三四)版。
(日)江上波夫：匈奴的祭祀，日本學者研究中國史論著選譯第九卷民族交通，中華書局一九九三年版。
(日)内田吟風等著、余大鈞譯：北方民族史與蒙古史譯文集，雲南人民出版社二〇〇三年版。
(日)桑原騭藏著、錢婉約、王廣生譯：中國人辮髮的歷史，東洋史説苑，中華書局二〇〇五年版。

（日）羽田亨著、辛德勇譯：元朝驛傳雜考，日本學者研究中國史論著選譯第九卷民族交通，中華書局一九九三年版。原載羽田博士史學論文集上卷歷史編。

（日）羽田亨：羽田博士史學論文集，京都：同朋舍，一九七五。

（匈）卡拉（Kara Gyorgy）、范麗君譯：蒙古人的文字與書籍，内蒙古人民出版社二〇〇四年版。

（英）弗雷澤著、徐育新、汪培基、張澤石譯：金枝，中國民間文藝出版社一九八七年版。

（英）弗雷澤著、童煒鋼譯：舊約中的民俗，復旦大學出版社二〇一一年版。

Bagchi, Prabodh Chandra（師覺月）. *India and China*, ed. by Bangwei Wang and Tansen Sen. Delhi: Anthem Press India, 2011.

Bawden, C. R. *The Mongol Chronicle Altan Tobči*, *Göttinger Asiatische Forschungen*, band 5, Wiesbaden: Otto Harrassowitz, 1955.

Dawson, Christopher. *The Mongol Mission*, New York: Sheed and Ward, 1955.

Doerfer, G. *Türkische und mongolische Elemente im Neupersischen*, Band I, Wiesbaden, 1963.

Frazer, James George. *The Golden Bough*, Part I. *The Magic Art and the Evolution of Kings*, London: MacMillan and Co., Limited, 1926.

Hambis, Louis. *Le Chapitre CVII du Yuan Che*, Leiden: E. J. Brill, 1945.

Hambis, Louis. *Le Chapitre CVIII du Yuan Che*, Leiden: E. J. Brill, 1954.

Henning, W. B. The Sogdian Texts of Paris, *BSOAS* 2(1943—6).

Laufer, B. *Sino-Iranica*, Chicago. 1919.

Olbricht, Peter. und Pinks, Elisabeth. *Meng-Ta Pei-Lu und Hei-Ta Shih-Lüeh*, *Chinesische Gesandtenberichte über die frühen Mongolen 1221 und 1237*, nach Vorarbeiten von Erich Haenisch und Yao Ts' ung-wu, Asiatische Forschungen, band 56. Wiesbaden: Otto Harrassowitz, 1980.

Pelliot, Paul. *Histoire Secrète des Mongols*, Paris: Adrien-Maisonneuve, 1949.

Pelliot, Paul. *Notes sur L'Histoire de la Horde d'Or*, Paris: Adrien-Maisonneuve, 1949.

Pelliot, Paul. et Hambis, Louis. *Histoire des Campaignes de Gengis Khan*, *Cheng-Wou Ts'in-Tcheng Lou*, Leiden: E. J. Brill, 1951.

Pelliot, Paul. *Notes on Marco PoloI* , Paris: Adrien-Maisonneuve, 1959.

Pelliot, Paul. *Notes on Marco PoloII*, Paris: Adrien-Maisonneuve, 1963.

Poppe, N. The Turkic loan-words in Middle-Mongolian, *CAJ* (1955).

Quatremère, M. É. *Histoire des Mongols de la Perse*, Paris. 1836.

Rachewiltz, Igor de. Personnel and Personalities in North China in Early Mongol Period, *Journal of the Economic and Social History of the Orient*, Vol. 9 (1966), pp. 88—144.

Rachewiltz, Igor de. *Index to the Secret History of the Mongols*, Bloomington: Indiana University, 1972.

Tumertogoo, D. &Cecegdari, G. *Mongolian Monuments in Uighur-Mongolian Script* (*XIII-XVI Centuries*), Taipei: Institute of Linguistics, Academia Sinica, 2006.

# 索　引

## K



## L



## M



## N

## P



## Q



## S

## T



## W



## X

## Y



## Z

丁未録輯考

靖康稗史箋證

中興遺史輯校

鄂國金佗稡編續編校注

皇宋中興兩朝聖政輯校

中興兩朝編年綱目

續宋中興編年資治通鑑

續編兩朝綱目備要

宋季三朝政要箋證

宋代官箴書五種

契丹國志

西夏書校補

大金弔伐録校補

大金國志校證

聖武親征録（新校本）

黑韃事略校注

元朝名臣事略

明本紀校注

皇明通紀

明季北略

明季南略

國初群雄事略

三朝遼事實録

小腆紀年附考

小腆紀傳

史略校箋

廿二史劄記校證

# 中國史學基本典籍叢刊　書目

| |
|---|
| 穆天子傳匯校集釋 |
| 國語集解 |
| 吴越春秋輯校彙考 |
| 越絶書校釋 |
| 西漢年紀 |
| 兩漢紀 |
| 漢官六種 |
| 東觀漢記校注 |
| 校補襄陽耆舊記（附南雍州記） |
| 十六國春秋輯補 |
| 洛陽伽藍記校箋 |
| 建康實録 |
| 荆楚歲時記 |
| 大唐創業起居注箋證（附壺關録） |
| 貞觀政要集校（修訂本） |
| 唐六典 |
| 蠻書校注 |
| 十國春秋 |
| 皇朝編年綱目備要 |
| 皇宋十朝綱要校正 |
| 隆平集校證 |
| 宋史全文 |
| 宋太宗皇帝實録校注 |
| 金石録校證 |